本书出版得到郑州大学马克思主义学院经费资助

HOW IS IT POSSIBLE TO
RESHAPE THE SUBJECT

主体重塑
何以可能

从马克思到哈特和奈格里

From Marx to Hardt and Negri

周治健　著

社会科学文献出版社
SOCIAL SCIENCES ACADEMIC PRESS (CHINA)

前　言

　　主体解放是马克思终其一生的理论诉求。哈特和奈格里对马克思的主体解放理论进行了当代重构，但其主体重塑理论没能超出资本逻辑的控制。在马克思的主体解放理论中，存在两条逻辑线索，一条是以物质生产为基础的生产逻辑，一条是以资本生产为基础的资本逻辑。当立足于生产逻辑的线索时，劳动本体论是主体解放的逻辑确认。而当立足于资本逻辑时，劳动主体只是资本自我增殖的工具而已，在资本逻辑的场域中劳动本体论已经失效。因此，只有超越资本逻辑才能实现主体的真正解放。

　　通过对马克思主体解放理论进行生命政治式重构，哈特和奈格里建构起一套主体重塑理论。哈特和奈格里推进了福柯的生命政治理论，非物质劳动不仅生产出物质客体，而且生产出革命主体。哈特和奈格里对马克思的"机器片段"进行了两次解读：第一次是肯定式解读，由劳动与资本相分离确证马克思资本主义危机理论的当代呈现；第二次是批判式解读，非物质劳动建构出一套全新的对抗逻辑。由此看出，哈特和奈格里的主体重塑理论是建构在非物质劳动基础之上的。

　　哈特和奈格里建构出一套三重逻辑的主体重塑理论。第一重逻辑，资本主义社会形态从帝国主义演进到帝国。帝国主义是传统意义上资本主义国家扩张方式，帝国则意味着民族国家界限的消失。第二重逻辑，资本主义劳动形式从物质劳动转向非物质劳动。非物质劳动在当代资本主义生产中占据霸权性地位，并将导致资本主义生产出现主体性危机。第三重逻辑，革命主体存在着从诸众到共有者的转变。哈特和奈格里对革命主体的指认发生转变，现实的共有者替换了抽象的诸众。在资本主义对抗关系中，共有者是诸众的现实显现形式。

以马克思的理论审视哈特和奈格里的主体重塑理论，他们的理论既有时代拓展也受制于内在局限。就时代拓展而言，可以整理出三个方面：一是增加了马克思政治经济学批判的治理维度；二是揭示了马克思主体解放的非物质劳动领域；三是重新界定了马克思主体解放的具体范围。就理论局限而言，可以归纳出三个面向：一是颠倒了马克思主体解放的逻辑层级，超越资本逻辑才是主体重塑的现实场域；二是混淆了马克思劳动二重性理论，非物质劳动只是一种具体劳动形式；三是模糊了马克思资本主义危机的理论根源，非物质劳动只是改变了资本主义生产形式，并不能导致资本主义危机。本质上，哈特和奈格里是在生产逻辑的基础之上探讨主体重塑何以可能，他们的理论高度还没能达到马克思在超越资本逻辑层面所建构的主体解放理论的高度。

哈特和奈格里属于当代西方左翼。如今当代西方左翼内部开始反思破解主体重塑内在局限的方案，他们纷纷将视线转向中国理论资源，尤其关注群众路线理论和人类命运共同体理念。在当代西方左翼看来，国家治理层面上群众路线理论能够将一个一个断裂的点缝合成一个共同体的表面，而全球治理层面上人类命运共同体理念又能为化解全球性治理危机提供中国方案。

目　录

导　论

　　主体解放①成为当下学术界讨论的重要政治哲学命题。当代西方左翼内部围绕着这一问题展开了激烈的讨论，特别是将矛头直接指向了与现代主权国家同步诞生的生命政治理论，而生命政治理论又直接关联到马克思的主体解放理论。在当代西方左翼看来，全球治理危机是主权国家治理危机的蔓延，主权国家的治理危机同生命政治又紧密相连，生命政治正是资本主义生产方式的政治表达。而资本主义生产方式运行的核心逻辑正是资本逻辑。资本逻辑一方面造成了人与人之间的割裂，另一方面制造了以民族国家为主体的共同体之间的分裂。正是基于这样一个割裂的世界，以哈特和奈格里为代表的当代西方左翼重新生发了阐释马克思主体解放理论的诉求，只不过议题从主体解放何以可能转换成主体重塑何以可能。

一　选题缘起与意义

（一）选题缘起

　　一般而言，无论哪一种思想体系都不是凭空出现的，都存在着供其生

---

　　① "主体解放"是马克思主义理论研究者的概括。在马克思的理论语境中，主体解放一般以"无产阶级解放"等表述出现。无产阶级代表大多数人的利益，无产阶级解放的前提是整个主体解放，无产阶级的解放意味着人类的解放。因此，无产阶级解放就是主体解放。

成和演进的社会土壤和文化氛围。基于这种考虑，在正式评析哈特和奈格里主体重塑理论之前，我们有必要对其理论的出场背景做一些简明扼要的阐述。

迈克尔·哈特（Michael Hardt）1960 年出生于美国，现为杜克大学文学教授。安东尼奥·奈格里（Antonio Negri）是意大利马克思主义哲学家，1933 年出生于意大利，于 2023 年 12 月 15 日在法国巴黎去世。在攻读博士学位期间，因着手翻译奈格里的著作，哈特开始同奈格里取得联系，并于 1986 年夏天进行了第一次会面，由此结下师生与合作者的关系。他们的合著包括《帝国》《诸众》《大同世界》《宣言》《集会》等。而本书评析的主体重塑理论，集中出现于他们成为合作者之后，由此我们将主体重塑理论视为他们共同的理论观点。

哈特和奈格里主体重塑理论的出场背景，是寓于"自治主义马克思主义"关于主体重塑这样一个公共议题的讨论之中的。哈特和奈格里归属于"自治主义马克思主义"学派，同一个马克思主义研究学派内部可能存在不同的讨论主题与各有差异的具体观点，但一定存在着一个一以贯之的核心逻辑。"自治主义马克思主义"最早由 20 世纪六七十年代的一个独立于意大利左派政党的马克思主义团体提出，代表人物有早期自治主义者马里奥·特隆蒂（Mario Tronti）、罗马诺·阿尔科蒂（Romano Alquati），以及当今仍活跃在学术界的保罗·维尔诺（Paolo Virno）、莫里兹奥·拉扎拉托（Maurizio Lazzarato）。"自治主义马克思主义"学派恪守"自治"的逻辑，学术旨趣是挖掘马克思历史辩证法的主体向度。"自治主义马克思主义"坚持认为相对于资本而言劳动具有独立的本体地位，劳动工人在资本主义生产过程中拥有决定性力量。根据资本主义发展的最新情况，劳动工人被认为是适应时代要求的革命主体。其学说因此可以概括为"主体的建构学"。"自治主义马克思主义"理论建构的出发点在于对工人运动实践经验的直接反思，这决定了其不可能像其他学院派的马克思主义者那样，闭门建造理想的宫殿，进行着解释世界的自娱自乐。这正是"自治主义马克思主义"最重要的特质。

"自治主义马克思主义"本身又归属于当代西方左翼。以哈特和奈格里为代表的"自治主义马克思主义"在当代西方左翼内部面临着巨大的质疑。一种质疑的声音出自斯拉沃热·齐泽克（Slavoj Žižek）和阿兰·巴迪欧（Alain Badiou）。齐泽克和巴迪欧一致认为，哈特和奈格里的"主体建构学"过于乐观，革命主体不可能彻底地摆脱资本权力的控制，而且极有可能沦为资本权力的帮凶。与哈特和奈格里不同，齐泽克和巴迪欧寄希望于通过资本权力之外的断裂性力量，为革命主体重塑提供另一种可能性。另一种质疑的声音来自亚历克斯·卡利尼克斯（Alex Callinicos）和大卫·哈维（David Harvey）。卡利尼克斯和哈维认为，哈特和奈格里并没有通过资本逻辑进入到主体重塑过程当中，这是一条远离马克思的路径。在这种质疑和回应的过程当中，当代西方左翼根据各自的理论基础，分别形成了不同的主体重塑理论。

总之，不论是以哈特和奈格里为代表的"自治主义马克思主义"，还是当代西方左翼其他学者的理论，从根源上来说都是马克思主体解放理论的一种注脚。在整个西方马克思主义的发展脉络当中，贯穿始终的一个主题就是主体重塑问题，各个不同历史时期也都存在大致两种甚至多种不同声音。研究这些关于主体重塑理论的论争，正是本书的初衷所在。本书选择在马克思的视角之下评析哈特和奈格里的主体重塑理论。

（二）研究意义

当前主体重塑无疑成为跨越国界、超越意识形态的热门议题。在当代西方左翼看来，主体危机是主权国家治理危机的蔓延，现代主权政治同步于资本主义生产方式，资本主义生产方式运行的核心逻辑又是资本逻辑。如此，在现代社会中资本逻辑造成了人与人、国家与国家的双重分裂。正是基于这样一个割裂的世界，当代西方左翼学者燃起了探索主体重塑理论的热情，哈特和奈格里是其中的典型代表。

在哈特和奈格里看来，探究主体重塑理论必须返回到马克思的理论中。总体来说，这一研究的基本方向是准确的。但是，这样一来，一个前提性的理论问题就立马浮出水面，即具体到马克思的理论语境中主体解放存在着什么样的逻辑转换？关于马克思的思想发展历程，国内外学界达成了一个基本共识，以《德意志意识形态》为分界点，可以划分出青年马克思阶段和成熟时期马克思阶段。但问题是，在《德意志意识形态》之后，马克思的主体解放理论是否还存在着不同的逻辑线索？若有，具体地说，通过哪几个层次展示出主体解放的进程？这是本研究首先要回答的基础问题。

这也是本研究的价值意义所在。只有在廓清这一系列问题之后，我们才有可能为主体重塑在当代资本主义社会当中寻求到一条现实的路径。

二　研究现状综述

（一）研究现状

笔者将文献综述的范围扩展至马克思主体解放理论，主要是基于如下考虑：哈特和奈格里的主体重塑理论是对马克思主体解放理论的再阐释。就国外研究状况而言笔者梳理出三个维度：两次关于马克思主体解放理论的大讨论、当代西方左翼内部关于主体重塑理论的争论、当代西方左翼其他学者对哈特和奈格里主体重塑理论的研究。就国内研究状况而言笔者主要从两个维度进行梳理：国内学界对马克思主体解放理论研究的四个面向、国内学界对哈特和奈格里的研究。

1. 国外两次关于马克思主体解放理论的大讨论

第一次集中讨论出现在第二国际时期，辩论的双方分别是第二国际理论家与以卢卡奇为代表的早期西方马克思主义者。第二国际内部形成了一个阐释马克思主体解放理论的基本模式，他们将马克思的历史唯物主义定性为纯粹科学理论。这一点在第二国际理论家考茨基和伯恩施坦那里表现的更加突出。考茨基完全将马克思的历史唯物主义看作同自然类似的科学理论，甚至认为人类社会历史规律就是自然规律在社会历史领域的运用而已。① 考茨基在梳理自己思想发展时提到，他在理论探索的早期就已经将社会历史观与自然科学紧密联系在一起，只是后来他才慢慢意识到经济学与人类历史发展之间的关联，不过即便如此自然科学在他的理论建构中仍然占据着主导性的地位。② 由此，主体的解放在考茨基理论框架中变得不再可能，马克思的历史唯物主义理论变成了一门纯粹自然科学的理论。因此，在考茨基那里，主体解放变成了完全客观的理论。

这一对待马克思主体解放理论的基本态度在伯恩施坦那里得到了延续。当然伯恩施坦也感受到了来自理论与实践之间张力的影响，不过在此伯恩施坦采取了一种极其随意和简单的处理方法，即通过区分"纯粹科学"与"应用科学"两个层面来化解这种压力。在此，伯恩施坦将马克思的理论分为两个历史阶段，早期理论是"纯粹的理论"，后期则属于"应用科学"。当然伯恩施坦对这两种理论的具体定位是完全不同的，"纯粹的理论"是整个人类理论大厦的根基，缺少其中任何一个部分，整个大厦都将处于一种摇摆不定的状态，而"应用科学"则可以随便替换掉，绝不会对整个人类理论大厦造成丝毫影响。③ 伯恩施坦以机械决定论式解读马克思的历史唯物主义是确凿无疑了。第二国际的主流观点最终写入斯大林主编的苏联教课书之中。这种教科书式的研究范式确立了马克思主体解放理论的三个层面。第一层面，在本体论层面上物质决定意识。第二层面，在认识论层面上主体反映客体。第三层面，本体论和认识论最终体现在人类历史规律之上，人类历史发展规律是线性发展逻辑。实质上，当时所讨论的教科书意义上的马克思主体解放理论仅仅局限于认识论与历史观领域。

---

① 〔德〕考茨基：《唯物主义历史观》第 6 分册，《哲学研究》编辑部编译，上海人民出版社，1965，第 225 页。

② 〔德〕考茨基：《唯物主义历史观》第 2 分册，《哲学研究》编辑部编译，上海人民出版社，1965，第 26 页。

③ 〔德〕伯恩施坦：《伯恩施坦文选》，殷叙彝译，人民出版社，2008，第 140 页。

　　正是不满第二国际和这种教科书式阐释马克思主体解放理论的路径，早期西方马克思主义者强调主体的实践本体论，秉持这一观点的代表性人物包括卢卡奇、葛兰西等。在卢卡奇那里，阐释马克思主体解放理论的路径不再是物质本体论，而是将主体置于"主体－客体"的历史辩证发展过程中。在历史辩证发展过程中，主体成为历史行动过程中的主体。卢卡奇指出，在历史行动中主体与客体达到了高度的统一，其中主体占据主导性地位。① 在此，卢卡奇认为，正是在现实历史进程中无产阶级培育了阶级意识。不过客观来说，卢卡奇的主体理论只是一种暂时性的解放策略，这是因为卢卡奇语境中的主体一旦进入到马克思资本逻辑的结构化社会当中就会立马消失得无影无踪。虽然同为早期西方马克思主义者，葛兰西却选择了一条完全不同于卢卡奇的理论道路。不同于卢卡奇将主体视为历史的决定性要素，在葛兰西看来，历史进程从来都不是某种单一力量所决定的，而是由一种各个层面相对独立但又相互交织的历史总体来决定。就此葛兰西认为：人类社会是由一系列复杂因素共同作用的结果，这是历史发展的真实过程。② 从实践效果来说，葛兰西并没有清晰地描绘出主体解放的具体方案。

　　第二次集中讨论出现在 1932 年马克思《1844 年经济学哲学手稿》正式公开之后，以主体阐释马克思的理论再一次成为一种学术潮流，这一次论战的双方分别是人本主义马克思主义与结构主义马克思主义。最早从人本主义路径阐释马克思主体解放理论的是弗洛姆。这种人本主义思潮在 20 世纪 60 年代发展到高峰，甚至有学者直接指出只有青年马克思才是真实的马克思，得出这一结论的依据是"人"大量地出现在马克思青年时期的著作当中。有学者甚至炮制出"两个马克思"的论断。比如萨特就指出，马克思主义的"人学"空场需要通过存在主义来弥补。③ 但《1844 年经济学

① 〔匈〕卢卡奇：《历史与阶级意识》，杜章智等译，商务印书馆，1992，第 223~224 页。
② 〔意〕葛兰西：《狱中札记》，曹雷雨等译，中国社会科学出版社，2000，第 280 页。
③ 〔法〕萨特：《辩证理性批判》，徐懋庸译，商务印书馆，1963，第 166 页。

哲学手稿》的公开直接驳斥了萨特的判断，萨特的结论显然是站不住脚的。对于人本主义马克思主义的阐释路径，结构主义马克思主义的代表人物阿尔都塞基于两个依据提出了强烈质疑。第一，将个体建构成一个主体，这是近代资产阶级意识形态的基本策略。阿尔都塞指出，主体难以逃脱意识形态的布展，主体是意识形态捕捉的对象。[①] 第二，马克思的思想逻辑中存在着一个结构性断裂，即从早期的主体意识形态转向了晚年的历史科学。人类历史发展规律是一个整体性的结构，经济因素起到决定性作用，但经济因素与其他因素又保持一定的差异性。这两点构成了阿尔都塞批判人本主义马克思主义的理论根据。

2. 当代西方左翼关于主体重塑理论的探讨

从 20 世纪 90 年代开始，在当代西方左翼内部阿甘本、巴迪欧、朗西埃和齐泽克成功的互文引用，建构起了一套全新的资本主义批判理论体系，当然其中少不了关于主体重塑理论的讨论。而且众所周知，探讨主体重塑是当代西方左翼的核心议题之一。

阿甘本是系统研究政治共同体内部分隔性结构的理论家。阿甘本区分出共同体内部的两种主体类型：一种是大写的人民，其代表城邦和国家奠基的整体，是一个抽象的总体概念；另一种是小写的人民，其被排除在共同体之外，处于一种具体存在的状态，是被排斥在底层、处于边缘状态的人民。[②] 面对处于分割状态的政治共同体，阿甘本告诉我们："在现实社会中，从共同体中被排斥出去的东西正是整个共同体的基石"[③]。至于如何唤醒处于沉睡状态的革命主体，阿甘本指出，由于世俗法律并不具备存在论层面上的正当性，只能依靠"符号-权力"装置来保障，这就为发动一场

---

① 〔法〕阿尔都塞：《哲学与政治：阿尔都塞读本》，陈越译，吉林人民出版社，2003，第 361 页。

② Giorgio Agamben, *Means Without End*：*Notes on Politics*, Minneapolis：University of Minnesota Press，2000，p. 31.

③ Giorgio Agamben, *Language and Death*：*The Place of Negativity*, Minneapolis：University of Minnesota Press，2007，p. 105.

弥赛亚主义革命提供了可能性空间，在弥赛亚主义革命过程中便会生成革命的主体。

相较于阿甘本集中在政治共同体上做文章，巴迪欧对主体重塑的解决方案更加贴近现实社会。与大多数后现代主义理论学者不同，巴迪欧并不忌讳谈论同一性问题，尤其体现在"人民作为主体"这一问题之上。巴迪欧承认先天存在的人民概念，但这并不代表不能对人民进行事实性规定。巴迪欧语境中的革命主体具备两个基本特征。第一个特征是，人民是一个生成性的概念。人民是产生于"事件"这一特殊时刻之后，那些忠于"事件"并且积极认同这一"事件"的人组成"新人民"。[1] 当然，只有合体显然不能满足巴迪欧革命主体的目的，为此人民必须具备第二个重要特征，即革命行动的先锋队。至于先锋队的具体范围，巴迪欧指出是在"事件"发生之后生成的革命主体中的中坚力量。

如同巴迪欧认为在"事件"过程当中生成主体一样，朗西埃同样指认了革命主体在一系列抗争"事件"当中生成。在朗西埃的语境中，主体处于一种流动变化的状态之中。朗西埃思考革命主体的逻辑绝不是立足于逻辑范畴和概念体系，他对各种断裂和歧义更加感兴趣。仅仅从这一点来看，朗西埃同阿尔都塞之间还是存在着理论上的继承关系，但在革命主体的路径选择上朗西埃同阿尔都塞彻底决裂了。与阿尔都塞不同，朗西埃捍卫马克思主义人道主义的遗产，这种遗产能够促使所有普通男女都相信他们具备反抗剥削的能力，这是因为抗争并不意味着一种分裂而是要向共同体证明一种力量。[2]

授业于拉康的齐泽克，其革命主体理论也必然借助拉康的理论。在拉康看来，主体并不具有认识世界和把握世界的能力。拉康将婴孩开始进入现实世界时遭遇到的整个符号性律令称为"大他者"。在齐泽克看来，"大他者"赋予的主体只能存在于符号秩序的象征界之中。语言符号造成的阉

---

① 〔法〕巴迪欧：《第二哲学宣言》，蓝江译，南京大学出版社，2014，第118页。
② 〔法〕朗西埃：《政治的边缘》，姜宇辉译，上海译文出版社，2007，第41页。

割同样是双重的，不仅仅针对个体，也面向"大他者"，"大他者"的权力布展地图之上永远充满着漏洞。正如齐泽克以虚拟游戏世界类推人类世界，游戏世界总会充满各种各样的漏洞，而缔造人类世界的上帝如同程序员一样以为人类世界之中的裂口不会被发现，事实上如同程序员低估游戏玩家的细心程度一样，上帝远远低估了人类觉察"视察之见"的能力。①至于担负这一革命重任的主体，齐泽克坦言：工人阶级作为一个革命主体早已失败，但是作为真正担当者的被排斥者正是"大他者"在权力布展上的漏洞。齐泽克指出，当今人类社会正在普遍经历着新一轮激进的无产阶级化过程，激进程度已经超越了当年马克思所能设想的"存在性的层面"②。

3. 当代西方左翼其他学者对哈特和奈格里主体重塑理论的批判

"反抗先于权力"与"权力先于反抗"之争。《帝国》一书出版之后，哈特和奈格里成为当代西方左翼的核心人物，当然对准的核心议题就是在《帝国》和《诸众》中确立的诸众这一主体何以可能抗争强大的帝国主权。以齐泽克和巴迪欧为例，他们一致认为，诸众不具备革命的能力，不但诸众不能摆脱权力的宰制，而且极有可能反向推动权力发展壮大。齐泽克尖锐地指出，《帝国》是一部前马克思主义的理论著作。③ 与齐泽克的看法类似，巴迪欧同样指出，诸众与资本主义发展存在着同构关系。巴迪欧认为，哈特和奈格里的理论总是信念大于实效，其与资本主义存在着隐性同谋的嫌疑。显然在巴迪欧看来，问题不可能那么乐观，诸众在发展自我的同时时刻面临着被资本收编的可能。齐泽克和巴迪欧对哈特和奈格里的诸众持悲观态度。

至于对抗资本主义主体如何生成，齐泽克和巴迪欧共同主张，不是回

---

① Slavoj Žižek, *Less Than Nothing*: *Hegel and the Shadow of Dialectical Materialism*, London: Verso, 2012, p.743-744.

② Slavoj Žižek, *First as Tragedy*, *Then as Farce*, London: Verso, 2009, pp.91-92.

③ 许纪霖主编《帝国、都市与现代性》，江苏人民出版社，2006，第85页。

到马克思而是回到列宁。① 这也就是说，对抗资本不可能仅仅通过资本内部实现，同时需要外部的介入。面对齐泽克和巴迪欧的强烈质疑，在《大同世界》当中，哈特和奈格里做出回应，自发性与组织性并不是两个相对立的方式，自发性是组织性的前提。哈特和奈格里指出，齐泽克和巴迪欧所谓的外部介入，只不过是某种寄希望于"弥赛亚的狂热""事件"等超现实的理念而已。② 从中可以清晰地辨别出，哈特和奈格里秉承生命政治理论，坚持通过内在性和连续性的抗争方式，他们是赞成"反抗先于权力"的一方。齐泽克和巴迪欧则是寄希望于借助外部性和断裂性的方式，其是赞成"权力先于反抗"的一方。这两种抗争理念的背后，反映出的则是两种不同的主体重塑理论。

除了来自当代西方左翼内部的质疑，来自马克思传统政治经济学批判的视角同样值得关注，其中以卡利尼克斯和哈维两位著名的英国左翼理论家为代表。在《解密资本：马克思的〈资本论〉及其命运》一书中卡利尼克斯指出，本来马克思的价值理论存在着一种微妙的平衡，既没有将价值还原为具体化的劳动，也没有将其融入交换过程当中，但是哈特和奈格里自作主张地将马克思的资本关系界定为一种主体性关系，这在本质上是对马克思的一种远离。③ 由此，卡利尼克斯断定，在哈特和奈格里的理论中主体对资本的抵抗是一种外在的抗争，而马克思在《资本论》中呈现出来的是革命主体与资本主义生产关系的内在关联。

哈维同样对哈特和奈格里的主体重塑理论进行了深入的批判。哈维极其严肃地指出，哈特和奈格里试图通过非资本逻辑进入到革命主体过程是一种极其危险的行为。这是因为没有人能够轻易逃脱出资本控制的领地，完全摆脱资本的控制只能是一种纯粹的幻想而已，而且一旦这些纯粹的幻

---

① 许纪霖主编《帝国、都市与现代性》，江苏人民出版社，2006，第85页。
② 〔美〕哈特、〔意〕奈格里：《大同世界》，王行坤译，中国人民大学出版社，2016，第139页。
③ Alex Callinicos, *Deciphering Capital*：*Marx's Capital and Its Destiny*, London：Bookmarks Publications, 2014, p.89.

想付诸实践，最终只能导致纯粹暴力的出现。为此哈维发出了强烈的呼吁："我们期待哈特和奈格里的下一步著作中，少一点斯宾诺莎，多一点马克思，少一点非物质性，多一点客观性。关联性和非物质性够多了！来点具体的建议、现实的政治组织和真正的行动可好？"① 同时，哈维认为，哈特和奈格里同传统马克思主义一样严重误读马克思的《资本论》。在《资本论》中马克思绝对不是仅仅关注商品的生产，同样非常关注主体的生产，但是主体的生产是以客观生产关系生产为基础的。因此，哈特和奈格里将《资本论》定性为一本充斥着客观主义的著作，这是需要进一步商榷的。

4. 国内关于马克思主体解放理论的研究

20 世纪 70 年代末 80 年代初，伴随着真理标准问题大讨论的展开，国内学界逐渐形成了探讨马克思主体解放理论的风气。这正是从物质本体论向主体论的重大转变。伴随着历史的发展与推进，国内学界对马克思主体解放理论，大致梳理下来基本分为四个面向。

其一，单纯地高扬马克思的主体性，而没有对革命主体进行界定。这一时期国内学界对马克思主体解放理论的讨论大致出现在 20 世纪 80 年代到 90 年代初。国内学界的一个基本态度就是，充分地挖掘和宣传马克思的主体解放理论。黄楠森、李德顺等②将主体理论看作马克思主义哲学新发展的一个生长点，同时要求改进马克思主义哲学体系，将原来不讲的人、实践和主体性等都加进去。殷晓蓉、冯景源③则尝试着对马克思主体解放理论做一个简单的梳理，同时也试图去揭示马克思主体解放理论研究中存

---

① 〔英〕哈维：《解释世界还是改造世界》，王行坤译，《上海文化》2016 年第 2 期。
② 参见黄楠森《在马克思主义哲学中怎样加强关于人、实践和主体性的内容》，《哲学动态》1990 年第 1 期；李德顺《马克思主义哲学新发展的一个生长点》，《中国人民大学学报》1987 年第 1 期；高清海等《主体观念在马克思主义哲学变革中的意义》，《哲学动态》1987 年第 1 期。
③ 参见殷晓蓉《试论马克思主义主体观的诸规定》，《复旦学报》（社会科学版）1985 年第 2 期；冯景源《马克思主体理论的实质及研究中存在的问题》，《南京社会科学》1993 年第 1 期。

在的一些问题。

其二，将马克思主体解放理论置于实践领域，将主客统一的实践活动当作主体的场域。齐振海、冯景源①认为马克思的主客统一理论已经超越了德国古典哲学，尤其是黑格尔的主体理论，马克思实现了对哲学本体论的革命。任平、王南湜则围绕着主客一体延伸出主体间性问题展开了辩驳。任平②认为主体与主体的实践活动不过是通过客体这个中介而实现的，但是王南湜、俞吾金③则认为主体与主体之间的交往是从现实的个人出发的实践活动，要从生产劳动出发去阐释主体与主体之间的交往活动。王晓升④则对主客统一思维方式进行了反思，他认为通过能动性定义的主体并不是主体而是客体，按照主客统一思维方式思考主体问题本质上并没有跳出近代启蒙哲学的理论局限。

其三，将马克思主体解放理论置于社会领域，将社会看作主体的场域。持这一观点的国内学者有俞吾金、郗戈⑤等，他们认为，社会关系的本质是生产关系，主体在社会生产关系当中居于主体地位，历史运动、历史发展的承担者只能是社会主体，而不可能仅仅是现实的个人。而且刘森林⑥进一步指出社会主体的实现是个人主体实现的基础，社会主体不是对个人主体的压迫。但是，并不是国内学界所有学者都赞同社会可以被视为主体，王南湜⑦最早提出了质疑，他基于两点进行反驳：社会作为主体缺少自我意识规定；社会作为主体必然导致二元论甚至唯心主义。这也是其

---

① 参见齐振海《主体和客体概念的历史考察》，《人文杂志》1984 年第 1 期；冯景源《马克思主客体理论与唯物史观的建构》，《哲学研究》1991 年第 7 期。
② 任平：《马克思主义交往实践观与主体性问题》，《哲学研究》1991 年第 10 期。
③ 参见王南湜《交往与主客体关系的社会历史规定性》，《哲学研究》1992 年第 4 期；俞吾金《主体际性、客体际性和主客体际性》，《河北学刊》2007 年第 2 期。
④ 王晓升：《"主体"概念献疑》，《华中科技大学学报》（社会科学版）2012 年第 4 期。
⑤ 参见俞吾金《马克思的社会主体论概要》，《复旦学报》（社会科学版）2005 年第 5 期；郗戈《社会与个人：马克思的"双重结构主体"理论》，《湖南社会科学》2007 年第 5 期。
⑥ 刘森林：《主体：在自我性与社会性之间》，《社会科学战线》2008 年第 11 期。
⑦ 王南湜：《社会可否被视为主体？》，《哲学动态》1992 年第 12 期。

不同意社会主体概念提出的原因。

其四，将马克思主体解放理论置于资本领域，将资本逻辑视为主体的场域。秉持这一观点的国内学者有仰海峰、郗戈等。仰海峰①认为，主客统一的思维方式是近代哲学探寻主体的方式，这一思维方式预设了一个理论性前提，即主体必须是一个理性健全的人，而且主客统一的思维模式折射的是一般性物质生产逻辑，而主体的生成只能出现在资本逻辑中。袁蓓②则指出，在《资本论》中资本成为资本主义生产过程中的主体，主体则沦为资本自我增殖的工具。孙乐强③在考察了后期马克思经济学手稿后得出了同样的结论：在资本逻辑主导的场域中，劳动工人必将起来反抗资本的统治，成为自为阶级。

5. 国内关于哈特和奈格里的研究现状

其一，哈特和奈格里继承了福柯的生命政治理论。李爱龙④认为，不论是福柯还是奈格里的生命政治理论都脱离了具体的资本主义生产关系，最终都演变成一种主观批判的话语体系。当然，部分学者认为奈格里对福柯的生命政治理论有所发展。蓝江⑤指出，不同于福柯与阿甘本，奈格里乐观地将生命政治生产理解为一种协作性生产关系。刘黎⑥认为，哈特和奈格里是自觉地走向福柯的生命政治理论，并结合自己的生命帝国理论，从而形成一套具备"自治主义马克思主义"色彩的生命政治理论。

其二，哈特和奈格里吸纳了部分马克思政治经济学理论，但存在着一

---

① 参见仰海峰《从主体、结构到资本逻辑的结构化》，《哲学研究》2011 年第 10 期；仰海峰《马克思资本逻辑场域中的主体问题》，《中国社会科学》2016 年第 3 期。

② 袁蓓：《马克思的主体理论变革及当代审视》，《哲学动态》2021 年第 2 期。

③ 孙乐强：《穿透拜物教的魔力：阶级意识与日常意识的辩证法》，《南京社会科学》2011 年第 6 期。

④ 李爱龙：《生命政治化与生产社会化》，《哲学动态》2020 年第 9 期。

⑤ 蓝江：《一般智力的生命政治生产》，《福建师范大学学报》（哲学社会科学版）2020 年第 5 期。

⑥ 刘黎：《基于帝国理论的生命政治思想初探》，《武汉理工大学学报》（社会科学版）2016 年第 4 期。

定的局限性。部分国内学者通过马克思政治经济学理论评判哈特和奈格里政治经济学理论。孙亮[①]认为，哈特和奈格里的非物质劳动并没有改变价值来源，也没有改变劳资关系，因此生命政治的革命方案是低于历史唯物主义的方案。基于此，王莅[②]认为哈特和奈格里必然会拒绝辩证法而接受对抗的逻辑。与此同时，部分国内学者直接指认，哈特和奈格里并没有完整准确地把握马克思的主体解放理论。如徐丹[③]所言，主体并没有从《资本论》中消失，而是以更加隐秘的方式蕴含在了资本主义内在矛盾当中。而在鲁绍臣[④]看来，生命政治主体企图绕开资本逻辑，只可能是一种痴心妄想，没有任何人可以轻易地摆脱资本逻辑的布展。当然还有一些国内学者充分地肯定了哈特和奈格里对马克思政治经济学理论的贡献。冯琼[⑤]认为，非物质劳动作为劳动的当代形态，促进了马克思政治经济学批判的复兴。

其三，生命政治的劳动范式只是改变了劳动形式，并没有改变资本主义生产关系。唐正东[⑥]认为，哈特和奈格里得出非物质劳动比物质劳动更具主体性的结论是不恰当的，哈特和奈格里对资本主义现实历史过程有简化解释之嫌。正如吴静等人[⑦]所言，哈特和奈格里的确敏锐地捕捉到当代资本主义劳动形式发生了一些变化，但也只是部分形式发生变化而已，仅仅基于这些部分的变化就推导出当代资本主义陷入危机当中，显然是过于

---

① 孙亮：《"认知资本主义"的谱系、特质及其批判》，《社会科学》2016 年第 7 期。
② 王莅：《机器生产与主体塑形》，《山东社会科学》2017 年第 7 期。
③ 徐丹：《何种主体性，如何叙述》，《中南大学学报》（社会科学版）2015 年第 4 期。
④ 鲁绍臣：《资本主体批判：奈格里主体理论的路径与反思》，《国外理论动态》2016 年第 3 期。
⑤ 冯琼：《非物质劳动与当代政治经济学批判的复兴》，《哲学动态》2015 年第 7 期。
⑥ 唐正东：《非物质劳动与资本主义劳动范式的转型》，《南京社会科学》2013 年第 5 期。
⑦ 参见吴静《共同性到垄断：诸众的另一种可能?》，《晋阳学刊》2019 年第 3 期；蓝江《当代欧洲共产主义的三种实现形式》，《黑龙江社会科学》2017 年第 5 期。

盲目乐观了。当然也有部分学者①给予了哈特和奈格里一定的肯定，哈特和奈格里在政治和经济的转变中寻求革命潜力的态度是值得赞扬的。不过正如曹文宏②所言，非物质劳动尽管在形式上遵循了马克思的经济分析传统和政治意图，但是就其实质而言却偏离了马克思劳动价值论的本真含义。

其四，非物质劳动条件下生成的革命主体拓宽了马克思的主体边界，但也具有非现实的乌托邦色彩。部分学者③指出，非物质劳动条件下生成的主体扩展了马克思所言的主体的范围，在资本全球化的语境之下所有遭受资本剥削的人汇集起来构成了哈特和奈格里的主体联合体，这在很大程度上的确拓宽了马克思笔下的无产阶级的外延。但是另外一些学者④还是敏锐地指出，哈特和奈格里的主体重塑理论确实为处于消亡边缘的无产阶级注入了一股新的活力，但是过于简化当代资本主义社会的复杂性只能走向乌托邦情怀的政治实践和英雄式暴力的革命神话，哈特和奈格里即使最后进一步明确了毫无边际的主体范围，但最终也避免不了失败的命运，因为这种无边无际的主体范围本身就带有理想主义色彩。

（二）研究述评

前人的研究取得了很多高质量的成果。本书是以"主体重塑何以可能：从马克思到哈特和奈格里"为主题，但考虑到哈特和奈格里的主体重

---

① 参见陈庆松《当代自由实现路径探讨——哈特和奈格里非物质劳动理论的政治意义》，《求索》2012 年第 10 期；石裕东等《马克思主义视野中的非物质劳动》，《江西社会科学》2014 年第 9 期。

② 曹文宏：《非物质劳动：一个似"马"非"马"的理论命题——基于哈特和奈格里帝国理论的解读》，《马克思主义研究》2017 年第 2 期。

③ 参见陈培永《后帝国主义时代的政治主体重建——哈特、奈格里的"诸众"理论辨析》，《理论探索》2011 年第 4 期；陆青《诸众：对马克思无产阶级理论的重构——哈特和奈格里"诸众"概念评析》，《浙江社会科学》2013 年第 8 期。

④ 参见宋晓杰《诸众政治的逻辑脉络——以安东尼奥·奈格里为中心线索》，《江海学刊》2013 年第 2 期；张早林《从"诸众"到"共有者"——哈特与奈格里激进政治主体的逻辑转换及当代意义》，《南京社会科学》2015 年第 7 期。

塑理论本身即是对马克思主体解放理论的当代阐释，有必要将哈特和奈格里的主体重塑理论置于整个学界关于马克思主体解放理论的研究视域之中。

就马克思主体解放理论的研究成果而言，国外研究与国内研究之间存在着一定的关联性，都集中关注主体的具体场域。国外两次关于马克思主体解放理论的大讨论，第一次发生在第二国际理论家与早期西方马克思主义者那里，他们之间争论的焦点是主体在历史发展中的位置；第二次则发生在人本主义马克思主义与结构主义马克思主义之间，二者争论的焦点体现为"两个马克思"，但背后的问题仍然是主体是否存在。而当时国内学界同样苦恼于主体如何生成的问题。国内学界分别将马克思主体解放理论置于实践领域、社会领域和资本领域等进行探讨。探讨马克思主体解放的场域，本质上来说就是主体应该置于何种生成层面。伴随学术界对马克思主体解放理论研究的逐步深入，国内外部分学者开始将学术兴趣转移到马克思《资本论》当中，比如仰海峰、哈维等，他们从《资本论》中梳理出一条资本逻辑线索，同时将主体置于资本逻辑层面进行讨论。

一旦确立了马克思主体解放的现实路径，就可以借助马克思的视角展开对哈特和奈格里的研究。为了整体上反映哈特和奈格里的研究现状，笔者在研究综述的层次上进行了区分。就国外研究现状而言，一方面从当代西方左翼出发，梳理出他们关于主体重塑理论的研究成果；另一方面从当代西方左翼对哈特和奈格里主体重塑理论的质疑出发，整理出他们之间的争论焦点和立论依据。之所以选择从这两个层面进行综述，一是因为通过梳理当代西方左翼对这一共同时代难题的解决方案，可以提炼出他们选择的不同路径及其理论支撑；二是因为通过整理出当代西方左翼其他学者与哈特和奈格里的理论交锋，可以辨析出他们争论的问题实质。而国内关于哈特和奈格里主体重塑理论的研究，整体上聚焦在对几个重要问题的探讨之上。通过对马克思与哈特和奈格里主体理论研究现状的梳理可以看出，哈特和奈格里的理论有值得肯定的积极方面但也存在着巨大的内在限度。

在当今这样一个主体普遍消失的资本全球化时代，探讨革命主体已经需要很大的勇气，更何况哈特和奈格里还一直在积极努力地寻找革命的可能性路径。但是，人类的解放事业并不能单纯地诉诸主体的革命手段，同时需要考察现实的资本主义生产条件。马克思恩格斯早就对这种革命恐怖主义活动进行过批判："这些密谋家并不满足于一般地组织革命的无产阶级。他们要做的事情恰恰是要超越革命发展的进程，人为地制造革命危机，使革命成为毫不具备革命条件的即兴诗"①。当然，这也是当代西方左翼共同面临的一个理论难题。而要破解这一共同的难题就需要再次返回至马克思的主体解放理论当中。

基于已有的国内外研究成果，本书力求从以下三个方面进一步深化对相关问题的研究。

其一，厘清马克思主体解放理论的逻辑结构。事实上，包括哈特和奈格里在内的西方马克思主义者在构建主体重塑理论时，通常会回到马克思的主体解放理论之中。之所以在西方马克思主义者的理论构建中时常出现与马克思主体解放理论完全对立的阐释视角，主要原因之一便是他们对于马克思主体解放理论本身并没有一个清晰的界定，这也就直接导致了不同甚至对立的研究视角。由此，在本书中除了返回马克思主体解放理论之中，还进一步阐明具体应返回到马克思主体解放理论的哪一个逻辑层级中。只有准确地把握马克思主体解放理论的内在逻辑结构，我们才能够为当前主体重塑找到一个现实可行的路径。

其二，准确地评判哈特和奈格里的主体重塑理论。评析哈特和奈格里的主体重塑理论，除了时代因素要重点考虑，另外一个重要方面便是选准评析的理论视角。毫无疑问，哈特和奈格里主要继承了马克思的主体解放理论。已有的研究成果一般将哈特和奈格里的主体重塑理论置于马克思的理论框架之中进行考察，但并没有明确哈特和奈格里是在马克思主体解放

---

① 《马克思恩格斯全集》第7卷，人民出版社，1959，第321页。

理论的哪个层级之上进行研究。基于此，人们往往无法准确地对哈特和奈格里的主体重塑理论进行定位：一方面，无法进一步梳理出哈特和奈格里对马克思主体解放理论的时代拓展；另一方面，无法准确地揭示出哈特和奈格里的主体重塑理论的理论局限。

其三，尝试展现当代西方左翼的内部省思。哈特和奈格里主体重塑理论的内在局限在于没能准确地辨识出马克思主体解放理论的逻辑层级，所以他们必然不能在当今社会中找到主体重塑的现实路径。当代西方左翼内部意识到这一内在局限并尝试寻求域外理论资源，譬如部分当代西方左翼将理论视野转向当代中国，尤其是关注群众路线理论和人类命运共同体理念。围绕国家治理层面的群众路线理论，部分当代西方左翼已经将群众路线理论当作化解当代资本主义民主政治危机的备选方案。围绕全球治理层面的人类命运共同体理念，部分当代西方左翼认为，构建人类命运共同体是化解当代资本主义全球治理危机的可能方案。

（三）亟待解决的问题及回应

在哈特和奈格里的主体重塑理论这一议题上，基于学界现有观点的交锋和碰撞，笔者梳理和提炼了亟待进一步研究的问题，并在本书中作些学理性研究，以期深化对这一议题的认识。这些问题主要有如下几个方面。

其一，马克思主体解放理论内部是否存在一个逻辑转换？具体到主体解放这一问题，应该置于哪个场域？

如研究综述部分所概括的那样，国外学界对马克思主体解放理论存在着一种"认识论断裂"的断定，经常炮制出"两个马克思"的形象，这就直接体现在将主体置于一种主客二分的讨论语境中。这种割裂地审视马克思主体解放理论的视角，直接导致了两种结果。一种结果是主体解放处于一种摇摆不定的状态，各方都可以直击对方主体解放理论的要害部位。另一种结果是《资本论》往往被定性为一本充斥着客观主义的著作，没有为主体解放留下任何的理论空间。国内学者对马克思主体解放理论的研究，基本处于一种不断转换视角的状态。事实是否真的如此？马克思主体解放理论是否存在一以贯之的内在逻辑线条？除了一条贯穿始终的逻辑线索之外，马克思主体解放理论又是否存在着一个内在的逻辑转换？而具体到主体解放这一问题，应该从马克思主体解放理论的哪一逻辑层级进行讨论？

要回答这一系列问题，就必须跳出断裂性的思维模式，以连贯性思维方式重新审视马克思主体解放理论。有关这一问题的论述见本书第一章。

其二，哈特和奈格里主体重塑理论与马克思之间存在着怎样的逻辑关联？马克思的主体解放理论本身有一个内在发展逻辑，哈特和奈格里究竟在哪个层级上诠释马克思的主体解放理论？除了马克思之外，福柯生命政治理论也是哈特和奈格里主体重塑理论的重要来源，而且福柯生命政治理论本身隐藏着一条马克思线索，这三方又是一种怎样的内在逻辑关系？哈特和奈格里主体重塑理论的核心观点到底是如何构建和演绎的？

如研究综述所言，国外学界对哈特和奈格里主体重塑理论的探讨存在着两个视角。一个是在当代西方左翼学者内部关于主体重塑理论的争论，除此之外还存在着一个马克思传统政治经济学批判的视角。而将时空置换到国内学界，关于哈特和奈格里的主体重塑理论同样存在着两条阐释路径，一条是沿着马克思主体解放理论的视角，另外一条则是顺着福柯生命政治理论的思路。国内外学界的不同研究视角表明，至少就主体重塑议题而言，马克思主体解放理论和福柯生命政治理论是哈特和奈格里主体重塑理论的重要来源。但是重要问题是哈特和奈格里主体重塑理论重构了哪个逻辑层级上的马克思主体解放理论和福柯生命政治理论，又是如何一步一步展开理论推演的？

我们可以通过分析哈特和奈格里对马克思主体解放理论的重构和由此带来的逻辑演绎来回答这些问题。这是本书第二章和第三章的讨论重点。

其三，在主体解放理论上，哈特和奈格里与马克思之间具体是一种什么关系，是发展，是远离，还是存在一定的超越？

具体对学界而言，不管是当代西方左翼内部关于主体重塑理论的争论，还是国内学者对哈特和奈格里主体重塑理论的理论定位，都只有在弄清楚哈特和奈格里与马克思之间的"理论距离"之后，才能够有底气和有实力评判哈特和奈格里的主体重塑理论。尽管在阐释马克思主体解放理论方面，哈特和奈格里在当代西方左翼中独占鳌头，但是他们生命政治式的主体重塑理论是否存在内在限度、他们又是否在马克思整体理论体系之下探讨主体解放理论，这些都是存疑的。要回答这些疑问，必须回到马克思原初的理论语境中。哈特和奈格里与马克思之间究竟是一种怎样的关系？笔者已经界定了在马克思主体解放理论当中本身存在着一个内在的逻辑转换，由此，就延伸出另一个更为重要的问题。一旦明确了哈特和奈格里与马克思之间确实存在着一定的理论继承关系，那就要澄明他们到底是继承了马克思哪个逻辑层级之上的主体解放理论。这是一个极其重要的前提性问题。

对这一问题的回应见本书第四章和第五章。

其四，本书的落脚点在于反思哈特和奈格里的理论方案。当代西方左翼内部从国家治理和全球治理两个维度进行省思，一方面审视当代资本主义体系的内在限度，另一方面将目光转向当代中国。

研究哈特和奈格里的主体重塑理论，最终目的还是在于回到当今世界。当代资本主义危机的表现形式之一便是出现结构性的分裂，而哈特和奈格里并没有科学地诊断出当代资本主义危机的根源所在，也没有给出化解危机的理论方案。若想提出超越哈特和奈格里主体重塑理论局限的方案，当代西方左翼内部需要先进行自省。哈特和奈格里属于当代西方左翼，如今当代西方左翼内部已开始反思主体重塑的内在困境，他们关注中国的理论资源，尤其关注群众路线理论和人类命运共同体理念。如此问题就转换成，群众路线理论在何种层面上具备化解资本主义民主政治危机的可能？人类命运共同体理念又在何种层面上为解决全球治理危机提供可能性方案？

对这些问题的讨论集中在第六章。

三　研究思路与研究方法

（一）研究思路

本书的整体研究思路是以马克思主体解放理论观照哈特和奈格里，研究内容据此展开。

其一，基于福柯生命政治理论，哈特和奈格里建构了主体重塑理论。秉持后结构主义立场的福柯对主体重塑事实上是极其悲观的，哈特和奈格里如何扭转福柯这一悲观基调成为学界关注的焦点。同哈特和奈格里一样，福柯生命政治理论中隐藏着一条马克思线索，这两方如何诠释马克思的理论逻辑也成为本书关注的一个焦点，正是诠释马克思的不同路径造就了不同的理论诉求。

其二，基于主体解放理论，从马克思到哈特和奈格里，二者的核心观点发生了怎样的变化？也即作为马克思主体解放理论的"追随者"，哈特和奈格里在哪些方面"继承"与"发展"了马克思？回答这些问题，还是要回到马克思的理论当中，以"本真的马克思"进行客观的评析，提炼出哈特和奈格里的时代拓展和理论局限，一方面还原本真的马克思主体解放理论，另一方面强化马克思主体解放理论的时代性和包容性。

研究思路决定研究问题的展开。本书聚焦哈特和奈格里的主体重塑理论，主要通过以下六个章节逐步展开。

第一章，"马克思主体解放理论的内在逻辑"。马克思在探讨主体时，存在着生产逻辑和资本逻辑两条逻辑线索，这两条逻辑线索一直同时存在，只不过是不同时期其中一方占据主导地位。

第二章，"哈特和奈格里主体重塑理论的马克思溯源"。哈特和奈格里的主体重塑理论承继福柯生命政治理论，这就需要溯源生命政治理论。同哈特和奈格里一样，福柯生命政治理论隐藏着一条马克思线索，因此需要把握这两方对待马克思的不同诠释路径。通过勾连起马克思主体解放理论和福柯生命政治理论，哈特和奈格里建构起一套全新的主体重塑理论。

第三章，"哈特和奈格里主体重塑理论的三重逻辑"。在哈特和奈格里的主体重塑理论框架中，从社会形态、劳动形式，再到革命主体，三者构成一个渐次展开的逻辑架构。

第四章，"哈特和奈格里对马克思主体解放理论的时代拓展"。21世纪的哈特和奈格里结合当代资本主义生产方式的最新特征，对话19世纪的马克思。关于哈特和奈格里对马克思主体解放理论的时代拓展，具体可以梳理出三个面向：丰富马克思政治经济学批判的治理维度；揭示主体解放的新路径；拓展后革命时代革命主体的范围。

第五章，"马克思视角下哈特和奈格里主体重塑理论的局限"。比照马克思主体解放理论，可以梳理出哈特和奈格里与本真的马克思之间的理论距离。其理论局限至少有三方面：颠倒马克思主体解放理论的批判层级；混淆马克思劳动二重性理论；误判当代资本主义危机的根源。

第六章，"当代西方左翼破解主体重塑局限的内部省思"。哈特和奈格里属于当代西方左翼，如今当代西方左翼内部开始省思主体重塑的破解方案，部分学者将视线转向当代中国，尤其关注群众路线理论和人类命运共同体理念。

希冀通过以上六章的阐释和论证，科学评判哈特和奈格里的主体重塑理论。

（二）研究方法

本书主要采用历史与逻辑相统一的研究方法。哈特和奈格里是当代西方左翼的急先锋，他们追随马克思的主体解放理论，并因其独树一帜、目的鲜明的理论诉求，引起了当代西方左翼众多学者的积极关注，在一定程度上，哈特和奈格里激活了马克思理论中的主体解放向度。

不过，准确、科学地评析哈特和奈格里的主体重塑理论，必须返回到马克思主体解放理论中。核心原因就在于，马克思关切现实和思考问题的逻辑起点就是现实的人，主体解放是马克思终其一生的信仰和追求。在马克思那里，主体解放存在着生产逻辑与资本逻辑的双重变奏，资本逻辑之于生产逻辑占据统摄性地位。以马克思的视角检视哈特和奈格里，一方面有助于在逻辑上澄清主体重塑的现实路径，另一方面有助于认清哈特和奈格里与马克思之间的"理论距离"到底有多远。换言之，认清哈特和奈格里在时代意义上从哪些方面拓展了马克思，又在哪些方面远离了马克思。

第一章　马克思主体解放理论的
内在逻辑

　　哈特和奈格里的主体重塑理论是对马克思主体解放理论的重构。要准确、科学地评判哈特和奈格里的主体重塑理论，我们一定要返回到马克思主体解放理论中。因此，有必要在评析哈特和奈格里的主体重塑理论之前，考察一下马克思主体解放理论的演进逻辑。在马克思的理论语境当中，主体解放往往是以无产阶级解放面貌出现的。马克思主体解放理论的内部存在着生产逻辑和资本逻辑两条逻辑线索，这两条逻辑线索一直同时存在，只不过不同时期其中一方占据主导地位。不过，唯有立足于资本逻辑，我们才能够为主体找到一条现实的解放路径。

一　马克思主体解放理论的生成逻辑

　　探讨主体出场的场域，马克思借助的是工场手工业和机器大生产的阐释视角。在工场手工业阶段，劳动者仍然以主体的方式出现在其中。这也是为什么在《德意志意识形态》中，马克思可以沿着分工导致人的片面发展的线索展开对资本主义制度的批判。但是，到了机器大生产阶段劳动者不再占据生产过程中的主体位置，从主体维度延伸出的批判逻辑就无法成立了。正是基于此，马克思将批判的视角转向资本主义生产过程。

（一）工场手工业阶段

在《德意志意识形态》中，马克思专门阐释了斯密的分工理论。马克思认为斯密并没有对社会分工和生产过程的内部分工进行具体区分。斯密曾以扣针加工业为例指出，"一个人抽铁线，一个人拉直，一个人切截，一个人削尖线的一段，一个人磨另一端，以便装上圆头。要做圆头，就需要两三种不同的操作。装圆头，涂白色，乃至包装，都是专门的职业。这样，扣针的制造业分为十八种操作。"① 斯密这里描述的正是生产过程内部的分工，不过接下来斯密的话锋突然转移到了社会分工，"各个行业之所以各个分立，似乎也是由于分工有这种好处"②。从中可以看出，斯密认为生产内部分工与社会分工并没有什么本质性区别，社会分工是生产内部分工的扩大化而已。当然对分工认识的不足应该由斯密本人负责，但时代局限性的制约也是其中的重要缘由。从 16 世纪中叶至 18 世纪末期工场手工业仍然占据历史主导位置，斯密生活的时代是机器大生产时代的幼年时期，现代化工厂刚刚孕育出来。由此看来，斯密未能明确工场手工业的特定意义是可以理解的。马克思曾为斯密进行辩护："当亚·斯密撰写他的政治经济学原理这一不朽著作时，工业中的自动体系几乎还无人知道。他完全有理由把分工看作改进工场手工业的伟大原则。"③ 不过在《资本论》第一卷中，马克思就对斯密提出质疑。经过考察马克思发现，在斯密之前"更早的著作家，如配第和《东印度贸易的利益》的匿名作者［亨·马丁］，比亚·斯密更肯定地指出了工场手工业分工的资本主义性质"④。归根结底，斯密分工理论的内在缺陷就在于他没能超出资产阶级狭隘的历史

---

① 〔英〕斯密：《国民财富的性质和原因的研究》上卷，郭大力等译，商务印书馆，1972，第 6 页。
② 〔英〕斯密：《国民财富的性质和原因的研究》上卷，郭大力等译，商务印书馆，1972，第 7 页。
③ 《马克思恩格斯全集》第 32 卷，人民出版社，1998，第 341 页。
④ 《马克思恩格斯文集》第 5 卷，人民出版社，2009，第 422 页。

局限。斯密无意识地忽略了工场手工业分工只是社会分工的一个具体环节，因此他也就无法觉察出社会分工与工场手工业分工的本质性区别。马克思深刻地揭示出工场手工业分工的资本主义性质。柯尔施曾批判资产阶级学者："资产阶级的社会研究者在表面上从事研究社会一般，却始终拘束于资产阶级社会的特殊范畴。"① 柯尔施对马克思和一般资产阶级理论家的区分实在太精准了。

在《哲学的贫困》中，马克思已经意识到社会分工与工场手工业内部分工是有区别的。但是囿于当时经济学的水平，马克思还无法真正地区分二者的本质性差异。在《1861—1863 年经济学手稿》和《资本论》中，马克思对这一问题有了新的更深的认识，他已经能够清晰地辨别出这两种分工的本质性差异，具体包括两个方面。第一个本质差异是，社会分工和工场手工业分工的存在基础不同。社会分工生成于交换的需要，当个人生产生活资料能够满足自己生活需要时就不会产生社会分工，只有当个人生产不能满足自己所需时才产生了交换。社会分工源于不同生产部门之间相互交换劳动产品，社会分工的基础是商品交换。与之不同，工场手工业分工是在商品生产的基础之上，在商品生产过程当中个人作为生产者协作完成商品的生产过程，个人劳动只能完成整体生产过程的一部分。由此可以看出马克思此时已经能够区分出社会分工与工场手工业分工。马克思经济学水平的提高使其已经能够区分出流通过程与商品生产过程。马克思真正地辨别出社会分工与工场手工业分工的差异。第二个本质差异是，社会分工与工场内部分工对应的是不同的历史阶段。工场内部分工是工场手工业阶段特有的分工方式。马克思基于历史的视角区分了这两种分工形式：不同于社会分工，工场手工业分工是资本主义的独特形式。② 当然，这两种分工形式不仅有区别，二者还存在着内在的关联。社会分工产生之后才会有工场内部分工，社会分工是工场内部分工的基础，工场内部分工是在社

---

① 〔德〕柯尔施：《卡尔·马克思》，熊子云等译，重庆出版社，1993，第 45 页。
② 《马克思恩格斯全集》第 44 卷，人民出版社，2001，第 415 页。

会分工基础之上发展出来的。社会分工与工场内部分工相互促进。社会内部分工达到一定程度必然出现工场内部分工，工场内部分工又会促进社会内部进一步分工。在工场内部分工这一生产方式之下，社会内部分工会进一步扩展与细化。

　　在《1861—1863 年经济学手稿》中，马克思已经超越了斯密的分工理论，对工场内部分工有了较为深刻的认识。马克思指出："亚·斯密没有把分工看作是资本主义生产方式所特有的东西，他没有看到分工同机器和简单协作一起不仅仅在形式上改变了劳动，而且由于把劳动从属于资本而在实际上使劳动发生了变化。他考察分工的方法同配第和配第之后他的其他先驱者一样。"① 资本主义生产条件之下工场内部分工具有特定的历史存在意义。分工方式的变化一方面带来劳动形式的变化，另一方面引起资本主义生产方式的变化。一个变化是，工场内部分工方式产生出一套新的剥削方式。在工场手工业生产条件之下工人在生产过程中只负责局部的生产环节，这就导致工人一旦离开这一岗位将一无是处。马克思极具敏锐性地指出："在这里［在分工的条件下］，资本主义生产方式已经从本质上控制并改变了劳动。这已经不再只是工人对资本的形式上的从属：即工人在他人的指挥和监督下为他人劳动。这也不再只是像在简单协作中那样，是一个工人和其他许多工人同时共同劳动，和他们同时完成同一项工作，这就会使他的劳动本身不发生任何变化，只造成暂时的联系，即某种并行的活动，而这种并行的活动按照事物的性质很容易中断，并且在大多数简单协作的情况下只是存在于某些暂时的特殊的时期，只是为了满足例外的需要，例如在收割庄稼、修筑公路等等或者在最简单的工场手工业（在这里，主要的特点是同时使用许多工人并节省固定资本等等）的场合就是这样，——这种并行的活动只是形式上使工人成为整体（资本家是这个整体的主人）的部分，但是在这个整体中，工人作为生产者不会由于他同其他

---

　　① 《马克思恩格斯全集》第 32 卷，人民出版社，1998，第 309 页。

许多工人干同样的活例如制靴等等而进一步受到影响。"① 另一个变化是，工厂内部分工不仅在抽象意义上提高一般生产力，还在具体意义上提升了资本的生产力。马克思认为："亚·斯密同他的先驱者都是从古代的观点出发来考察分工的，他们把这种分工同社会内部的分工混为一谈。他们只是在考察分工的结果与目的时才不同于古代人的观点。他们从一开始就把分工看作资本的生产力，因为他们所强调和看到的几乎只是这样一种情况，即由于分工，商品变得更便宜了，生产某个商品所需的必要劳动时间减少了，或者说，在同样的必要劳动时间内能生产出更多的商品，因而单个商品的交换价值降低了。他们把全部注意力放在交换价值的这一方面，——而这一点也是他们的现代观点的所在。"② 分工并没有改变劳动工人的生活状况而只是进一步提升资本的增殖能力。此时马克思已经辨识出，斯密语境中提高生产力只是经验层面的表象，而表象背后的实质性情况却不仅仅如此。

（二）机器大生产阶段

机器大生产符合资本主义发展的内在逻辑。在资本主义生产发展过程中，资本主义生产经历了从工场手工业到机器大生产过程的转变。虽然机器只是工场手工业发展到一定阶段的产物，但是机器的产生标志着资本主义发展到新的历史阶段。尤尔是英国第一位真正理解现代工厂的理论家。对此，马克思曾专门指出："尤尔，工厂制度的这个无耻辩护士，尽管在英国受到驳斥，但是他毕竟是有贡献的，因为他第一个正确地理解了工厂制度的精神，并且准确地表述了自动工厂同以分工为基础的工场手工业之间的差别和对立。"③ 不过，尤尔也处于一种两难的历史境地：一方面，不同于工场手工业阶段，尤尔意识到在现代工厂中机器体系是由自动生产体

---

① 《马克思恩格斯全集》第 32 卷，人民出版社，1998，第 318 页。
② 《马克思恩格斯全集》第 32 卷，人民出版社，1998，第 309 页。
③ 《马克思恩格斯全集》第 47 卷，人民出版社，1979，第 526 页。

系维持运转，机器体系开始逐步取代工人占据主体地位；另一方面，在机器体系运转的过程中工人又是具备积极行动能力的主体，工人直接操控着机器体系。之所以尤尔处于这种左右摇摆状态，根本原因在于他完全站在大资产阶级立场上为现代工厂制度进行理论辩护。尤尔虽然看到了工场手工业与机器大生产之间的差别，但是理论立场决定了他只能从生产力维度切入，而完全无视机器大生产背后的生产关系维度。

机器大生产同工场手工业之间存在着本质性的差异。一是，工场手工业分工是根据工人的专业技能，劳动适应工人，此时工人占据主体地位。自动化机器工厂只需要半熟练的工人，工人需要掌握的不再是专业性的技巧而只是简单的操作。二是，在工场手工业阶段工人可能终生从事一项固定工作，而到了现代大机器工厂中机器完全取代了工人，机器成为占据支配和控制地位的主体，这也就意味着工人随时有可能被替代。正如马克思在《资本论》中对工场手工业与机器大生产所做出的区分："在工场手工业和手工业中，是工人利用工具，在工厂中，是工人服侍机器。在前一种场合，劳动资料的运动从工人出发，在后一种场合，则是工人跟随劳动资料的运动。在工场手工业中，工人是一个活机构的肢体。在工厂中，死机构独立于工人而存在，工人被当作活的附属物并入死机构。"[1] 在机器大生产过程中劳动过程与生产过程出现了重大分离。不仅在价值增殖的过程中工人丧失掉主体性地位，而且在一般性的劳动过程中工人也不再拥有主体的位置，工人彻底沦为资本增殖的工具。分工和机器化大生产引发的批判维度完全是不一样的。停留在分工层级展开的批判只能是从分工导致身体异化这一主体性维度切入。以《德意志意识形态》中的资本主义批判为例。马克思指出，分工导致工人自主劳动演变成一种摧残人性的奴役劳动，至于如何消除这些异化劳动现象，"只能靠个人重新驾驭这些物的力量，靠消灭分工的办法来消灭"[2]。既然没有站在机器大生产层级剖析资本

---

[1]　《马克思恩格斯全集》第44卷，人民出版社，2001，第486页。
[2]　《马克思恩格斯文集》第1卷，人民出版社，2009，第570~571页。

主义内在矛盾，此时马克思自然也就不能为无产阶级革命提供科学的理论依据。

从工场手工业进入机器化大生产的根本性标志是劳动资料成为资本主义生产的逻辑起点。机器发明和应用的原动力正是在于生产出更多的剩余价值。在马克思看来，资本运动的根本动因就是生成最大限度的剩余价值。在不能无限制延长工人劳动时间的情况之下，资本只能依赖机器或科学技术的发明和应用，不过一旦将机器大量地投入到劳动生产过程中，必然带来工人使用量和商品价格的双重降低。表面上看投入大量生产资料的资本家似乎有点得不偿失，但实际上却不然。为了最大限度获取剩余价值，资产阶级惯用手段可以归纳为两点。第一，机器生产原本应该带来的是工人工作时间的缩减，但是实际情况却是工人工作时间被变相延长了。机器大量投入到生产过程中意味着不变资本的增加，工人数量的减少意味着所能剥削对象数量的减少，如此只能通过延长工作日进一步榨取单个工人的剩余价值。与延长工作时间相对应的方式是增加劳动强度，单位时间内生产出更多的商品，"缩短工作日，这种起初创造了使劳动凝缩的主观条件，也就是使工人有可能在一定时间内付出更多力量的办法，一旦由法律强制实行，资本手中的机器就成为一种客观的和系统地利用的手段，用来在同一时间内榨取更多的劳动。这是通过两种方法达到的：一种是提高机器的速度，另一种是扩大同一个工人看管的机器数量，即扩大他的劳动范围"①。第二，大机器生产的推广和运用将会产生许多新型生产部门。首先，大机器的生产和使用必然打破农业与工业之间的界限，农业逐步被纳入机器大工业生产体系之中，机器大生产将彻底改变传统家庭农业生产模式。其次，机器大生产在工业生产过程中的推广必然带来同一个产业链内部不同部门之间的分割与合作，生产和加工半成品原材料的部门将逐渐增多。

---

① 《马克思恩格斯文集》第 5 卷，人民出版社，2009，第 474 页。

　　机器的大量使用必然改变资本的有机构成，这也是由资本追求剩余价值的本性所决定的。在资本积累过程中固定资本维持不变而可变资本增加，即仅仅增加工人数量，这种情况只出现在工场手工业的初期。而随着劳动生产率的提高，大机器在生产过程中广泛使用，固定资本与可变资本之间的差距必然越来越大。就固定资本不断增加的趋势来看，劳动生产过程必然不断地扩大再生产，可变资本所占的比例必然不断减少。固定资本的增加和可变资本的减少本质上都是资本家为了追求更多的剩余价值量，而机器大生产正是实现这一目的有力的手段之一。

　　在机器大生产阶段，工人需要注意区分机器与机器的使用、科学与科学的使用之间的本质性差异。在机器大工业时代机器逐步取代了工人，投入到资本主义生产过程当中的机器成为创造物质财富的主体，"现实财富的创造较少地取决于劳动时间和已耗费的劳动量，较多地取决于在劳动时间内所运用的作用物的力量，而这种作用物自身——它们的巨大效率——又和生产它们所花费的直接劳动时间不成比例，而是取决于科学的一般水平和技术进步，或者说取决于这种科学在生产上的应用"[①]。机器已经融入资本的固有属性之中，成为资本剥削和压榨工人的主要武器。这里可以得出的一个基本判断是：在机器大生产时代，真正标志生产力发展水平的已经不再是劳动，而是吸纳科学、知识和一般智力的固定资本。在马克思看来，工人对机器与机器的应用、科学与科学的应用的认知是一个历史过程。在17世纪反对机器的斗争几乎遍布整个欧洲，卢德运动就是当时的典型代表。针对当时工人阶级破坏机器的运动，马克思明确地指出："工人要学会把机器和机器的资本主义应用区别开来，从而学会把自己的攻击从物质生产资料本身转向物质生产资料的社会使用形式，是需要时间和经验的。"[②] 马克思将机器与机器的资本主义应用区分开来，指出机器本身不带有任何色彩，机器是生产力发展水平的体现。真正使工人处于奴役和被剥

---

①　《马克思恩格斯全集》第31卷，人民出版社，1998，第100页。

②　《马克思恩格斯文集》第5卷，人民出版社，2009，第493页。

削状态的是机器编织的资本主义生产体系。

（三） 革命主体的真实场域

机器与机器的使用、科学与科学的应用，在马克思看来，实质上包含着双重逻辑。一重是机器与科学所表征的人类学意义上的生产逻辑。机器生产与科学技术都代表了人类生产力的发展水平。机器的革新与科技的进步都代表着人类发展水平的又一次飞跃。另一重是机器的使用与科学的应用源自资本逻辑。机器的大范围推广根源在于获取更多的剩余价值，机器的使用与科学的应用是资产阶级获取剩余价值的重要手段。

马克思以科学技术为例进行了具体说明。在资本主义大机器生产过程中，科学与直接劳动进行了分离，科学研究表面上成为一种独立的职业，但在马克思看来，科学研究不可能摆脱资本主义制度的内在控制。"自然科学本身［自然科学是一切知识的基础］的发展，也像与生产过程有关的一切知识的发展一样，它本身仍然是在资本主义生产的基础上进行的，这种资本主义生产第一次在相当大的程度上为自然科学创造了进行研究、观察、实验的物质手段。由于自然科学被资本用做致富手段，所以，搞科学的人为了探索科学的实际应用而互相竞争。"① 科学研究如此，机器使用亦是如此。更为重要的是，机器使用和科学应用不再只是一个技术性的问题，也不再仅仅体现为机器和科技的奴役问题，其直接重构资本主义生产关系和社会关系。机器的发明和使用推动着人类生产方式以及社会关系的全面转型。

在讨论机器与机器的使用的差异性时，马克思将生产逻辑与资本逻辑区别开来进行讨论。不过，一旦将资本主义社会作为一个整体进行研究马克思就发现，生产逻辑并不能作为独立的逻辑规则运行而只能被整合到资本逻辑的运行框架之中。生产逻辑之所以不能在资本主义现实生产过程中

---

① 《马克思恩格斯文集》第 8 卷，人民出版社，2009，第 358~359 页。

独立运行，根本原因在于生产逻辑框架本身存在着内在的局限性。如果从生产逻辑出发推演资本主义生产过程，就不可能真正地理解资本主义社会生产过程中生产、分配、流通、消费之间的内在性关系。更为严重的影响在于，如果将资本主义生产过程等同于人类社会一般意义上物质生产过程，那么资本主义危机就不是出现在生产环节，而是出现在分配环节。

正如美国政治哲学家罗尔斯所言，资本主义社会之所以出现各式各样的危机，正是因为分配环节出现了非正义的问题。① 马克思早已批判过这样一种阐释资本主义危机的路径："肤浅的表象是：在生产中，社会成员占有（开发、改造）自然产品供人类需要；分配决定个人分取这些产品的比例；交换给个人带来他想用分配给他的一份去换取的那些特殊产品；最后，在消费中，产品变成享受的对象，个人占有的对象。"② 按照这种逻辑框架，"生产、分配、交换、消费因此形成一个正规的三段论法：生产是一般，分配和交换是特殊，消费是个别，全体由此结合在一起。这当然是一种联系，然而是一种肤浅的联系"③。正是基于这样一种反思，马克思认为，分配和交换只能是一种表面的社会现象，唯有从生产出发才能够真正地揭露出资本主义社会的内在本质性规定。而若想进一步揭露出这一生产方式的本质性含义，马克思指出，必须超越人类学意义上的一般物质生产逻辑的框架进入资本逻辑层级之中。马克思主体解放理论的真正路径就是揭示出资本主义逻辑运演的真实场域。

在资本主义社会之中，只有从资本逻辑出发才能够真正理解一般人类学意义上的生产逻辑。马克思指出："在一切社会形式中都有一种一定的生产决定其他一切生产的地位和影响"④，而在资本主义社会之中"资本是资产阶级社会的支配一切的经济权力"⑤。在马克思看来，资本逻辑是资本

---

① 〔美〕罗尔斯：《正义论》，何怀宏等译，中国社会科学出版社，2009，第4页。
② 《马克思恩格斯全集》第30卷，人民出版社，1995，第30页。
③ 《马克思恩格斯全集》第30卷，人民出版社，1995，第30页。
④ 《马克思恩格斯全集》第30卷，人民出版社，1995，第48页。
⑤ 《马克思恩格斯全集》第30卷，人民出版社，1995，第49页。

主义社会生产中的形式与内在结构形成的根源，且资本逻辑"编制"出整个资本主义社会的基本架构。以"人体解剖对于猴体解剖是一把钥匙"为例，马克思形象地阐释出资本逻辑与生产逻辑之间的内在关系：资本逻辑是资本主义社会发展到一定程度出现的生产方式。在此马克思指出，低等动物身上的确有高等动物的部分特征，但是对于研究资本主义社会结构来说，只有获得对高等动物的本质性认知才能够真正理解低等动物显示出来的高等征兆。这也就是说，必须站在资本逻辑的层级之上才能够科学剖析资本主义社会的运作方式和内在结构。

一旦资本逻辑在资本主义生产过程中占据支配性地位，过去所有的资本主义生产方式都必须纳入资本逻辑生产方式之下进行研究。基于此，一般人类学意义上物质性生产必然被纳入资本主义生产过程当中。若想理解一般物质性生产逻辑首先必须弄清楚资本逻辑。在资本逻辑支配之下，协作、分工、机器大生产等都被资本逻辑所更改。在资本主义社会生产过程中，生产逻辑意义上协作、分工、机器大生产在促进生产力提高与主体解放的同时又设置了各种难以克服的内在性障碍，这些障碍成为奴役劳动工人的更加精美与隐秘的网格。在《资本论》中马克思对协作、分工、机器大生产等的阐释都是在双重结构下展开的：一重是一般物质生产逻辑上的表述，另一重是资本逻辑上的解读。资本逻辑对物质生产逻辑重新审视，物质生产逻辑又构成资本逻辑的重要批判对象。

伴随着资本主义社会的进一步发展，生产关系开始从协作、分工转向机器大生产，生产形式对应从工场手工业转向现代工厂制。在工场手工业阶段，虽然机器装备已经开始进驻生产过程，但是以劳动工人为主体的分工协作方式仍然占据主导性地位。不过随着机器生产装置的大量推广，在机器生产过程当中劳动工人的支配地位逐步地被让出，劳动工人只能沦为自动化装备上的一个附件。有一点需要特别说明，机器装置与生产工具并不是两个含义完全相同的概念，机器装置是生产机器的机器，"所有发达的机器都由三个本质上不同的部分组成：发动机，传动机构，工具机或工作机"①，机器与机器之间组成一套自动化的物质生产体系。

马克思专门区分出真正操作的工人与作为单纯动力的工人。当工人仅仅作为单纯动力时，这意味着工人随时有可能被替换，工人的位置让位于作为替代动力的机器。"在工场手工业生产和机器生产之间一开始就出现了一个本质的区别。在工场手工业中，单个的或成组的工人，必须用自己的手工工具来完成每一个特殊的局部过程。如果说工人会适应这个过程，那么这个过程也就事先适应了工人。在机器生产中，这个主观的分工原则消失了。在这里，整个过程是客观地按其本身的性质分解为各个组成阶段，每个局部过程如何完成和各个局部过程如何结合的问题，由力学、化学等等在技术上的应用来解决。"② 在此马克思进一步指出："在工场手工业中，社会劳动过程的组织纯粹是主观的，是局部工人的结合；在机器体系中，大工业具有完全客观的生产有机体，这个有机体作为现成的物质生产条件出现在工人面前。"③ 此时资本主义社会的生产过程完成了从社会生产的主体性层面向客体性层面的转变，这种客体性层面自主地形成一个自动化的资本主义生产体系。因此，机器虽然只是一种技术性存在物，但在资本主义生产过程中其却充当了资本逻辑结构化的重要工具。作为技术性存在物的机器，不仅带来社会存在结构的变化，更为重要的是导致社会存在中人的变化。

二 马克思资本逻辑中的劳动问题审视

劳动是人的类本质活动，探讨主体解放必然无法绕过劳动问题。而在生产逻辑和资本逻辑的视域之下，劳动分别处于不同的境地。在一般性的物质生产层面，劳动是人的类本质体现；而在资本逻辑层面，"劳动只有

---

① 《马克思恩格斯文集》第5卷，人民出版社，2009，第429页。
② 《马克思恩格斯文集》第5卷，人民出版社，2009，第436~437页。
③ 《马克思恩格斯文集》第5卷，人民出版社，2009，第443页。

对资本来说才是使用价值，而且就是资本本身的使用价值"①。因此，从生产逻辑层面和资本逻辑层面审视劳动，必然建构出完全不同的主体解放理论。

（一）劳动力成为商品

在马克思资本逻辑的总体结构框架中，商品交换处于现象界层面，资本生产才处于本质界。从商品交换进入资本生产，一个重要的前提性条件就是劳动力成为商品。而劳动力要成为商品，其中的一个关键性环节就是能够在市场上自由地出卖自己的劳动力。只有作为劳动力和劳动生产过程的附属物，劳动工人才能够有机会进入资本主义生产过程当中并且成为资本生产和增殖的工具。马克思专门对"劳动"和"劳动力"进行了区分。在《资本论》中马克思以"劳动力"取代"劳动能力"。此时马克思是有深刻指向的，劳动能力侧重的是人类本质的一种内在规定性，劳动力更多地意味着一种体力的付出，相比较而言劳动力更加符合机器化大生产对工人在劳动过程中存在方式的要求。不过，马克思对劳动的认识有一个历史的过程。在《1844 年经济学哲学手稿》中，马克思在黑格尔抽象劳动基础之上提出异化劳动理论，"黑格尔站在现代国民经济学家的立场上。他把劳动看作人的本质，看作人的自我确证的本质；他只看到劳动的积极的方面，而没有看到它的消极的方面"②。此时马克思语境中"消极的方面"无疑就是指异化劳动方面，马克思指责黑格尔没有区分对象化劳动与异化劳动。但是马克思对黑格尔劳动理论的指责并未切中其本质，黑格尔劳动理论实质上正是资本主义商品生产和交换过程的真实写照，资本主义商品生产过程本身就是对象化劳动与异化劳动的统一。

---

① 《马克思恩格斯全集》第 46 卷上册，人民出版社，1979，第 265 页。
② 《马克思恩格斯全集》第 3 卷，人民出版社，2002，第 320 页。

在《政治经济学批判（1857—1858 年手稿）》（以下简称"《大纲》"）①中，马克思已经意识到，资本主义商品生产过程本就是对象化劳动与异化劳动的统一，而且这种统一并不是通过区分二者的不同来实现的。在《大纲》中，马克思把劳动表征的生产力提升至重要位置，但是此时马克思尚未阐述劳动与劳动力之间的本质性区别，从劳动出发论证人自由的实现和未来共产主义的合理性依旧是马克思此时的理论支撑点。"从资本和雇佣劳动的角度来看，活动的这种物的躯体的创造是在同直接的劳动能力的对立中实现的，这个对象化过程实际上从劳动方面来说表现为劳动的外化过程，从资本方面来说表现为对他人劳动的占有过程，——就这一点来说，这种扭曲和颠倒是真实的，而不是单纯想象的，不是单纯存在于工人和资本家的观念中的。但是很明显，这种颠倒的过程不过是历史的必然性，不过是从一定的历史出发点或基础出发的生产力发展的必然性，而这一过程的结果和目的（内在的）是扬弃这个基础本身以及扬弃过程的这种形式。"②从这样一段论述可以看出，劳动成为主体创造能力的重要标识之一，只不过这种能力是在资本主义异化劳动的生产过程中生成的，但也正是这一历史过程为主体解放创造了前提性的条件。不过此时马克思还没有真正地意识到，劳动表征的一般性生产逻辑只能阐释简单的劳动生产过程而无法准确地诠释资本主义扩大再生产的过程，而要想完整精确地阐明资本主义生产过程，就必须对劳动与劳动力进行本质性的区分。资本主义扩大再生产的过程中必须使用"劳动力"，这是因为只有将劳动力这个活劳动与机器、生产资料等死工具联合在一起，才能够为资本主义生产过程中资本增殖提供工具。在以资本逻辑为主导的生产过程当中，劳动工人只是这个生产过程当中一个要素而已。

在《资本论》中，马克思已经用"劳动力"概念取代了"劳动"概

---

① 《大纲》是西方学界对马克思《政治经济学批判（1857—1858 年手稿）》的统一简称。本书研究的核心人物哈特和奈格里正是基于马克思的《大纲》重构其主体重塑理论。

② 《马克思恩格斯全集》第 31 卷，人民出版社，1998，第 244 页。

念。甚至恩格斯在领会了马克思的这一转变之后，将马克思早在 1847 年撰写的《雇佣劳动与资本》中使用的"劳动"概念全部替换成"劳动力"这一更加精准的术语。在《资本论》第一卷前三篇中马克思全面系统地阐释了在资本生产过程之中劳动力是如何一步一步成为商品的。在第一篇中马克思详细描述了商品的交换过程，这是对资本主义社会日常生活层面的现象性描述，交换构成了商品向货币转换的一个中介。到了第三篇马克思则进一步阐述了在资本主义生产过程当中剩余价值的生产，这就步入资本主义社会生产的本质界层面。

从思想逻辑的发展脉络来看，从第一篇到第三篇可以看作资本主义社会从现象界向本质界的一次飞跃，即从商品流通环节推进至剩余价值生产环节。交换的现象界至生产的本质界之间存在着鸿沟，马克思在"货币转化为资本"这一部分对之进行了"填充"。在有关"货币转化为资本"的研究中，马克思得出这样的结论："有了商品流通和货币流通，决不是就具备了资本存在的历史条件。只有当生产资料和生活资料的占有者在市场上找到出卖自己劳动力的自由工人的时候，资本才产生；而单是这一历史条件就包含着一部世界史。因此，资本一出现，就标志着社会生产过程的一个新时代"[1]。简言之，《资本论》第二篇是在讨论资本生产的基础，第三篇则揭露出资本主义生产的过程，这两个篇章对于马克思科学地分析资本主义客观的生产过程起着至关重要的作用。这也就难怪在《资本论》第一卷准备出版的时候，恩格斯在给马克思的一封书信中这样称赞："关于货币转化为资本的一章和剩余价值的产生的一章，就叙述和内容来说，是迄今为止最光辉的两章"[2]。由此可见，"货币转化为资本"在资本主义社会的整体运行过程中是一个极其重要的环节。

《资本论》揭示的是资本运动的现实历史，展现了"货币转化为资本"的运动过程。马克思揭示了两种不同流通形式：作为货币的货币与作为资

---

① 《马克思恩格斯全集》第 44 卷，人民出版社，2001，第 198 页。
② 《马克思恩格斯全集》第 31 卷，人民出版社，1972，第 314 页。

本的货币。"商品流通的直接形式是 W—G—W，商品转化为货币，货币再转化为商品，为买而卖。但除这一形式外，我们还看到具有不同特点的另一形式 G—W—G，货币转化为商品，商品再转化为货币，为卖而买。在运动中通过这后一种流通的货币转化为资本，成为资本，而且按它的使命来说，已经是资本。"① 这就可以得出两点结论。一是作为货币的货币在商品流通过程当中并不是资本，作为出发点的商品与作为终点的商品在商品价值量上是等同的，只是使用价值不同质而已。二是作为资本的货币在流通过程当中是资本，这一运动逻辑似乎成为一种以货币作为起点和终点的无目的又荒唐的活动。从得出的这两个结论出发，马克思指认出作为货币的货币与作为资本的货币的本质性区别。

在这里作为资本的货币才是讨论的重点。马克思指认："一个货币额和另一个货币额只能有量的区别。因此，G—W—G 过程所以有内容，不是因为两极有质的区别（二者都是货币），而只是因为它们有量的不同。最后从流通中取出的货币，多于起初投入的货币"②。由此可见，正是因为在流通过程中增加了一个剩余价值量，其证实了在资本运动过程中"货币转化为资本"。作为资本的货币成为货币在流通过程中唯一的目的，而且只有在这个流通过程当中货币才能够实现无限度增殖的真实目的。在《资本论》中有一个根本性问题：货币增殖具体发生在哪一个环节。这构成了资本逻辑运动的现实基础，也成为资本逻辑现实运动的隐秘背景。马克思提出了一个颇具辩证性思维的理论命题："资本不能从流通中产生，又不能不从流通中产生。它必须既在流通中又不在流通中产生。"③。在 G—W—G' 这一运动过程之中，货币增殖不可能发生在运动两极的货币身上，这种变化只能出现在流通过程中货币购买的第一个商品之上。这也就直接表明，在 G—W—G' 增殖运动的过程之中，"我们的货币占有者就必须幸运地

---

① 《马克思恩格斯全集》第 44 卷，人民出版社，2001，第 172 页。
② 《马克思恩格斯全集》第 44 卷，人民出版社，2001，第 175~176 页。
③ 《马克思恩格斯全集》第 44 卷，人民出版社，2001，第 193 页。

在流通领域内即在市场上发现这样一种商品，它的使用价值本身具有成为价值源泉的独特属性，因此，它的实际消费本身就是劳动的对象化，从而是价值的创造。货币占有者在市场上找到了这样一种独特的商品，这就是劳动能力或劳动力"①。

正是通过对劳动力这一独特商品的考察，通过对劳动与劳动力的具体区分，马克思在此揭示出资本逻辑运动的现实基础，即剩余价值的生产过程。停留在商品交换的层面就无法发现剩余价值的真正来源，只有进入货币增殖层面才能够有所发现。资本家购买的是一个工作日的劳动力，而工资只需要半个工作日就可以创造出来，剩下的半个工作日即是剩余价值的来源。在此马克思极具反讽地指出，资本本身不具备任何使用价值和价值，"作为资本家，他只是人格化的资本。他的灵魂就是资本的灵魂。而资本只有一种生活本能，这就是增殖自身，创造剩余价值，用自己的不变部分即生产资料吮吸尽可能多的剩余劳动。资本是死劳动，它像吸血鬼一样，只有吮吸活劳动才有生命，吮吸的活劳动越多，它的生命就越旺盛"②。资本只有在商品市场之上找到一种可以不断补充其能力的活劳动，才能存活于资本主义生产的总过程当中，最终这个活劳动只能是不断涌入资本主义生产过程当中的年轻劳动工人。

（二）《资本论》与《大纲》的逻辑差异

在对马克思《资本论》及相关经济学手稿的研究中，《大纲》与《资本论》之间存在连续性是学界广泛接受的基本观点。如果将《1844 年经济学哲学手稿》与《资本论》进行对比研究，大多数学者基本可以判断二者的本质性差异。但对于《大纲》与《资本论》，不少学者往往通过同质性维度解读其内在关联。其实一旦深入至文本的内在逻辑序列之中，就会发现《大纲》与《资本论》的哲学基底是存在巨大差异的，不过即便在认同

① 《马克思恩格斯全集》第 44 卷，人民出版社，2001，第 194~195 页。
② 《马克思恩格斯全集》第 44 卷，人民出版社，2001，第 269 页。

这两个文本之间存在差异的学者中也存在着不同的声音。作为当代西方左翼理论的代表人物，哈特和奈格里赞同《大纲》与《资本论》之间存在着极大的差异，不过他们的解读似乎并不契合马克思本人思想的内在逻辑线索。通过解读两个文本中关于劳动理论的论述，哈特和奈格里指出，《大纲》才是马克思思想发展的顶点，《资本论》则是倒退。围绕着劳动这一马克思的关键词，《大纲》与《资本论》之间究竟存在着一种怎样的逻辑关系？对这一问题的回答直接影响到能否准确地把握《大纲》与《资本论》的历史地位。

在《大纲》中马克思肯定劳动可以确定工人的主体地位，但前提性条件是克服一些外在的限制。在前资本主义社会之中劳动之所以沦为一种手段而不是目的，纯粹是由客观的社会条件造成的，"在奴隶劳动、徭役劳动、雇佣劳动这样一些劳动的历史形式下，劳动始终是令人厌恶的事情，始终表现为外在的强制劳动，而与此相反，不劳动却是'自由和幸福'。这里可以从两个方面来谈：一方面是这种对立的劳动；另一方面与此有关，是这样的劳动，这种劳动还没有为自己创造出（或者同牧人等等的状况相比，是丧失了）一些主观的和客观的条件，从而使劳动会成为吸引人的劳动，成为个人的自我实现，但这决不是说，劳动不过是一种娱乐，一种消遣，就像傅立叶完全以一个浪漫女郎的方式极其天真地理解的那样。真正自由的劳动，例如作曲，同时也是非常严肃，极其紧张的事情"①。一旦克服这些客观的条件，劳动就将成为自由自在的活动。在此马克思指出，随着机器化大生产引入到资本主义生产过程当中，直接劳动在生产过程当中的比重快速下降，劳动沦为资本主义机器化大生产中一个极为次要的因素，这将直接导致资本主义劳动价值论走向崩溃的边缘。按照此时马克思的理论进行解读，随着直接劳动在资本主义物质生产过程中的比重逐步下降，这也就意味着资本主义财富生产的标准不再取决于直接劳动时

①　《马克思恩格斯全集》第30卷，人民出版社，1995，第615~616页。

间，而是根本性地取决于科学技术在资本主义生产过程当中的应用。由此可见，《大纲》的哲学基础仍然是人类学意义上的生产逻辑，这种逻辑具体体现为劳动本体论，通过劳动显现人的主体性与自由。不过一旦深入地探究《大纲》中的逻辑线索，我们就可以发现此时马克思的立论基础仍然存在着一定的理论漏洞。此时马克思指认，资本主义生产的决定性要素是直接的具体劳动，而资本主义机器化大生产的运用持续地压缩直接劳动的生存空间，这就意味着在物质财富的创造过程中具体劳动的比重直线下降。在《资本论》中马克思修正了观点：资本主义生产的决定性要素决不是直接劳动，只要抽象劳动仍然存在，资本主义生产机制就一定能够稳固地持续运行。

在《资本论》中马克思意识到资本主义财富生产的基础不是直接劳动而是抽象劳动。直接劳动与抽象劳动的分离非但不能导致资本主义生产制度走向崩溃，相反还会进一步强化资本主义价值生产的基础，并开创出一种完全不同于协作与工场手工业的剩余价值生产形式。在这里马克思以机器生产悖论为例证，进一步阐释直接劳动不是资本主义物质财富的主要来源。机器化大生产导致直接劳动在资本主义生产过程中的比重被无限制地压缩，如此不可避免地导致绝大多数工人被排斥在生产过程之外，虽然这些产业工人脱离了资本主义生产过程，但事实上他们丝毫没有体现出主体的自由性。

到了《资本论》中，马克思已经意识到，资本主义相对剩余价值的生产正是以工人直接劳动时间被压缩为前提的，劳动工人虽然表面上摆脱了直接劳动的控制，但是他们似乎又被一种更加抽象的劳动形式统治着，"过剩的工人人口是积累或资本主义基础上的财富发展的必然产物，但是这种过剩人口反过来又成为资本主义积累的杠杆，甚至成为资本主义生产方式存在的一个条件。过剩的工人人口形成一支可供支配的产业后备军，它绝对地从属于资本，就好像它是由资本出钱养大的一样。过剩的工人人口不受人口实际增长的限制，为不断变化的资本增殖需要创造出随时可供剥削的人身材料"①。在《资本论》第一章马克思就开始描绘一种结构化的资本逻辑。进入到商品交换的普遍化时代，商品交换的目的是获取一定量的交换价值，这种本性也就决定了资本主义市场必然无限制地扩张。而具体到生产层面，资本家在获取绝对剩余价值受限的情况之下，必然需要通过不断地提高生产力并扩大再生产，这就出现了资本家开始大量使用机器进行生产的场景。从中可以看出，在机器大生产时代，劳动工人逐步地退出历史舞台，取而代之的则是结构化的资本逻辑。

　　从机器化大生产的维度，马克思转而从资本的有机构成和抽象劳动入手展开全面系统的分析。马克思指认，机器化大生产引发的资本主义生产危机可以从客体和主体两个维度进行诠释。一是从客体维度进行审视，资本主义机器大生产所引发的矛盾是由一般利润率持续下降所导致的资本积累的内在性危机。马克思精确地指出："资本主义生产，随着可变资本同不变资本相比的日益相对减少，使总资本的有机构成不断提高，由此产生的直接结果是：在劳动剥削程度不变甚至提高的情况下，剩余价值率会表现为一个不断下降的一般利润率。（以后我们将会看到，为什么这种下降不是以这个绝对的形式而是以不断下降的趋势表现出来。）因此，一般利润率日益下降的趋势，只是劳动的社会生产力的日益发展在资本主义生产方式下所特有的表现。这并不是说利润率不能由于别的原因而暂时下降，而是根据资本主义生产方式的本质证明了一种不言而喻的必然性：在资本主义生产方式的发展中，一般的平均的剩余价值率必然表现为不断下降的一般利润率。因为所使用的活劳动的量，同它所推动的对象化劳动的量相比，同生产中消费掉的生产资料的量相比，不断减少，所以，这种活劳动中对象化为剩余价值的无酬部分同所使用的总资本的价值量相比，也必然不断减少。而剩余价值量和所使用的总资本价值的比率就是利润率，因而利润率必然不断下降。"② 之所以会出现利润率持续下降的情况，是因为资

---

① 《马克思恩格斯全集》第 44 卷，人民出版社，2001，第 728~729 页。
② 《马克思恩格斯全集》第 46 卷，人民出版社，2003，第 237 页。

本主义生产永远无法摆脱生产力绝对限制这个上限。二是从主体维度进行审视，机器化大生产能够为生产无产阶级提供客观的历史条件。在工场手工业阶段劳动工人存在熟练工与半熟练工的区分，而到了机器大生产阶段所有的劳动工人进行了同质化处理，这就为劳动工人超越等级制度限制而直接转换为普遍自为的无产阶级提供了客观的历史条件。在马克思看来，只要客观与主观这两个面向在未来某一时间成熟，无产阶级的彻底解放终将到来。在马克思看来，劳动工人要想实现彻底解放大致需要经历两个历史阶段。第一个阶段，必须从根基处彻底地消灭资本主义生产关系。第二个阶段，不断地压缩生产劳动时间使得劳动主体从物质生产的领域之中解放出来，劳动转换成一种以自身为目的的自由活动。就此而言，马克思的主体解放理论始终是立足于生产关系变革的基础之上，仅仅依靠劳动的自我发展不可能实现主体的彻底解放。

（三）对劳动与劳动力的区分

劳动概念的提出是近代以来发生的事情。在《政府论》中洛克提出，世俗劳动的观念在法律上得到进一步的确认，"劳动使得它们同公共的东西有所区别，劳动在万物之母的自然所已完成的作业上面加了一些东西"①。受洛克影响，斯密在经济学理论研究中提出了劳动价值论。在斯密那里，劳动价值论的提出意味着劳动工人主体地位的确立，这与洛克语境中自然和劳动作为财富共同的来源相比，进一步凸显了劳动者的绝对主体地位。当然，斯密的理论折射出资本主义物质生产急需确立人的主体性地位。斯密的劳动理论并没有超出传统的劳动理论，并不能抵达劳动作为终极目的之彼岸。

在《大纲》中，马克思全面地建构出作为本体论的劳动主体。一是，不同于《1844年经济学哲学手稿》，在《大纲》中马克思并没有将异化劳

---

① 〔英〕洛克：《政府论》下篇，叶启芳等译，商务印书馆，1964，第19页。

动与对象化劳动割裂开来而是看到二者统一于资本主义社会生产过程之中，这就使得马克思的劳动理论切入了历史性的视角。二是，正是在劳动过程之中主体创造出自身的本质性。虽然在资本主义生产过程中，劳动在对象化的过程中制造出了受奴役的劳动客体，但这一异化劳动已经具备社会性与科学性。三是，正是劳动把时间观念引入资本主义生产过程当中，为劳动主体的创造性活动提供了可能性，这也是人的自由得以实现的基础。随着资本主义生产力的高速发展，后资本主义社会必然会出现这样一个场景，"社会生产力的发展将如此迅速，以致尽管生产将以所有的人富裕为目的，所有的人的可以自由支配的时间还是会增加。因为真正的财富就是所有个人的发达的生产力"[①]。在这个新的时间维度下，后资本主义社会必然能够生成自由全面发展的个人主体。此时劳动本体论是马克思主体解放理论的根本出发点。在晚年写作《哥达纲领批判》时，马克思极其敏锐地指出，劳动本体论本质上带有严重的资产阶级意识形态属性。马克思认为，劳动只有与自然界联系在一起时才能构成使用价值的来源，不加区分地指认劳动是一切财富的来源，这是资产阶级的说法，绝对不能作为社会主义的纲领。一般性地描述劳动是一切财富的源泉，等同于明确了雇佣劳动的合法性基础。可以这么说，劳动本体论是资产阶级劳动合法性的理论性预设。

　　按照思想史的连续性来讲，劳动本体论并没有超出资产阶级启蒙思想。在《资本论》中，马克思以资本逻辑取代劳动本体论表征的生产逻辑，其中一个标志性的转变出现在劳动与劳动力的区分上。从整个西方思想史的发展脉络来看，劳动是财富所有权的理论基础，是人的自我意识和自我概念的确认。而劳动与劳动力的区分是马克思与近代西方启蒙理性的一次彻底告别，也是马克思思想逻辑内部与劳动本体论分离的重要标志。在资本主义社会中重要的根本不是劳动而是劳动力。就此而言，劳动与劳

---

① 《马克思恩格斯全集》第31卷，人民出版社，1998，第104页。

动力的区分可以看作一种思想史上的逻辑区分。在《资本论》中，马克思明确地指出，资本主义生产的一个历史前提就是劳动力成为商品。通过劳动与劳动力的区分，马克思清晰地辨识出资本主义具体生产过程中人的真实处境。

三　马克思资本逻辑中的主体解放理论

马克思指认，认清资本主义社会必须从资本逻辑入手，而不能从一般物质生产层面进行思考。在资本逻辑的结构化运行过程中，主体的位置发生结构性变化。在《资本论》的政治经济学批判维度之下，马克思实际上是在寻找一种主体解放的政治形式。显然此时马克思认为，这种政治解放形式一定是发生在经济领域。

（一）资本逻辑结构化中的"无主体"

马克思认为，不能仅仅将资本主义生产过程理解为一般意义上的物质生产过程。对马克思《资本论》总体结构的考察，能够发现资本逻辑分两个层面展开：第一层面是资本现象学；第二层面是资本逻辑学。按照研究顺序来说马克思是从资本现象学进入资本逻辑学；但是依照阐释路径来说马克思是从资本逻辑学过渡到资本现象学。正如马克思在论述自己研究方法时提出的："当然，在形式上，叙述方法必须与研究方法不同。研究必须充分地占有材料，分析它的各种发展形式，探寻这些形式的内在联系。只有这项工作完成以后，现实的运动才能适当地叙述出来。这点一旦做到，材料的生命一旦在观念上反映出来，呈现在我们面前的就好像是一个先验的结构了。"[1]

资本逻辑的结构化正是资本逻辑学所要揭示的内容。马克思分别从资

---

[1] 《马克思恩格斯全集》第44卷，人民出版社，2001，第21~22页。

本的生产过程、资本的流通过程、资本主义生产的总过程这三个方面描述了资本逻辑，这三个方面分别对应《资本论》三卷的主体内容。资本主义生产的总过程就像一个旋转上升的陀螺，是一种矛盾的总体，这种结构源自资本主义社会结构的内生性矛盾，即生产的社会总体化与生产资料私人占有的内在矛盾。资本现象学则是要揭示两种典型的错误观点。一种观点认为资本主义生产过程中的人是独立自主的主体。在资本主义生产过程中，表面上看资本家能够控制资本主义生产过程，本质上资本家同劳动工人一样只是生产剩余价值的工具而已。另一种观点认为资本体现为一种物。从资本作为结构化的总体来看，资本虽然是以物的方式实现自己，"但资本不是物，而是一定的、社会的、属于一定历史社会形态的生产关系，后者体现在一个物上，并赋予这个物以独特的社会性质。资本不是物质的和生产出来的生产资料的总和。资本是已经转化为资本的生产资料，这种生产资料本身不是资本，就像金或银本身不是货币一样。"[①]

在资本现象学层面，资本逻辑结构表现为商品的形式化结构。在这样一个商品结构之中，交换价值成为商品的基本标准，使用价值作为交换价值的载体才有意义。由此，商品交换延伸出一个形式化的结构世界。不过在马克思看来，商品交换构建的世界只是资本逻辑的现象界，剩余劳动的开展才是资本逻辑的本质界。资本在整个资本主义生产过程中之所以能够获取最大限度的剩余价值，根源在于剩余劳动的进行。在资本主义生产过程中，不仅劳动者成为资本增殖的工具，而且劳动资料和劳动对象都成为资本增殖的物质载体。随着资本主义生产过程由简单生产走向扩大再生产，资本主义生产完全摆脱了任何主体性的规定。

在《资本论》之前马克思反复论证主体形象；一旦进入资本逻辑之中，整个资本主义生产过程呈现出一种无主体的状况。抑或说资本成为生产过程中真正意义上的主体。这种无主体的运行过程具体体现在三个方

---

① 《马克思恩格斯全集》第 46 卷，人民出版社，2003，第 922 页。

面。第一，主体在现代资本主义社会中呈现为任由资本支配的个体性存在。伴随封建社会的解体，个体从传统人与人之间的依附关系中解放出来。但是，一旦进入到资本主义生产过程中，"劳动力占有者没有可能出卖有自己的劳动对象化在其中的商品，而不得不把只存在于他的活的身体中的劳动力本身当作商品出卖"①。这也就意味着，近代哲学所讨论的自由个性的主体，是资本主义市场中商品交换所建构出的一种幻象。第二，主体只是资本实现自我增殖的工具而已。按照古典政治经济学理论，实现利益最大化是个人的根本追求。而马克思的资本逻辑已经破除了古典政治经济学这一理论设定，资本剩余价值并不是出自商品交换过程，而是根源于资本主义的生产环节。资本家和劳动工人一旦进入资本主义生产过程之中，生产过程就表现为不受资本家和劳动工人控制且有自组织性质。当主体沦为资本增殖的工具时，物与物之间的关系支配人与人之间的关系，这即是资本逻辑中最真实的存在状态。第三，资本逻辑的结构化催生出一个自组织的世界。随着对资本主义生产总过程的把握，资本逻辑这种自组织特性被马克思清晰地表达出来。资本逻辑的这种自组织发展过程形成三重颠倒的景观：第一重幻象是劳动工人在消费层面成了主人；第二重幻象是资本被看作无法被抛弃的主体；第三重幻象是建构出一个表面上由人、物进行表演的自组织世界。

在资本逻辑占据统摄地位的社会中，主体沦为资本增殖的工具，资本逻辑取得了统治一切的地位。在《资本论》中马克思尝试回应主体解放这一历史性难题，生产力社会化发展与生产资料私人占有之间的矛盾、平均利润率持续下降等正是此时马克思的思考。尤其伴随着资本主义进入自组织时代，主体反抗的可能性越来越小。第一种解放路径由第二国际理论家提出，在他们看来，资本主义体系虽然已经走向自主化、整体化的发展，但是这一体系内部可能始终存在着一些致使其走向消亡的因素。第二种解

---

① 《马克思恩格斯全集》第 44 卷，人民出版社，2001，第 196 页。

放路径是早期西方马克思主义者提出的历史辩证法方案，这一解决方案无疑是想在自组织资本主义时代使主体从现实物化的困境之中解脱出来。这两种解决方案的根本问题在于没有意识到资本逻辑建构的是一个结构化世界，因而犯了与传统主体性哲学同样的错误。随着资本主义自组织化的推进与发展，若想跳出传统主体性哲学的窠臼，可能需要改变审视问题的视角。

（二）《资本论》中主体解放的维度

按照马克思对于《资本论》的定位，尽管《资本论》中存在着诸多不足之处，但它有一个很重要的长处，即它是一个艺术的整体。对于《资本论》的解读只能从政治哲学的维度进行，如此才能够将《资本论》解读为一个集哲学、经济学与科学社会主义于一体的艺术整体。《资本论》之政治经济学批判的主要任务，就是要揭露资产阶级在政治舞台之上如何通过拜物教理论遮蔽人与人之间的真实关系。由此，《资本论》既是马克思有关经济学理论的主要著作，更是马克思关于政治和革命的政治哲学著作。

在《资本论》政治经济学批判维度之下，马克思实际上是在寻找一种解放被压迫者的政治形式，也即寻找一种被资产阶级统治秩序排斥、通过日常生活斗争而实现主体解放的政治形式。不过这种政治解放形式一定是发生在经济领域，甚至可以将马克思的使命表述为：一切政治斗争都是为了争取经济解放。这里有一点需要特别加以说明，马克思语境中的阶级斗争不是自由主义意义上的政治斗争。自由主义政治哲学家们认为，阶级斗争不过是解决一些政治性问题，而这些问题都是可以通过理性协商，诸如协商民主、公共讨论等方式解决的。在自由主义政治哲学家们看来，通过这些理性方式可以促进文明发展，并且保证新思想、新社会的发展和进步。不过在马克思看来，政治问题的解决仍然需要回归经济领域，阶级斗争不是去寻求问题解决的方案而是对产生问题的合法性前提进行消解，即消除被统治和被奴役的经济根源。

无须赘述，无产阶级唯有反抗资产阶级财产权及其本质才能够获得真正意义上的解放，这是《资本论》政治哲学最为核心的论断。正如马克思在为国际工人协会起草章程时提出的："劳动者在经济上受劳动资料即生活源泉的垄断者的支配，是一切形式的奴役即一切社会贫困、精神屈辱和政治依附的基础；因而工人阶级的经济解放是一切政治运动都应该作为手段服从于它的伟大目标。"① 因此，《资本论》通过政治经济学批判探讨了资本主义社会的危机、灭亡和无产阶级革命的兴起、发展。正如丹尼尔·本赛德所言："《资本论》的任务不是描述真理，而是引导一项不知疲倦地揭露真相的工作——国家的真相、法律的真相、历史的真相和经济的真相。"② 在《资本论》中，马克思通过揭露劳动与资本之间的真实关系完成政治经济学批判。正是通过区分抽象劳动与具体劳动，马克思深刻揭露出资本增殖及其获得剩余价值的根源。在"雇佣劳动与资本"这一节通过把劳动力引入政治经济学批判维度，马克思对资本主义的批判从物与物之间的关系转向对人与人之间关系的分析。

马克思指出，在资本主义关系中人与人之间的关系表现为物与物之间的关系，也正是这种物与物之间的关系掩盖住了人与人之间的关系。马克思的政治经济学批判正是通过揭示资本主义社会中这种隐秘的关系致力于实现主体的解放。在此马克思需要做的首要工作就是揭露资产阶级拜物教的虚假性，当劳动力进入商品流通领域时市场双方表面上呈现出公正交往，即便到了消费领域劳动工人与资本家之间的阶级属性也彻底地被所谓平等的商品交换所掩盖。也就是说，在这种拜物教观念的笼罩之下劳动工人已经丧失了阶级斗争的意识。齐泽克认为，劳动工人陷入一种奇异的幻想当中，人们"明明清楚事物的真实面目是怎样的，但他们依然我行我

---

① 《马克思恩格斯全集》第21卷，人民出版社，2003，第16页。
② 〔法〕本赛德：《马克思主义使用说明书》，李纬文译，红旗出版社，2013，第187页。

素，仿佛他们对此一无所知"①。

在马克思看来，劳动工人觉醒的第一步必须是从现存的经济关系中摆脱出来。马克思是最早用"经济"解决"政治"问题的理论家。正如恩格斯的评论，"一切社会变迁和政治变革的终极原因，不应当到人们的头脑中，到人们对永恒的真理和正义的日益增进的认识中去寻找，而应当到生产方式和交换方式的变更中去寻找；不应当到有关时代的哲学中去寻找，而应当到有关时代的经济中去寻找。"② 也正是因为如此，马克思指出："根据我们的全部经历，摆在我们面前的只有一条路。将近四十年来，我们都非常重视阶级斗争，认为它是历史的直接动力，特别是重视资产阶级和无产阶级之间的阶级斗争，认为它是现代社会变革的巨大杠杆；所以，我们决不能同那些想把这个阶级斗争从运动中勾销的人们一道走"③。在《资本论》中，马克思既摒弃了古典政治经济学之非批判性实证主义，又超越了以黑格尔为代表的古典哲学之非批判唯心主义。马克思的立场就是无产阶级，《资本论》从根本上说就是阶级经济学。在《资本论》中马克思构建的"革命政治经济学"是对古典政治经济学和古典哲学的双重超越与重建。《资本论》中蕴含着主体解放和客体生产两个维度，而且这两个维度是内在统一的。正如恩格斯在马克思墓前的讲话中给予的定位："马克思首先是一个革命家。他毕生的真正使命，就是以这种或那种方式参加推翻资本主义社会及其所建立的国家设施的事业，参加现代无产阶级的解放事业，正是他第一次使现代无产阶级意识到自身的地位和需要，意识到自身解放的条件。"④ 在《资本论》第一卷英文序言中恩格斯继续强调："《资本论》在大陆上常常被称为'工人阶级的圣经'。任何一个熟悉工人运动的人都不会否认：本书所作的结论日益成为伟大的工人阶级运动的基

---

① 〔斯洛文尼亚〕齐泽克：《意识形态的崇高客体》，季广茂译，中央编译出版社，2002，第45页。

② 《马克思恩格斯全集》第25卷，人民出版社，2001，第395页。

③ 《马克思恩格斯全集》第34卷，人民出版社，1972，第383~384页。

④ 《马克思恩格斯文集》第3卷，人民出版社，2009，第602页。

本原则"①。在这一意义上，正如法国哲学家吕贝尔给予马克思的评价："马克思是一位不知疲倦的社会政治剧变的守夜人"②，而马克思手中所捧的《资本论》则是他守夜的一盏明灯。

---

① 《马克思恩格斯全集》第 44 卷，人民出版社，2001，第 34 页。
② 〔法〕吕贝尔：《吕贝尔马克思学文集》上，曾枝盛编选，北京师范大学出版社，2009，第 175 页。

第二章　哈特和奈格里主体重塑
理论的马克思溯源

哈特和奈格里主体重塑理论源自福柯的生命政治理论和马克思主体解放理论。通过文献的梳理可知，福柯的生命政治理论中存在着一条马克思的隐秘线索，因此马克思的理论成为哈特和奈格里与福柯理论的共同源头。涉及主体重塑理论时，鉴于福柯生命政治理论中并没有为主体重塑预留过多空间，因此哈特和奈格里的主体重塑理论主要源自马克思。问题就紧跟而来，就主体重塑议题而言哈特和奈格里是如何将生命政治理论与马克思主体解放理论关联起来？这正是本章所要阐述的核心问题。

一　生命政治理论与马克思主体
解放理论的内在关联

以权力为理论切入点，福柯建构出一套主体解放理论。在此，福柯分别考察了三种权力类型。前期福柯重点探讨了两种权力形式：否定式的君主权力与肯定式的规训权力。不同于镇压和消灭式的君主权力，规训权力是生产性的，它生产出某种有用且驯服的产品。在生产性规训权力的基础上，福柯提出了第三种权力形式：生命权力。这种权力对应的政治形式即是生命政治。晚年福柯的生命政治治理术自觉地返回至马克思的理论之中，并继承了马克思的历史唯物主义方法论。

（一）规训权力的建构

福柯把政治权力划分为两种类型，否定式政治权力和肯定式政治权力。君主权力正是否定式政治权力的典型代表。君主权力是最为常见、最易于理解的一种政治权力形式，霍布斯语境中的政治权力即为此种，这种政治权力的本质特征就是使用国家机器进行武力镇压。规训权力是肯定式政治权力的典型代表。规训权力通过对身体进行反复地矫正、改造，生产出标准化和规范化的人身肉体。正是在这种生产性权力的摆布之下，人身肉体在反复的塑造中生成。虽然霍布斯的君主权力被划归至否定式政治权力，但在福柯看来，霍布斯却是古典政治转向现代政治的代表人物。福柯极其看重霍布斯的现代政治理论。与古典政治不同，现代政治极其强调积极有为的政治行动，现代政治在意的是政治制度的设计。现代政治的逻辑起点是直面现实。现代政治的根本性问题，不再是关于人性和天道的形而上问题，而是国家如何良好运行的制度性问题。设计现实政治制度的第一步是构建国家学说体系。通过订立社会契约，主权国家就能够维持正常的运转。通过社会契约建立起国家共同体是设计现实政治制度的第一步，但是仅仅依靠社会契约维护国家共同体的安全是不够的。霍布斯认为，还必须同时存在两种不被社会契约约束但又内在于共同体的存在，一种是象征防御外来入侵的战士，一种是象征对内治愈疾病的医生，前者对应的是防御体系，后者对应的是治理体系。在霍布斯看来，这两种存在是维护国家共同体安全的必要性前提，同时也是国家建立之后，确保国家共同体健康运转的必要性因素。不过对于霍布斯来说，同处于社会契约约束之外的战士身份和医生身份并非同等重要，这是因为一旦象征对内治愈疾病的医生发挥出色，战士只需要停留在操练阶段而不再需要进入到对外实战防御阶段。由此可见，医生的身份对霍布斯而言显然更加重要。之所以如此，是因为在霍布斯看来，现代政治已经进入一种主权治理的历史阶段。福柯赞同霍布斯关于现代政治进入主权治理阶段的判断。

福柯笔下17~18世纪的欧洲诞生了一种新型规训权力机制。这种规训权力机制的诞生意味着绝对的、自上而下的君主权力的瓦解。规训权力机制的触角延伸至社会的各个微观层面，它内嵌于那些表面上看起来中立或独立的机构，诸如家庭、学校、工厂中。与君主权力不同，规训权力不再强调镇压和消灭而是鼓励生产和创造，它的目标是实现对个人身体的驯服。正如德勒兹对规训权力的解读，"权力本质上不是镇压的（因为它'煽动、激起、生产'）；它被运用先于被拥有（因为只有在可决定的形式〔阶级〕与被决定的形式〔国家〕下，权力才被拥有）；它经由被统治者不亚于统治者（因为它通过所有结成关系之力量）。"① 由此，德勒兹判定福柯式规训权力是典型的尼采主义。

规训权力生成的真正场域是现代工厂而非传统的权力机构。规训权力并不是一种突然显现的权力，它一开始存在于一些并不起眼的领域，慢慢汇聚成一幅新的历史图景。不过整体来说，"自17世纪起它们就不断地向更广的领域扩展，似乎要涵盖整个社会"②，成为整个社会运作的基本规则。劳动者的肉体一旦进入现代工厂的生产构序之中，它必须接受预先设定的速度和效能进行工作生产，工厂纪律就制造出一个个驯服且训练有素的肉体。以工厂纪律为典型的规训权力，"既增强了人体的力量（从功利的经济角度看），又减弱了这些力量（从服从的政治角度看）"③。我们也可以说，工厂纪律造成了一种错觉和悖论，一方面是与劳动者肉体相分离的体能逐渐增强，另一方面却是劳动者被支配的力量日益增强。

规训权力布展的最大帮凶是我们一直追随和拥戴的启蒙理性。在资本主义全新的统治秩序中，认知和权力共生共荣、密不可分，"认知就是力量"被重构为"知识就是权力"。福柯指认出："权力和知识是直接相互连

---

① 〔法〕德勒兹：《德勒兹论福柯》，杨凯麟译，江苏教育出版社，2006，第74页。
② 〔法〕福柯：《规训与惩罚》，刘北成等译，生活·读书·新知三联书店，1999，第157页。
③ 〔法〕福柯：《规训与惩罚》，刘北成等译，生活·读书·新知三联书店，1999，第156页。

带的；不相应地建构一种知识领域就不可能有权力关系，不同时预设和建构权力关系就不会有任何知识。"① 与此相关，与科学知识联系最为密切的知识分子也难以逃脱出"知识-权力"布展的权力之网。在与德勒兹的一次对话中，福柯在谈及知识分子与权力之间关系时提出，"权力不仅存在于上层法院的审查中，而且深深地、巧妙地渗透在整个社会网络中。知识分子本身是权力制度的一个部分，那种关于知识分子是'意识'和言论代言人的观念也是这种制度的一部分"②。

政治权力完成了从显性消灭肉体向隐性理性支配的转换。福柯指认，这种隐性政治权力虽然我们肉眼看不见，但它在场景构建意义上却具有客观实在性。在此，启蒙理性一方面确实完成了反对专制的历史使命，开辟出了一个新世界，但是与此同时理性认知悄然地孕育了一个新的内部控制机制。在福柯新的透视镜下这套控制机制实现了对个人肉体更深层次的支配。对此，布朗肖以反讽的语调评价道："现在，我们比以往更加屈从。只是，这屈从不再是粗鲁野蛮的，相反，它变得微妙起来。从这种屈服中，我们得出了光荣的结论，我们是主体，是自由的主体，可以将欺骗性权力显现出的纷繁多样的模式转化为知识。"③ 启蒙理性是一把双刃剑，一面割掉了至高权力高贵的头颅，另一面编织出微观权力隐性的权力线。

（二）生命政治的诞生

学界第一次系统地阐发生命政治理论的是福柯。福柯指出："我认为在 18 世纪下半叶，出现了某种新东西，即权力的另一种技术，这一次不是惩戒的技术。这种技术不排斥第一种，不排斥惩戒技术，而是包容它，把它纳入进来，部分地改变它，特别是由于这个惩戒技术已经存在，在可以说固定在它上面，嵌入进去的时候利用它。这个新技术没有取消惩戒技

---

① 〔法〕福柯：《规训与惩罚》，刘北成等译，生活·读书·新知三联书店，1999，第 29 页。
② 〔法〕福柯：《福柯集》，杜小真编选，上海远东出版社，1998，第 205~206 页。
③ 汪民安、陈永国、马海良编《福柯的面孔》，文化艺术出版社，2001，第 25 页。

术，仅仅因为它处于另一个层面，它处于另一个等级，它有另一个有效平面，它需要其他工具的帮助。这个新的非惩戒权力的技术运用的对象（与针对肉体的惩戒不同）是人的生命，或者说，如果你们不反对，它不是正对肉体的人，而是针对活着的人；至少，如果你们同意，针对类别的人"①，资产阶级在社会控制上发明了一种不同于规训权力的新型控制术，即直接干预人类生存的生命权力。在这里福柯指出，权力的目标发生了变化，生命权力的目标是保障整体人口的健康和安全。资产阶级统治权力的支配方式再一次发生深层次改变，既不是至高权力标识消灭肉体，也不是规训权力形塑功用型肉身，而是建构一套"如何让人活着"的安全部署机制。生命政治是一种与"人口"相关的理论。与此同时，福柯将生命政治界定为一种新的权力技术，并且强调这种技术并非自古以来就有，而是伴随着现代政治而到来。现代生命政治的根本含义，就是将具体的人转换为人口并加以治理。从生命政治意义上探讨人口，存在着两个递进性的关键性要点。

第一步，生命政治面对的不是个体，而是作为整体性的人口。在《安全、领土与人口》中，福柯进一步强调，生命政治的"终极目标是人口。人口是适合作为目标的，而个人，一系列的个人，成群的个人，是不适合作为目标的。而仅仅作为用来在人口层面获得的某种东西的工具、替代或者条件来说才是适合的"②。第二步，生命政治探讨对象是整体性的人口，但它仍然会对个体进行操纵和控制。问题在于，此时福柯语境中个体究竟是一种什么意义上的个体。就此，福柯指出这是一种普遍意义上的个体。这些个体由于过于普遍实在而无法从整体的人口之中析离出来，从而无差异地构成了抽象意义上的人口概念。抛开宏观意义上的普遍个体，针对一些特殊的个体，"生命政治学不仅建立了救济机构（很久以前就已经存在），而且还有更敏锐的机构，比既庞大又不能面面俱到的机构在经济上

---

① 〔法〕福柯：《必须保卫社会》，钱翰译，上海人民出版社，1999，第229页。
② 〔法〕福柯：《安全、领土与人口》，钱翰等译，上海人民出版社，2010，第33页。

合理得多，它主要依附于教会。此后，还将有更敏捷、更合理的机构，如保险、个人和集团储蓄、社会保障，等等"①，建立这些机构正是为了治理这些特殊的个体。在福柯看来，国家治理之所以重点关注这些例外的个体，正是因为这些例外个体的存在对人口整体的健康造成了威胁。

　　人口以一种自然性进入政治权力领域。在此，福柯提出了人口自然性的两种具体表现形式。第一种是人口自然性变成了比统治者意志论更有深度的东西，控制一些表面上与人口毫不相干的事物，使得权力技术的运作方式发生重大变化。② 不过，这种意义上人口自然性仍然不是生物学意义上的。真正使人类再一次回归自然生物圈的是第二种表现形式。此时，资产阶级抓住人类唯一不变的内在动机，即生物学意义上的动物欲望。与传统专制统治不同，资产阶级非但不再抑制人类本性中的欲望，反而鼓励与刺激欲望的尽情释放，在自然存在的状态中达成自我调节，从而以人口安全之名义实施权力布展。③ 政治权力的目标就是保障人口的健康和安全，如此一来政治权力就与生物学耦合在一起。"人们都可以发现和辨认一些稳定的和有规律的东西，甚至在各种意外中也可以发现；在这个整体中，人们可以标定普遍的欲望，它恒定地制造出所有人的利益"④，作为人口的整体存在再一次返回至生物圈之中。

　　政治权力使生命政治标榜的人口安全转向国家种族主义象征的大屠杀。生命政治与国家种族主义之间确实存在着一定的内在关联性。第一层关联是，生命政治时代，社会逐步从国家中剥离出来，社会以自治对抗国家主权。正是以保护大多数人的生命安全为由，国家种族主义产生。第二层关联是，生命权力的内核刚好吻合国家种族主义的内在诉求。生命权力的目标是维护人民的生命安全，而国家种族主义就此提出方案：你要生存，唯有其他人死掉。

---

① 〔法〕福柯：《必须保卫社会》，钱翰译，上海人民出版社，1999，第231页。
② 〔法〕福柯：《安全、领土与人口》，钱翰等译，上海人民出版社，2010，第57页。
③ 〔法〕福柯：《安全、领土与人口》，钱翰等译，上海人民出版社，2010，第17页。
④ 〔法〕福柯：《安全、领土与人口》，钱翰等译，上海人民出版社，2010，第60页。

在福柯的理论视域中，从规训权力到生命权力并非意味着绝对主权的消失，而是说统治权力的内部结构和支配方式发生了变化。福柯告诉我们，相较于手握至高权力之有头有脸的君主，基于个人肉身和人口生命的治理术，统治权力的"面相"变得越来越难以辨识。① 在此，福柯专门交代，"规训社会代替主权社会，然后治理社会随之又代替规训社会。绝非如此。实际上有一个统治权-规训-治理的三角，其首要目标是人口，其核心机制是安全配置"②。这是一种错综复杂的权力力量线之间相互较量所铺陈的现实图景，绝对主权象征至高权力从未在权力的版图上消失，只不过在生命政治时代被悬置而已。

在规训权力基础之上，福柯提出，资本主义生产方式还生成了一种以投资方式刺激生产对象的权力类型，即生命权力。生命权力是对人的身体进行一种调节，力图让人们感受到生活在变得更加美好。在福柯语境中生命权力指的是一种现代政治技术，是一种旨在对作为生物体的人口进行调节、整合的政治形式。用福柯的术语来说，生命政治是现代政治的权力技术。在封建王权时代，生命的意义在于为王权增加荣耀，生命被国王处死的一刹那彰显了国王的权威，执行死刑变成彰显君权不可侵犯的重大仪式。而进入现代政治社会，生命价值在于现世的持存，在于生活的幸福、富足，生命的衰败与死亡在某种程度上被视为一种政治上的无能。现代政治对于死亡存在一种天然的恐惧，死刑只是一种迫不得已的手段，只有在其他所有人的生存受到威胁时才会使用。从中可见，资产阶级权力类型已经发生了重大的转向，从君主权力转向生命权力。

绝对主权作为至高权力进行权力布展时，首要步骤是由掌控至高权力的主权者划定被代表者的范围。在福柯的理论构建中，绝对主权在象征意义上代表了全体公民的基本权利，但在权力实际布展过程之中它被权力的微观机制和集团组织悬置。在福柯看来，现代生命政治规制的对象不再是

---

① 〔法〕福柯：《安全、领土与人口》，钱翰等译，上海人民出版社，2010，第118页。
② 〔法〕福柯：《安全、领土与人口》，钱翰等译，上海人民出版社，2010，第91页。

作为个人的具体公民，而是作为整体的普遍人口。① 在这个层面上，福柯强调，"人口是适合作为目标的，而个人，一系列的个人，成群的个人，是不适合作为目标的。而仅仅作为用来在人口层面获得的某种东西的工具、替代或者条件才是适合的"②。这也就意味着，人口只能作为一个抽象的知识性概念，而绝不能等同于个人的简单相加，作为具体的个人与抽象的人口之间保持一条不可能跨越的鸿沟。尽管福柯生命政治视域下的个人与人口之间存在着一条不可弥合的裂缝，但是这并不意味着绝对主权无关乎个人，相反它无时无刻不在操持和监控着个人。真正的问题在于它究竟如何处置这些需要进行特殊监管的个人。资本主义社会不仅建立了救济机构，而且还有更灵活的机构。即便是生命政治顶端的德国纳粹，也需要在承认犹太人作为德国公民这个大前提之下，一步一步地剥离犹太人作为普通公民享有的基本权利。由此，绝对主权在福柯的理论建构中走下了神坛，同时展示了依靠死亡威胁维系主权权力的政治模式已经走向历史的终结。

在现代政治语境之中，新的治理实践不再将人口作为财富增长和国力增强的手段，而是将人口作为一种自主的对象来看待。人口与人口之间的关联也带有自发性，这种自发性不同于传统的国家权力直接干预的统治模式。在资产阶级的治理语境中，人口不再是单纯意义上人群的一个总称，从根本上来说，"作为臣民集合的人口将被替换为作为一整套自然现象的人口"③。正是由于人口的内在自然性，新的治理术是直接干预人口，尊重人口的自然性，"是让自然的和必然的调节自己运作，或者让自然调节成为可能的管理运作。因此必须为这些自然现象制定框架，不至于会被一种靠不住的、随意的、盲目的干预改变方向。也就是说，应该设置一些安全机制。我们说国家的这些安全机制或者干预的主要功能就是，保证这些自

---

① 〔法〕福柯：《安全、领土与人口》，钱翰等译，上海人民出版社，2010，第33页。
② 〔法〕福柯：《安全、领土与人口》，钱翰等译，上海人民出版社，2010，第33页。
③ 〔法〕福柯：《安全、领土与人口》，钱翰等译，上海人民出版社，2010，第314页。

然现象的安全。"① 因此，新的治理术与自由主义存在着内在的关联，抑或说，自由主义就是生命政治的治理术。在福柯看来，现代政治与传统政治有着共同的目标：对生命的关注，对生活质量的改善，让人们生活得更加美好、更加安全。但是，新的治理术背后隐藏着生命政治的逻辑，实质性地导致了现代政治死亡逻辑的生成。这也是为什么当今世界一方面高度文明、发达，另一方面却危机四伏，许多全球性的危机本质上都无法逃脱生命政治的内在逻辑。

（三）自由主义是资产阶级治理术

自由主义不是一种单纯的政治理论或者经济学说，也不是一种纯粹的意识形态，本质上是资产阶级社会治理的技艺。作为自由主义的核心概念，自由在福柯的理论语境中，经历了一个理论的转变。早在《古典时代疯狂史》一书中，福柯就明确地讨论了资产阶级政治学语境中的自由问题。福柯已经意识到，资产阶级所鼓吹的"这种自由和自然中的真正自由距离遥远：它处处受到限制和压迫，和个人最合法的欲望正对立：这是利益、合纵连横、金融组合上的自由，而不是人、精神、心灵上的自由"②。在此，福柯提出，资产阶级的自由是一种披着经济外衣的概念。这种在市场过程中生成的自由，"不但不能使人重新拥有自我，还不断地把人和其本质及其世界相隔离；它使人迷失于他人和金钱的外在性之中，也以激情和未竟欲望不可逆转的内在性来蛊惑人"③。当然，此时福柯关于自由的认知远未上升至资产阶级治理层面，至多称得上是一种现象层面的梳理，但是福柯对资产阶级自由观的认识已经相当深刻和具有穿透力。但是，福柯一旦将对自由概念的讨论上升到治理术的层面，作为一种意识形态观念的

---

① 〔法〕福柯：《安全、领土与人口》，钱翰等译，上海人民出版社，2010，第 315 页。

② 〔法〕福柯：《古典时代疯狂史》，林志明译，生活·读书·新知三联书店，2005，第519 页。

③ 〔法〕福柯：《古典时代疯狂史》，林志明译，生活·读书·新知三联书店，2005，第519 页。

自由就彻底被其所抛弃，自由实质上是一整套隐藏在现实经济层面之下的隐性控制机制。福柯指认："政府的意识形态和技艺是自由，实际上，这个自由应当纳入权力技术的更替和转换之中来理解。以一种更精确和更个别方式的方式来理解，自由并非什么别的东西，而是与安全配置的建立相关的东西。"①

在福柯的笔下，自由是一种资产阶级精细的生命政治治理术。它体现出资产阶级治理术之安全部署：它非但不再禁锢人的欲望与私利，反而鼓励和肯定人把过去压抑的欲望彻底地释放出来。在此，福柯极为巧妙地将资产阶级这一治理术比拟为"权力物理学"。权力物理学表征出资产阶级新型生命权力不再是主体的强制而是生命和事物本身存在的客观机制，这才是资产阶级社会统治真正的秘密机制。"新的观念是：对人的治理本质上首先应当考虑事情的本质不再是人的恶习，对事物的治理首先要考虑人的自由，考虑他们想做什么，考虑他们的利益是什么，考虑他们之所想，所有这些都是相互关联的要素。权力的物理学或者说把自己理解为在自然的要素中的物理运动的权力。"② 权力把自己理解为一种调节，而这一调节只能出现在市场之中。

自由主义市场是安全部署的现实基础。在规训权力的建构过程中，福柯已经将资本主义生产过程与政治权力支配相关联，将现代工厂看作规训权力的生发之地。当再次返回资本主义经济学说史，福柯指出，"由于重农主义者或者说整个18世纪的经济学家的学说，人口不再被视为法律主体的集合，而是作为应该服从统治者意志的主体的集合，他们的意志服从于各项规定、法律和赦令。人们把人口看做整体的过程，对这些过程的治理应当置于它们所具有的自然性之中，并从它们所具有的自然性出发"③。例如，重农主义没有限制和监控微观权力，重农主义仅仅发挥市场在生产流

① 〔法〕福柯：《安全、领土与人口》，钱翰等译，上海人民出版社，2010，第38页。
② 〔法〕福柯：《安全、领土与人口》，钱翰等译，上海人民出版社，2010，第38页。
③ 〔法〕福柯：《安全、领土与人口》，钱翰等译，上海人民出版社，2010，第56页。

通过程中的自发性调节功能，粮食短缺问题自然而然得到了解决。基于此，福柯断定，"经过重农主义者及其理论的影响，在统治技艺中发生了一个变化，或者说是重大变化的一个阶段，这就是我所说的安全配置的建立"①。市场运行过程中诞生了在人之外的自然真理，正是这个自然真理揭示了资产阶级生命政治世界的秘密。"市场中无人自发活动每时每刻都在无意识地建构一种新的客观的'真实性'，这种自发建构的真言化场所是资产阶级社会治理的现实基础"②。交给市场成为资产阶级权力布展的永恒方案。

市场在运行过程中无意识地建构出一整套客观真实性，这套客观真实性是资产阶级社会治理的现实土壤。福柯指出，在市场经济活动过程中，市场拒绝任何干预的行为，市场经济活动自发生成一定的价格。这，即福柯语境中非人为且由市场本身建构出的自发且客观的自然真理。这个自然真理绝对不是认识论层面上的真理，而是在市场经济运行过程中自发的、自然形成的自治真理。正如福柯所指认的："经济理论的重要性——我想说的是建立在经济学家的话语中，形成于他们的头脑中的那种理论——这种价格—价值关系理论的重要性在于，它能够使经济理论指出当前是基础的某事，即市场应该是真理的揭示者。"③ 谈及此处，我们就会立即联想到斯密语境中那双"看不见的手"和马克思笔下的价值规律。福柯指出，一种不同于人们主观认定的真理就此宣告诞生，即在市场经济活动之外生成了一套自然真理。福柯认为："市场应该说出真实的东西，应该说出与治理实践相关的真实。正是市场的真言化这个角色从此仅以间接方式，命令、支配和规定了裁决机制或裁决机制的缺失，市场必须与这些机制衔接起来。"④

在此福柯指认出资产阶级治理术的两个现实的理论基点。首先，市场

① 〔法〕福柯：《安全、领土与人口》，钱翰等译，上海人民出版社，2010，第27页。
② 张一兵：《自由主义的幻象：市场与公民社会的治理技艺》，《新视野》2015年第3期。
③ 〔法〕福柯：《生命政治的诞生》，莫伟民等译，上海人民出版社，2011，第27页。
④ 〔法〕福柯：《生命政治的诞生》，莫伟民等译，上海人民出版社，2011，第28页。

是资产阶级社会治理的现实土壤。就此比岱有过深刻的评述："市场不是一件'自然的事情'，而是一个需要实现并加以普遍化的'目标'。也就说，这是一个'社会工程'：将社会转变为市场。国家不再追求具体目标，也不进行评判和矫正，而只是确定游戏规则，任由经济活动参与者游戏。"①。在游戏过程当中胜败只是客观生成的，而胜利者在游戏竞技场域之中总是正确合理的。在此福柯无意当中透露出资产阶级治理术的真理谱系，资产阶级从来不是通过消除谬误重构真实，这个场所的真正基础只能是与市场运行过程进行客观对接。其次，实用主义是资产阶级治理术的另一个现实基点。实用主义是当代资产阶级意识形态的关键词。福柯指认，资产阶级治理术与市场运行过程相对接，其本质上就是通过市场自发地控制多方利益。资产阶级新的治理术，"不再直接干预，不再对物和人直接控制，只有在以下情况中它的干预才是合法的和合理性依据的：单个利益、多种利益以及多种利益之间的游戏使得某人或者某物、某个商品、资源或程序，对于个人而言或对于个人组成的集体而言或对于与所有人有利益冲突的某一个体等而言是有某种利益的。"② 在福柯看来，资产阶级新的治理术只关注利益本身。当然福柯此时已经知道凯恩斯政治经济学革命之后出现的国家垄断资本主义，但是他仍然肯定资产阶级新的治理术出自市场和效用的本质。

福柯从资产阶级经济活动的内部运行中阐明新的治理术的结构性转变，自由主义即是资产阶级生命政治中新的治理术。作为资产阶级意识形态核心的自由主义之本质是现实社会治理中的效用。在福柯看来，资产阶级的治理术是以自由主义进行意识形态布展的，自由主义本质上正是资产阶级进行国家治理的重要工具。资产阶级之所以预留出有限度的自由，正是要为新的治理术的安全部署提供空间。在福柯看来，"自由主义是每时

---

① 〔法〕比岱：《福柯和自由主义：理性、革命和反抗》，吴猛译，《求是学刊》2007年第6期。
② 〔法〕福柯：《生命政治的诞生》，莫伟民等译，上海人民出版社，2011，第38页。

每刻制造自由、激起自由并产生自由，当然还伴随着（一整套）约束和制造成本问题。"① 而制造自由的成本，被福柯归纳为三种：自身负担的风险、更加严苛的控制和更多的直接干预。

第一种，传统政治统治之下的保护机制已经不再存在，在自由主义政治运行机制之中外在风险成为评判个人自由和安全度的一个重要指标。按照福柯的推演逻辑，一旦自由主义与利益联合在一起，自由主义治理术便同时成为风险和安全的管理者。在资产阶级预告了风险之后，一切的经济、政治和生活的后果只能由公民自身承担。第二种，资产阶级自由主义治理术意味着更为严苛的控制技艺。为此福柯专门指出，在自由主义与规训技艺层面控制技术实质上是同一个东西。这也就是说资产阶级自由主义表征的自由本质上就是资产阶级的控制术，资产阶级的自由产生了一体两面的效果。第三种，自由主义治理技艺带来的后果之一恰恰就是更多的直接干预。在此福柯以罗斯福新政为例证，"罗斯福实行的福利政策就是在失业的危险情况下来保障和产生劳动自由、消费自由、政治自由等更多自由的一种方式。而代价是什么？代价就是所有这一系列干预，对市场的人为的、唯意志的、经济的直接干预，所有这些干预构成了福利政策的重要措施，并且从 1946 年起——甚至从一开始——这些干预本身就被描绘成一种新专制主义的种种威胁。"② 或许，唯有通过制造各种侵蚀自由的预言，继而引入各种保障自由的直接干预措施，才能够确保资产阶级自由主义治理术的合法性权威。当然，正如福柯判断的，新的治理技术导致了自由主义的危机，这也是 20 世纪资产阶级自由主义的根本性危机。

资产阶级自由主义治理术是资产阶级标榜的"公民社会"的真正危机。福柯指认，"经济人"假设是贯穿于自由主义思潮中的主题，"经济人"意味着自发地屈从于自己的利益、放任自由。但是在现实的市场经济中，"经济人"从根本上讲是不自由且被操控的被治理者。在复杂的资产

---

① 〔法〕福柯：《生命政治的诞生》，莫伟民等译，上海人民出版社，2011，第 54 页。
② 〔法〕福柯：《生命政治的诞生》，莫伟民等译，上海人民出版社，2011，第 56 页。

阶级市场经济环境当中存在着各种偶然性因素，其作用于"经济人"，"经济人"在活动结果上不自主地为公共利益做事情。"经济人"的利益"所依赖的那些偶然属于一个我们既不能贯穿也不能总计的领域，通过产出自己的利益而给其他人带来的利益，对它来说同样也是一种未明确，一种无法总计的不明确。"① 在福柯的笔下，这个独立自由的"经济人"被勾勒成一个被市场中"看不见的手"支配的可怜木偶。继而福柯指认，资本主义市场经济建构出的"公民社会"实质上是一个无主体的场域。因而，"公民社会"不是一个哲学意义上的概念，而是一个资产阶级治理技术学概念。

在福柯这里，"公民社会"正是资产阶级新型治理术的实现方式，此时出现了"一种无所不在的治理，一种无所不包的治理，一种既服从权利法规又尊重经济特殊性的治理，它将是一种管理市民社会、管理国民、管理社会、管理社会事务的治理。"② 本质上来讲，福柯此处的逻辑正是马克思的思路：经济基础决定上层建筑。当然福柯与马克思之间确实存在着一些本质性区别：马克思的理论聚焦点是批判资本主义，福柯则是关注资本主义生成的新的治理术；马克思的理论指向的是资本主义生产方式，福柯则是试图揭露出资本主义所指向的生命、人口与社会权力。

二 哈特和奈格里对生命政治理论的马克思重构

福柯将规训社会定位为 18 世纪，其在 20 世纪发展到顶峰。哈特和奈格里认为，当代资本主义社会已经进入到一种新的控制社会。生命政治的批判范式肇始于福柯。在福柯的生命政治语境中，生命政治学批判的对象是资产阶级语境中抽象的个人主体，因为抽象个体的存在对共产主义的实现是一种障碍。由此，对于福柯来说，除了完成政治经济学对社会关系的

---

① 〔法〕福柯：《生命政治的诞生》，莫伟民等译，上海人民出版社，2011，第 246 页。
② 〔法〕福柯：《生命政治的诞生》，莫伟民等译，上海人民出版社，2011，第 262 页。

批判与改造之外，还需要对生命政治生产出来的个体进行批判和革命。在这一点上，哈特和奈格里与福柯发生了严重的分歧。哈特和奈格里秉持一种比较积极的态度，生命权力在进行权力布展的同时，也将会产生埋葬资本主义社会的革命主体。

（一）马克思成为哈特和奈格里与福柯的理论中介

如研究综述所概括的，国内外学界都注意到哈特和奈格里的主体重塑理论中存在着一条生命政治路线，尤其是与福柯生命政治理论有着直接的关联。但是，国内外学界普遍忽视的一个方面是对生命政治进行马克思的理论溯源。生命政治同步于现代主权政治，现代主权政治又同步于资本主义生产方式，考察资本主义生产方式正是马克思的主要议题。通过文献的梳理可以得知，福柯的生命政治理论中的确存在着一条马克思的隐秘线索，马克思的理论构成了哈特和奈格里与福柯理论的共同的源头。因此，探讨哈特和奈格里主体重塑理论的逻辑前提之一就转换成探讨福柯生命政治理论与马克思之间的逻辑关系。

福柯的学术理论深受尼采的影响，特别是受到尼采对理性、知识、主体等观念质疑的影响。同时，伴随福柯学术成长的另一个重要理论资源来源于马克思。在大学时代，福柯直接授业于结构主义马克思主义的代表性人物阿尔都塞，由此福柯与马克思之间的隐秘关系成为一条重要的线索。西方有学者认为："福柯的思想中一直活跃着一种马克思主义"[1]，只不过这种承继方式是一种内在的关联，而且福柯只是到了晚期才慢慢承认这种内在的继承关系。当然，在这里我们需要追问的是：这种隐性继承到底表现为什么，抑或说福柯眼中的马克思是一种什么样的具体形象。

在福柯眼中，马克思与尼采和弗洛伊德一起，彻底地变更了以往哲学的根基。他们三者的共同之处在于，他们一起抛弃了旧哲学。在《关于费

---

[1] 〔法〕莱姆克等：《马克思与福柯》，陈元等译，华东师范大学出版社，2007，"前言"第3页。

尔巴哈的提纲》中马克思专门指出："哲学家们只是用不同的方式解释世界，问题在于改变世界。"① 但这里，我们往往忽视了对一个重要问题的回答：什么是解释，或者说解释到底是什么。如若不对这一问题做出回应，无论你给出什么样的答案，都无法超出观念性范畴，也都只是作出了意识形态化了的回答。马克思这句话的实质性含义，正是批判以往所有哲学的唯心主义底色，它们都只是在解释世界。

当然，包括马克思在内的尼采和弗洛伊德都不是否定精神的力量，而是标识出一种精神力量物质化的理论探索。在尼采那里，精神世界的物质化体现为返回至一个原初的世界之中，比如通过狂喜、沉迷等所谓"酒神精神"的物化力量返回。而到了弗洛伊德那里，可以列举出两个更加贴近马克思实践活动的例证，一个是性本能，一个是人的无意识活动。人的性行为不是简单的动物式交媾，也不是纯粹观念性，而是带有肉身或者物质性质的精神。性本能带来的性冲动，亦是对人的无意识活动最好的描述，无意识活动本身具有物质和精神的双重特征。以往哲学往往人为地把世界分为物质和精神两个相互独立的场域，思想本身不能包含物质。康德语境中的物自体正是对精神的羞辱，不能被精神认识的物自体将世界一切为二，在这个意义上哲学只具备认识论功能。

而现实的世界却是，一切解释性阐述，都只能发生在事件之前或者之后，而绝对不可能发生在当场或当下。最具反讽意味的是，构成事物本身的往往是物质性因素，但与此同时其充满了精神的味道。正如福柯语境中的"象形文字"："马克思《资本论》第一卷，就像尼采《悲剧的诞生》、《道德谱系学》和弗洛伊德《梦的解析》一样……这些著作在西方思想界引起了震惊与伤害，在我们眼中，这些震惊与伤害也许来自马克思在别处所自称的某种'象形文字'"②。从这段论述可以判断出：在福柯看来，马

①　《马克思恩格斯文集》第 1 卷，人民出版社，2009，第 502 页。
②　转引自尚杰《物质化了的哲学空间与哲学剧场——福柯眼里的马克思》，《江苏行政学院学报》2014 年第 3 期。

克思、尼采、弗洛伊德的共通之处在于他们都在以"象形文字"方式书写各自的著作。象形文字的要害之处在于它的不透明性，象形文字并不像拼音文字那样单纯依靠听力获取意义，除了依靠听力还需要依靠视觉。说到底，福柯之所以拿象形文字比拟马克思、尼采、弗洛伊德的著作，主要是想说明他们三人都在抗拒意识形态的侵蚀，精神不一定只能通过意识形态方式表征出来，也可以通过物质形式呈现出来。

如此福柯隔离出一个差异性的精神空间，这个精神空间同时带有物质性特征，福柯将这种差异性空间称为"异托邦"。福柯语境中"异托邦"的精神空间是真实存在的。按照福柯的解释路径，马克思在拒绝解释世界之后，解释世界必然被实践行动所替代，实践行动本身就是去做、去改变。因此，不是说在马克思那里有一个理论的模型，然后按照这个理论的模型去具体地实践。晚年福柯的生命政治治理术自觉地返回至马克思的理论之中，且继承了马克思历史唯物主义方法论。不同于传统政治学的概念体系，福柯明确地指认，必须从资本主义社会真实发生的治理实践出发。本质上，福柯使用的就是马克思的思考逻辑，用库兹韦尔的表述就是："福柯在暗中采用了马克思的思想"①。实际上，深入考察福柯的文本，就不难发现一个惊人的事实：一旦福柯走进现实社会和历史深处，他就会自觉地靠近马克思。

在此，福柯对自己的研究方法进行了概括："不是从普遍概念出发推导出具体现象，更不是从作为某些具体实践必须遵循的可知性框架的普遍概念出发推导出具体现象，我想是从这些具体实践出发并且在某种程度上在这些实践活动的框架中检验普遍概念。"②"具体实践"表明福柯在理论研究的深度方面已经靠近马克思。福柯在面对资产阶级历史的时候，正是从"普遍概念不存在"这个重要前提出发，直接从资本主义现实社会控制之下捕捉到"普遍概念"所遮蔽的新的治理术。因此，福柯告诫说，不能

①　〔美〕库兹韦尔：《结构主义时代》，尹大贻译，上海译文出版社，1988，第 192 页。

②　〔法〕福柯：《生命政治的诞生》，莫伟民等译，上海人民出版社，2011，第 2 页。

从资产阶级传统政治学中的普遍性概念出发，而是要深入到资本主义社会实践过程中去。在此福柯语境中的实践活动，指称的正是18世纪以来资产阶级现实的经济实践活动，亦是马克思批判语境中的资产阶级古典政治经济学。

虽然在口头上福柯没有公开地承认自己是一个马克思主义者，但是在学术研究中他却充分地吸收了马克思的理论。就此，福柯不止一次地提到："我会经常引证马克思的概念、句子和文章，但我觉得不一定非要在页脚注明出处并附上毫不相干的评论。别人之所以会选择这么做，是因为他们想被认为懂得马克思，揭示马克思深邃的思想并为在所谓的马克思主义杂志上发表而感到欣慰。我引用马克思，但我不说明，不加引号，并且因为别人无法辨识是否是马克思的文章，因此我被认为是不引用马克思的人。物理学家在研究物理时感到有必要引用牛顿或爱因斯坦吗？"[1] 这一点也得到了福柯理论的研究者巴里巴尔的证实，晚年福柯的全部思想都巧妙地暗中运用了马克思，尤其是马克思的经济学理论。当然，最重要的是福柯也在多个场合直接承认了这一点，因此完全可以将福柯称为一个"不加引号的"马克思思想的引述者。事实上，将马克思与福柯内在地牵连在一起的关键性环节在于，他们共同参与了政治学与经济学之间复杂关系的讨论。

（二）生命权力取代规训权力

哈特和奈格里赞同德勒兹对"控制社会"的指认，当代资本主义社会已经从规训社会进入到控制社会。哈特和奈格里认同德勒兹对福柯的一个基本判断："福柯所定义的'规训社会'的一个重要的方面就在于它的历史性：政治的'规训社会'占主导之前，主权社会是统治的范式；而在'规训社会'之后，控制社会便粉墨登场。今天，权力主要不是通过规训

---

① 〔法〕莱姆克等：《马克思与福柯》，陈元等译，华东师范大学出版社，2007，第14页。

手段，而是通过控制网络行使的"①。控制社会运用的主要工具是包括电脑在内的信息机器，不再局限于医院、监狱、工厂、学校等旧有封闭规训场所。在这里，哈特和奈格里认同德勒兹对控制社会场景的论述："在这个城市里，每个人都可以通过其（个人的）电子卡离开其居室、街道和社区，这张电子卡可以使某个栏杆抬起；电子卡可以在某天或者某个时刻内被吐出；重要的不是栏杆，而是电脑，它测定每个人合法的或不合法的位置，进行普遍的调制。"②

哈特和奈格里语境之下从规训社会到控制社会的转变，可以说是把人从一种动物转化为另外一种动物。只不过在规训社会之中人是占据着固定居所的动物，而到了控制社会之中人就变成了随处可以移动的动物。这里有一点需要特别注意，不同于德勒兹将控制社会开启的时间模糊地定于第二次世界大战之后，哈特和奈格里将之定于法国的"五月风暴"爆发之后。在哈特和奈格里看来，他们之所以能够如此精准地定位控制社会，是因为控制社会的到来不仅仅体现为信息技术、智能机器生产的出现，其还有一个非常重要的表征，那就是植入资本之中的革命主体的生成。福柯语境中的规训权力与生命权力是两种相互包容的权力技术，而在哈特和奈格里语境中生命权力则是规训权力的成熟阶段。福柯指认，进入18世纪之后权力开始摆脱由统治者或者某些机构所有的局面，不同的机构、不同领域建构起思想和行为的标准，学校、医院、工厂等结成无数个庞大、复杂的空间结构，这就是规训权力类型。在福柯的理论框架中，规训权力"是一种权力类型，一种行使权力的轨道。它包括一系列手段、技术、程序、应用层次、目标。它是一种'权力物理学'或'权力解剖学'，一种技术学。"③通过规训技术，权力统治的中心由单一控制走向多元控制。尽管规

---

① 汪民安主编《生产》第1辑，广西师范大学出版社，2004，第244页。

② 〔法〕德勒兹：《哲学与权力的谈判》，刘汉全译，商务印书馆，2000，第207~208页。

③ 〔法〕福柯：《规训与惩罚》，刘北成等译，生活·读书·新知三联书店，1999，第242页。

训技术已经在政治治理方面日臻完善，但是社会的发展仍然需要新的权力技术，到了 19 世纪生命权力技术诞生了。生命权力关注的对象发生了转移，生命权力不再关注作为个体的人而是关注作为整体的人口，通过统计、评估、测量等方式促使社会整体平衡有序发展。不过生命权力的出现并不意味着规训权力的消失，二者是相互补充、相互包容的关系，"一个是规训的技术：它围绕着肉体，产生个人化的后果，它把肉体当作力量的焦点来操纵，它必须使这种力量既有用又顺从。而另一方面的技术不是围绕肉体，而是作用于生命；这种技术集中纯粹属于人口的大众的后果，它试图控制可能在活着的大众中产生的一系列偶然事件；它试图控制（可能改变）其概率，无论如何要补偿其后果"①。规训权力与生命权力是权力的两种基本类型，规训权力的对象是个体和身体，而生命权力的对象是人口和生命，二者在福柯的语境之中不但不冲突而且完美地组合在一起。

但是哈特和奈格里认为，规训权力与生命权力并不是平行层面上的互补关系，生命权力逐渐替代规训权力，生命权力是规训权力的成熟阶段。与此同时哈特和奈格里把生命权力的含义扩展了："在'规训社会'中，权力与个体的关系就始终是静止不变的：它表现为权力戒律对个体的入侵以及与此相应所产生的个体的反抗。与之相反，当权力已彻底生态政治化时，整个社会机体就由权力机器所构成，并已发展为虚拟状态。这种关系变得开放、量化、情感化。权力已伸展到社会结构的每一个的神经末梢，伸展到社会的发展过程之中。社会已完全被纳入这种权力之中，如一个单一体对权力发生反应。权力已表现为一种控制，它伸展到民众的意识和肉体的最深处，同时也跨越社会关系的全部。"② 在此，生命权力不再仅仅针对人口这一对象，其扩展到整个社会范围，包括整个社会关系领域。

权力的历史实践，存在着一个从规训权力向生命权力转变的历程，存在着一个从帝国主义向帝国的转变过程，这种转变本质上蕴含着生命政治

① 〔法〕福柯：《必须保卫社会》，钱翰译，上海人民出版社，1999，第 234~235 页。
② 〔美〕哈特、〔意〕奈格里：《帝国》，杨建国等译，江苏人民出版社，2003，第 25 页。

生产的维度。通过揭示帝国统治形式，哈特和奈格里指认了一种新的颠覆资本统治的政治主体的诞生。正如拉扎拉托所言："关于'生命之被引入历史'，福柯给予了建设性的解释，因为它为筹划一种新的本体论提供了机会。新的本体论以身体及其潜能作为起点，将'政治主体'视为'伦理主体'，而反对西方思想的主流传统：在这一传统中，'政治主体'被理解为'法律主体'。福柯对权力的拷问，不是将关于服从的理论、服从的合法形式、服从的机制和实践作为起点，而是从每一次'权力运行'所包含的'自由'和'改造能力'出发。"[1] 从中可以看出，拉扎拉托、哈特、奈格里等都承认，福柯企图超越那些将权力安置在上层建筑层面、将生产纳入低级物质生产层面的二分逻辑，而把社会权力与生产关系直接关联到一起。但是福柯理论的内部存在着局限，福柯对权力的分析始终未能摆脱结构主义的掣肘。福柯始终没能给社会生产留下足够大的空间，也没能看到社会生产的巨大推动作用。在此拉扎拉托继续进行评判，福柯的权力理论虽然摆脱了传统政治经济学的束缚，并且诊断出现代性权力互动关系的本质，但是他却始终没能抓住生命权力在社会生产中的运用，"现代性根本的政治问题，不是主权权力的单一起源问题，而是诸多的力，根据支配和服从的关系行动和互动的问题"[2]。

哈特和奈格里指出，在福柯止步不前的地方，德勒兹在后结构主义基础之上更新了唯物主义理论。德勒兹的理论贡献就在于他提出了"机器生产"理论，各种各样的机器及其组合持续不断地进行生产，一切社会生产的力量生产出了一切。不过在哈特和奈格里看来，德勒兹仍然存在着重大的理论缺陷，那就是他虽然发现了社会权力的再生产能力，却无法具体指认这一生产能力的具体承担对象。从福柯到德勒兹的这一条线索，哈特和奈格里的理论目标清晰地呈现出来，他们就是要发现一种可以与生命权力相抗衡的生产性力量，一个可以与帝国相对抗的本体性力量。相较于福

---

[1] 转引自许纪霖主编《世俗时代与超越精神》，江苏人民出版社，2008，第294页。

[2] 许纪霖主编《世俗时代与超越精神》，江苏人民出版社，2008，第296页。

柯，这种本体性力量应该是根本性力量。相较于德勒兹，这种本体性力量应该是确定的、能够把握的。至此，在福柯语境当中处于模糊不清状态的生命权力与生命政治，哈特和奈格里进行了清晰的界定。生命权力是帝国的权力形态，生命政治则是新的主体的存在方式，"我们使用术语生命权力来指代权力的宏观结构和强大功效；我们使用术语生命政治语境或生命政治来指谓权力的关系、斗争与生产用以发展的空间。当思考国家权力的资源和源头，以及国家生产的具体技术时，比如为了控制人口，我们谈的是生命权力；当指代抵抗的复合体以及在权力的社会部署上冲突的时机与措施时，我们谈的是生命政治或生命政治语境"[①]。正是在福柯思考停止的地方，哈特和奈格里继续挖掘生命政治理论的内涵，追寻着从生命权力到生命政治生产再到革命主体的建构过程。

（三）控制社会取代规训社会

将劳动工人、社会生产力纳入生命权力之中，只能说是看到了劳动与资本之间的对立，还不能够具体地指出革命主体新形象的生成，这只是建构生命政治之主体重塑的第一步。而要确立生命政治之主体重塑的真正基础，就必须超越德勒兹与福柯的规训社会。哈特和奈格里仍然内在地继承了福柯和德勒兹的基本思路，即革命主体一定不是预定的和原生的，而是形塑于现实的社会生产领域当中。规训社会与控制社会分别对应不同的主体重塑模式。在规训社会中主体的生产是建立在各种各样的社会机构之上的，各个机构成为主体生产的主要场所，不同场所生产出不同的主体类型。当然规训社会主要的生产场所仍然是工厂，在工厂生产过程中塑造出统一的整体形象。当规训社会推进到最高层级时，它作为社会组织的形式也发展到极限，这是因为规训社会最终是要建构一个全球性的市场。规训社会终将引起人口的大规模流动，这也就意味着一种突破规训社会的欲望

---

① Antonio Negri, *Reflections on Empire*, Cambridge：Polity Press，2008，p. 73.

在世界市场之中流动，意味着一群不受规训、向往自由的革命主体的生成。

在哈特和奈格里看来，20 世纪六七十年代新的社会运动正是这种革命力量形成的重要标志，这些运动归根结底就是反抗规训体制，这也就显示了规训社会即将走向历史的终结。面对这些反抗规训社会的新运动，在哈特和奈格里看来，资本主义国家一般采取两种应对方案。第一种是使用压制性的保守措施，重新建构整个生产制度体系，通过生产的流动性和不固定性削弱劳动工人的抗争力量。第二种是不再简单地界定劳动工人的具体范围而是给出一些相对模糊的规定。在新的帝国控制社会之下，主体仍然是由现代工厂生产出来的。但是主体生产的地界已经不再清晰，原来属于规训社会的机构组织已经扩展到整个社会领域，原来局限于某一主权国家之内的主体已经蔓延到整个世界。在这种生产环境之下新的主体要比以往的主体更加丰富和灵活，主体的身份摆脱了单一性而是具备了多元性和复杂性的特征。在控制社会之中新的革命主体不再带有工厂工人、精神病人等具体身份特征，他们同时具备所有特征但又不具备某些具体性的身份特征，"它是工厂外的工人、学校外的学生、监狱外的囚犯和疯人院外的疯子——同时具备所有这些特征，它不属于任何身份，却又具有所有特征——外在于这些机构，却更加强烈地受到它们的规训逻辑的统治。就像帝国的主权一样，控制型社会的主体性具有混合的特质"[1]。

在此哈特和奈格里指认，帝国再也不能按照规训的模式进行统治，此时主体不能再被编码和规范化，这种情况之下只能生成大众性主体。他们将新的主体称为诸众。与此同时他们强调，不能再用人民的概念来表征诸众，人民一词一直就具有高度的同一性和同质性，从而掩盖了各种异质的具体的个体的存在。诸众被统治只能借助后现代资本主义社会这个载体并且在实质性吸纳环节中体现，实质性吸纳并不是消除了对抗逻辑而只是转

---

① 〔美〕哈特、〔意〕奈格里：《帝国》，杨建国等译，江苏人民出版社，2003，第 315 页。

换了主体反抗的方式，主体反抗"转换到日常生活的所有环节之中"①。当资本吸纳掉整个社会经济和文化的所有维度时，作为劳动工人的无产阶级成为社会劳动的普遍性角色，诸众的形象出现在各种形式的社会运动当中，诸众成为最灵活的新革命主体，它承担起整个社会解放的最终任务。在哈特和奈格里看来，从规训社会到控制社会，从帝国主义统治模式到帝国统治模式，从市民社会到控制社会，这一系列过程完全是由革命主体的斗争所推动的。革命主体本身具有流动性，绝不是一个固定的范围，其同质性的劳动工人转换成灵活不确定的诸众。

在后现代主义的时代背景之下，在不断地生产和运动中生成一个非同质的诸众主体是能够理解的。但是哈特和奈格里一直未能解决一个核心问题：一个高度离心和缺乏领导力的革命主体，究竟凭借什么与一个高度同质化且强烈地依附于资本主义的"帝国"相抗衡。诸众过于苍白乏力，仅仅依靠一个临时组成的诸众共同体是存在明显问题的。哈特和奈格里在他们合著的《宣言》中回应了这一问题。在《宣言》一书中，哈特和奈格里已经开始使用在中世纪语境中与贵族相对立的"平民"一词，全面替换掉诸众这一概念。"平民"这一概念在中世纪和近代早期基本上与"人民"混合着使用。由此可见，哈特和奈格里又尝试着回到人民这一革命主体，抛弃了之前广泛使用的诸众主体。

此处哈特和奈格里已经开始表明，一盘散沙式的诸众已经不再能承担起革命的任务，这时就需要创造出一个新的主体并且以此取代诸众主体。在一个强调差异性的后革命话语时代，强调差异和个性的诸众主体注定是无法与帝国相抗衡的。所以在哈特和奈格里的理论语境中，存在着一个回归，向人民主体的回归。在《宣言》中哈特和奈格里指认，在公共事件中联合起来的人民塑造出一个具备现实行动能力的"公共人"形象，这就为反抗帝国统治提供了新的主体力量。在此哈特和奈格里满怀信心地阐述：

①　〔意〕奈格里：《〈大纲〉：超越马克思的马克思》，张梧等译，北京师范大学出版社，2011，第8页。

"'平民'就是一个构成性的参与者，他们的主体性对于形成一个记忆开放的大同共享的未来社会而言是奠基性的和必要性的。"①

三　哈特和奈格里对马克思"机器片段"② 的解读

20世纪六七十年代，沉寂多年的《大纲》，尤其是《大纲》中"机器片段"，成为意大利自治主义马克思主义重构马克思主体解放理论的文本依据。哈特和奈格里对于"机器片段"的解读，可以分为两个历史阶段。在20世纪六七十年代，哈特和奈格里集中关注劳动与生产过程的分离导致的资本主义危机。到了20世纪八九十年代，哈特和奈格里则将关注的重心转移到普遍智能导致的非物质劳动方式的变革上。

（一）劳动与生产过程的分离

在哈特和奈格里看来，《大纲》相对于《资本论》，是一个超越《资本论》中马克思形象的"另一个马克思"。《大纲》中"固定资本和社会生产力的发展"这一节被哈特和奈格里称为"圣经式"的"机器片段"，在他们的理论建构中反复地被引用。意大利的哲学家维尔诺曾这样描述"机器片段"："在西方，当英雄面对具体的困境时，他们经常会从《旧约》中引出一个段落，《诗篇》或者是《以西结书》中的字句，被从各自的语境中抽离出来，'自然'地融入当下的偶然处境当中，成为解释当下困境的有力预言……这是卡尔·马克思的'机器片段'从20世纪60年代早期以来不断被阅读和引用的原因。"③《大纲》正是以哈特和奈格里为代表的自治主义马克思主义的"圣经"。

哈特和奈格里对马克思的经济学手稿实质上采用了一种政治式的解读

---

① Michael Hardt and Antonio Negri, *Declaration*, New York：Argo Navis, 2012, pp. 105–106.
② "机器片段"是哈特和奈格里对《大纲》中"固定资本和社会生产力的发展"这一节的简称。
③ Saree Makdisi ed., *Marxism Beyond Marxism*, New York：Routledge, 1996, p. 265.

方式。正如奈格里在 2005 年接受采访时提到的："我认为 60、70 年代发生在意大利的马克思主义的复兴，从马里奥·特伦蒂到我对《1857—1858 年经济学手稿》的解读，都是很重要的。今天我们已经不可能在这些框架外去正确地解读马克思了。这样说，当然是很有争议的，尤其是对传统的马克思主义解释学来说，后者不管是在学院内还是华尔街都能找到，它们是客观主义的马克思主义解释学，今天，它们对老板更有用，对阶级斗争没有用。"① 在奈格里的理论语境中马克思经济学手稿中的所有话语都是带有政治性、对抗性、革命性的，马克思的经济学理论被奈格里政治化地解读了。之所以选择《大纲》而没有选择《资本论》作为理论批判的武器，主要原因正是在于《大纲》本身并不是一个完整的体系，这也就为哈特和奈格里进行阐发性的解释留足了理论空间。正如张一兵所指出的："手稿本身不是马克思政治经济学的完成了的逻辑体系，而是一次伟大的思想革命的实验过程。这是一个草稿，一个需要进一步加工的庞大文本"②。

哈特和奈格里以政治方式解读《大纲》有积极意义的同时也带来一种灾难性后果。一方面这样一种解读方式直接否定了那些将马克思经济规律与政治解放割裂开来的解读方式。在学术界存在着这样一种解读马克思经济学理论的方式，他们认为马克思的经济学手稿只是描述资本主义随着不断发展而逐步走向灭亡的规律。另一方面这种解读方式最终导致的结果是将马克思塑造成一种革命者的形象。过度的政治式地解读马克思经济学手稿就否定了马克思历史辩证法中的客体维度。当然哈特和奈格里的这种解读方式也提出了一个马克思文本解读方面的历史性难题，即如何通过马克思经济学文本展现兼具经济学客观性与政治哲学主体性维度的马克思的形象。

在"机器片段"中，马克思曾预言，资本主义生产过程必然被自动化

---

① 肖辉：《马克思主义的发展与社会转型——内格里访谈》，《国外理论动态》2008 年第 12 期。

② 张一兵：《回到马克思——经济学语境中的哲学话语》，江苏人民出版社，1999，第 556 页。

机器生产所替代。进入机器化生产阶段，劳动工人在资本主义生产过程中不再占据支配性的地位，而沦为资本主义生产过程当中的一个环节。在工场手工业阶段，虽然劳动工人被固定在工厂生产的某个位置上，但是劳动工人的劳动毕竟支配着整个物质生产过程。到了机器生产阶段，劳动过程沦为资本增殖的一个环节，在整个资本主义物质生产过程当中劳动者已经彻底地失去了支配性的地位。

哈特和奈格里指认，资本主义生产过程中包含着一对不可克服的内在矛盾。一方面资本主义生产过程是资本主义性质，直接劳动时间是商品价值的唯一尺度；另一方面随着机器作为固定资本在资本主义生产过程中的运用，生产商品的单位时间一直在压缩，商品价值不再简单取决于生产商品的劳动时间。随着资本主义不断发展，资本主义生产过程必将面临不可克服的矛盾，最终走向崩溃的边缘。实质上，马克思试图通过机器在资本主义生产过程中的运用，论证在商品交换过程当中交换价值走向失效的可能性。但是，哈特和奈格里完全忽视了马克思这一做法而直接走向了另一条道路：随着机器在资本主义生产过程中使用，劳动与资本必然走向分离。他们由此建构出一套工人自治解放的理论逻辑。

哈特和奈格里的逻辑线索必将带来三种情况。第一种情况，劳动与生产过程的分离意味着劳动彻底地摆脱了资本的控制，资本主义生产过程可以生成与资本对抗的自治主体。政治式地解读马克思的经济学手稿，哈特和奈格里依托的核心理论正是劳动与资本的二元对立。资本主义发展过程的最终结果，只能是促使资本改变剥削方式和劳动组织形式来缓和这种对抗。不过在资本主义生产关系当中劳动与资本本来遵循的就是不同的逻辑。资本遵循的就是价值稳定逻辑，资本稳定地从劳动过程当中获得剩余价值。劳动遵循的是自我稳定逻辑，自我稳定逻辑是属于劳动主体或者工人阶级的，是基于使用价值、集体的需要和欲望的结构的稳定。劳动在资本主义生产过程当中的地位不断下降，这就意味着资本的稳定逻辑越来越脱离劳动，劳动越来越摆脱资本的限制。第二种情况，资本主义物质生产是以具体劳动为基础，这就意味着进入机器大生产阶段就不再需要劳动工人起来发动革命，而只需每一个劳动工人主动地拒绝劳动，资本主义就会自主地走向灭亡。因此，在奈格里的理论架构中，资本主义的崩溃和共产主义的到来是劳动工人自主选择和自我建构的结果。正是基于对马克思"机器片段"的解读，奈格里重构出一个"超越马克思的马克思"，建构出一条以劳动工人自治为核心的共产主义之路。这也就意味着，在机器化大生产时代，不是资本操纵劳动和劳动工人，恰恰是劳动工人决定资本。在机器化大生产过程中劳动工人占据着决定性的位置。第三种情况，在非物质生产条件下，劳动工人在非物质劳动过程当中占据着主导性位置，这也就给劳动工人逃离资本控制提供了潜在可能性。从现实资本主义生产过程来看，一旦劳动工人进入资本主义生产过程当中，其虽然具备逃离控制的潜力，但是将潜力变成现实仍然需要付出一定的代价，这就需要劳动工人提前拒绝进入劳动过程。不过单纯地拒绝劳动还不够，要彻底地彰显劳动的主体性就必须废除资本主义生产关系，从而真正实现工人的劳动解放。到了这里哈特和奈格里的逻辑线索就已经十分清楚了，劳动工人的自治并不是完全独立于资本主义生产体系之外，随着资本主义生产过程的不断发展，自治的革命主体能够自主地形成。

从劳动与资本的二元对抗逻辑辨识出工人阶级的抗争和主体性，同时指认出这种主体性对资本统治关系的决定性作用，这一点是以哈特和奈格里为代表的意大利自治主义马克思主义最有价值的地方。这与大多数西方马克思主义者沉浸在资本主义霸权中或对资本主义的控诉形成了鲜明的对比：大多数西方马克思主义者一般深陷资本控制的体系当中，将工人阶级看作毫无力量的牺牲品，甚至宣告劳动工人作为革命主体已经彻底地退出了历史的舞台。自治主义马克思主义的乐观态度令当代西方左翼眼前一亮，但是必须要指出自治主义马克思主义过于强调工人的主体性，容易使其陷入盲目的乐观主义。盲目自信极容易导致劳动工人安于资本主义统治的现状，或让遭受全球资本主义奴役的工人阶级沉沦在资本帝国的统治之下。

（二）对普遍智能理论的阐释

在《〈大纲〉：超越马克思的马克思》中，奈格里对"机器片段"政治式解读的重心放在"劳动与生产过程的分离"上。而到了《帝国》和《诸众》中，哈特和奈格里开始将对"机器片段"的解读重心转移到"普遍智能"层面。在"机器片段"中马克思曾指出，"随着大工业的发展，现实财富的创造较少地取决于劳动时间和已耗费的劳动量，较多地取决于在劳动时间内所运用的作用物的力量，而这种作用物自身——它们的巨大效率——又和生产它们所花费的直接劳动时间不成比例，而是取决于科学的一般水平和技术进步，或者说取决于这种科学在生产上的应用"[1]。与此同时马克思指认，虽然直接劳动在资本主义生产过程当中的比例逐步下降，但这并不意味着劳动工人具备了逃离资本主义生产过程的可能性。只要资本主义的性质没有发生改变，科学和普遍智能必然转化为固定资本的内在属性，且最终沦为资本追逐剩余价值的有力手段，"知识和技能的积累，社会智力的一般生产的积累，就同劳动相对立而被吸纳在资本当中，从而表现为资本的属性，更明确些说，表现为固定资本的属性，只要后者是作为真正的生产资料加入生产过程"[2]。

在19世纪50年代马克思写作"机器片段"时，普遍智能还只是资本主义生产发展的趋势而已。但是到了20世纪八九十年代，马克思当年的预言成为现实，普遍智能直接影响直接劳动在物质财富中的比例。随着资本主义社会的发展，普遍智能成为物质财富生产的基础。"在这个转变中，表现为生产和财富的宏大基石的，既不是人本身完成的直接劳动，也不是人从事劳动的时间，而是人本身的一般生产力的占有，是人对自然界的了

---

[1] 《马克思恩格斯全集》第31卷，人民出版社，1998，第100页。
[2] 《马克思恩格斯全集》第31卷，人民出版社，1998，第92~93页。

解和通过人作为社会体的存在来对自然界的统治，总之，是社会个人的发展。"① 与20世纪六七十年代相比，此时哈特和奈格里对"机器片段"不再是一味地肯定式解读，而是在批判反思的基础上重新建构理论。正是通过对这一经济学手稿的批判性解读，哈特和奈格里实现了从物质劳动到非物质劳动的逻辑转换，他们建构起了一套全新的自治对抗逻辑。具体来说，体现在以下两个层面。

第一个层面，重构普遍智能的一般性范畴。维尔诺曾指出："马克思把'普遍智能'设想为一种科学客观化能力，设想为一种机器系统。'普遍智能'在这方面固然重要，但它不是一切。我们应该将普遍智能的维度作为活劳动的属性而存在，而不是将普遍智能体现在机器系统中。"② 进入后福特主义时代，普遍智能已经彻底超出固定资本的限定，它不再仅仅表征为一种对象化的知识力量，还表现为劳动工人具备的一种主体性潜能。在福特主义时代企业推行的是泰勒制管理模式。在泰勒制时代劳动工人内部已经开始出现分化：无专业技术能力的劳动工人被整合进机器生产体系中；掌握专业技术能力的劳动工人则离开具体的生产过程，利用之前掌握的专业知识成为专门管理人员，从而成为普遍智能的一部分。到了19世纪70年代资本积累的方式发生了重大的变化，僵化、呆板的福特主义运行模式陷入危机之中，取而代之的是一种灵活、多样的后福特主义生产模式。后福特主义时代出现了一些全新的生产部门，其提供各式各样、灵活多变的服务项目。正是基于此，维尔诺认为，在后福特主义时代普遍智能已经远远超出马克思的理论框架，普遍智能表征的是主体重塑的内在潜能。

第二个层面，重构劳动的一般性范畴。哈特和奈格里指出，在"机器片段"中马克思曾预言，随着机器大生产时代的到来直接劳动在资本主义生产过程当中逐渐被取消，由直接劳动编织出的资本主义交换关系也会走

---

① 《马克思恩格斯全集》第31卷，人民出版社，1998，第101页。
② 〔意〕维尔诺：《诸众的语法：当代生活方式的分析》，董必成译，商务印书馆，2017，第82页。

向历史尽头，资本主义社会制度终将消失。但是当代资本主义的现实状况已经证明资本主义生产制度非但没有灭亡反而以一种更加稳固的方式维系着资本主义生产过程。在哈特和奈格里看来，马克思之所以得出"错误的结论"是因为当时马克思对劳动概念的解读太过简单，他所理解的劳动只是一种具体的物质劳动，随着普遍智能的发展物质劳动在财富生产中的比重逐步下降，但这并不意味着资本主义生产制度的崩溃，普遍智能已经孕育出一种全新的非物质劳动形式。哈特和奈格里指出："在资本主义发展的某一点上，马克思只瞥见了为未来而劳动的种种力量充满了科学、交流和语言的力量。一般的才智是由积累起来的知识、技能和技巧所创造出的一种集体、社会的智力。劳动的价值由此被定义一种新的普遍而具体的劳动力经过占用及自由使用新型生产力加以实现。马克思所视为未来的正是我们的时代。劳动力的这种激烈的转换和将科学、交流与语言融入生产力的行为业已重新定义了整个劳动的现象学和全世界的生产景象。"①　正是通过对"机器片段"的批判性解读，哈特和奈格里实现了对马克思批判逻辑的当代转换。从最终的理论导向来看哈特和奈格里批判"机器片段"并不是彻底地否定这一片段，而是力图在当代资本主义语境之中重塑马克思这一片段的理论生命。正如国内学者对哈特和奈格里所做的理论定位，"其目的并不在于对马克思的简单超越或否定。相反，透过对马克思的超越与否定，他们希望最终在转变了的社会现实条件之上，重新召回马克思有关资本主义价值体系崩溃的预测或愿景"②。就此，"机器片段"引发的非物质劳动变革，一定程度上切中了当代资本主义潜在的内在危机。

---

① 〔美〕哈特、〔意〕奈格里：《帝国》，杨建国等译，江苏人民出版社，2003，第343页。
② 许纪霖主编《帝国、都市与现代性》，江苏人民出版社，2006，第187页。

第三章　哈特和奈格里主体重塑
理论的三重逻辑

主体重塑是哈特和奈格里的核心理论诉求。哈特和奈格里主体重塑理论有着三重逻辑。第一重逻辑，资本主义社会形态存在从帝国主义到帝国的演进。第二重逻辑，资本主义劳动形式存在从物质劳动到非物质劳动的转型。第三重逻辑，革命主体生成实现从诸众到共有者的转换。

一　社会形态的演进：从帝国主义到帝国

哈特和奈格里借用马克思吸纳理论，认为从形式吸纳到实质吸纳的转变正是帝国主义向帝国过渡的社会基础。在哈特和奈格里看来，形式吸纳对应的是以主权国家为内核的帝国主义阶段。资本一旦扩张到整个世界市场之中，资本主义就开始进入实质吸纳阶段。实质吸纳不再只是一种广度上的扩张，还是一种深度上的扩张。一旦进入实质吸纳阶段，帝国时代将取代帝国主义时代。

（一）市民社会的衰落

在当代语境之下，哈特、奈格里、拉扎拉托等自治主义马克思主义者把握到资本主义生产方式发生了结构性的转变，即从"福特主义"转向

"后福特主义"。所谓的福特主义主要指征的是泰勒制管理模式，即通过创建工作流水线，依靠半熟练工人在装配流水线上进行大规模生产。由于计划职能与管理职能的区分，无专业技术能力的劳动工人被纳入物质生产过程之中，专业技术管理人员则离开车间。专业技术人员把以前掌握的专业知识汇集起来转换成管理规章、制度和程序。科学理性的管理方式严格控制生产过程当中每一个环节，为资本增殖扩张提供最大的内部空间。但是到了 20 世纪 70 年代资本主义生产积累方式发生了重大转变，僵化的生产模式陷入危机之中，资本主义转向了一种更加灵活多变的"后福特主义"生产方式。发达资本主义国家"出现了全新的生产部门、提供金融服务的各种新方式、新的市场，首要的是商业、技术和组织创新得到了极大强化的比率。它导致了不平衡发展模式中的各种迅速变化，包括各个部门之间与各个地理区域之间的迅速变化，例如，产生了所谓'服务部门'就业中的巨大冲击，以及迄今为止各个不发达地区中全新的工业集群（如'第三个意大利'、佛兰德斯、各种硅谷，更不必说新兴工业化国家中的大量活动）"①。正是对于资本主义生产方式这样一次重大转变，哈特和奈格里指出，这正是从"规训社会"向"控制社会"的一次转变。

在《法哲学原理》中黑格尔将人类社会关系的演进划分为三种：以家庭为内核的自然伦理关系、以市民社会为关键的分化伦理关系、以国家为重心的统一伦理关系。通过协调家庭与国家之间的关系，市民社会使得家庭与国家之间有了互通的渠道。"市民社会，这个各个成员作为独立的单个人的联合，因而也就是在形式普遍性中的联合，这种联合是通过成员的需要，通过保障人身和财产的法律制度，和通过维护他们的特殊利益和公共利益的外部秩序而建立起来的。"②哈特和奈格里指认，市民社会正是黑格尔对政治哲学最大的贡献，"黑格尔不是单纯地使用另一个二元论（市民社会—政治社会）替换以前的二元论（自然社会—政治社会），而是建

---

① 〔美〕哈维：《后现代的状况》，阎嘉译，商务印书馆，2003，第 191~192 页。
② 〔德〕黑格尔：《法哲学原理》，范扬等译，商务印书馆，1982，第 174 页。

立了一个三元概念（自然—市民—政治）"①。

哈特和奈格里将黑格尔的市民社会看作一个中介性环节，个人利益与国家利益通过市民社会连接到一起。市民社会把多样的社会和经济力量组合成一个有凝聚力的权力中心。黑格尔的市民社会被哈特和奈格里用来指认福柯的规训社会，将其看作规训社会的另一种表达方式，"'规训社会'可以描写为从不同角度看待的，从底部、从权力的微观物理学看待的市民社会"②。市民社会的各种机构构成了现代社会规训的规范场所，它最终走向了对主权国家的服从。哈特和奈格里认为，福柯与黑格尔本质上面对的是同一种社会构型，即市民社会的历史发展阶段。就此哈特和奈格里极力推崇的福柯的观点得到了黑格尔式的解读，进一步证明了资本对劳动的规训作用。不过作为社会中介环节的市民社会不可避免地走向了衰落，市民社会的部分机构陷入危机之中，一个典型的表现就是工会的没落。在控制社会中所有空间都融合成为一张无边无际的网，市民社会的中介角色不再存在，只剩下国家与不具明确身份的主体。

进入控制社会，劳动与资本之间不再需要市民社会这个中介来组织生产，资本直接出现在平滑的社会空间之中。哈特和奈格里指认，从规训社会向控制社会的转变可以解读为马克思语境中资本对劳动从"形式吸纳"转向"实质吸纳"。在马克思的理论框架中，资本对劳动的"形式吸纳"与"实质吸纳"分别对应的是资本主义生产由追求绝对剩余价值转向追求相对剩余价值，"正如绝对剩余价值的生产被看作是劳动对资本的形式上的从属的物质表现一样，相对剩余价值的生产也可以被看作是劳动对资本的实际上的从属的物质表现"③。"形式吸纳"指称的是资本主义生产过程的一般形式，通过延长劳动工作时间榨取劳动工人剩余劳动。"实质吸纳"则是指资本通过提高生产力，诸如利用先进的机器、科学、技术等方式榨

① 汪民安主编《生产》第 1 辑，广西师范大学出版社，2004，第 246 页。
② 汪民安主编《生产》第 1 辑，广西师范大学出版社，2004，第 253 页。
③ 《马克思恩格斯全集》第 49 卷，人民出版社，1982，第 84 页。

取剩余价值。不过，后一种吸纳形式只有在资本主义社会发展到一定阶段才会出现，马克思称之为发达的资本主义的特殊生产方式。马克思清醒地意识到"实质吸纳"对资本主义生产关系的影响，"随着劳动对资本的实际上的从属，在生产方式本身中，在劳动生产率上，在资本家与工人的关系上，都发生了完全的（不断继续和重复的）革命"[①]。

哈特和奈格里之所以如此重视马克思的吸纳理论，主要原因还是在于形式吸纳与实质吸纳分别代表资本主义发展的两个不同的历史阶段。对于形式吸纳与实质吸纳，哈特和奈格里提出了自己的独到见解。在形式吸纳阶段，劳动虽然在资本之中，但最终是由资本之外的某种力量控制，这种力量是由类似于市民社会的这种中介机构发出的。形式吸纳发展到一定历史阶段，资本主义社会就会进入实质吸纳阶段。在实质吸纳阶段，资本通过科学发明更新了资本主义生产过程，劳动作为资本固有的组成部分而被纳入资本主义生产过程当中，资本主义生产过程似乎成为没有劳动而自主运转的过程。在谈论实质吸纳理论时哈特和奈格里无疑受到马克思的影响。在《1861—1863年经济学手稿》中马克思专门对资本对劳动的形式吸纳和资本对劳动的实质吸纳进行了分析。不过在哈特和奈格里看来，虽然马克思预测了资本主义生产形式从形式吸纳向实质吸纳的转变，但实质吸纳在资本主义生产过程中全面铺陈开来是发生在当代资本主义社会。马克思所生活的时代是机器大工业刚刚萌芽的阶段，资产阶级让劳动工人在统一场所与固定时间进行物质生产。但是到了当代资本主义社会，资本对劳动的吸纳方式已经超出了物质生产的过程，实质吸纳成为后资本主义生产的主导形式。这主要体现在空间和时间两个维度上。第一，从空间上，实质吸纳突破了非资本主义生产的界限，而不断地向内持续地延伸。"资本不再向外部看而是着眼于内部，其扩张因此更加精深而不是广泛。这一过程的核心在于资本的技术组织的一步质的飞跃。以前的工业革命的各种阶

[①]　《马克思恩格斯全集》第49卷，人民出版社，1982，第95页。

段引入了机器制造的消费品，后来则是机器制造的机器，但现在我们发现自己面对的是机器制造的原材料和食品——简而言之，机器制造的自然和机器制造的文化。"① 第二，从时间上，实质吸纳不仅吸纳了工作时间，而且吸纳了劳动工人的生活时间，使得劳动工人的工作时间与生活时间之间的界限越来越模糊。资本着眼于资本主义生产内部的实质吸纳方式，关注的焦点就不仅仅是劳动本身，而且是整个社会人的生命全部。"在工业范式中，工人的生产几乎都是在工厂中进行的。但当生产的目的变成为解决问题想出一个主意或者创造一种关系的时候，工作时间就会趋向于扩展到整个生活时间之中。一个主意或者一种想法不仅会在你的办公室里出现，而且会在你洗澡或做梦的时候出现。农业和家务劳动的传统特征可以再一次帮我们理解这种变化。农业劳动在地里当然是没有规定的工作时间的：在需要时工作日可以从清晨持续到黄昏。而传统的对家庭妇女家务劳动的安排更明显地消除了工作日的界限，而将之扩展到整个生活中。"② 由此，哈特和奈格里得出结论：在帝国的全球秩序之下，人们的整个生命都是处于资本高度控制和驾驭之下，没有丝毫可以放松的空间。

（二）智能社会的到来

当代西方发达资本主义国家正在步入智能化时代。哈特和奈格里断言，西方发达资本主义国家工业化进程已经走向历史的终结，新生产方式正在形成，人类社会即将迈入智能生产时代。新生产方式决定人类未来发展的方向。农业生产方式决定自然经济的性质，工业生产方式决定商品经济的本质，而普遍智能生产方式决定后工业时代的到来。当然，新生产方式的出现并不意味着旧生产方式的消失，旧生产方式只不过以新的方式内置于生产过程之中。正如工业化进程改进农业生产一样，普遍智能重新定

---

① 〔美〕哈特、〔意〕奈格里：《帝国》，杨建国等译，江苏人民出版社，2003，第257页。

② Michael Hardt and Antonio Negri, *Multitude: War and Democracy in the Age of Empire*, London: The Penguin Press, 2004, pp. 111-112.

义工业生产。普遍智能变更工业生产的物质基础，甚至改变人类生活方式与认知模式。工业生产过程中劳动者与劳动者之间的主体合作转换为智能生产过程中计算机用户与复杂生产环境之间的直接互动。人工智能取代劳动者已经成为非物质生产的时代趋势。这就引出哈特和奈格里理论所关注的一个核心概念——非物质生产的劳动范式。

当代资本主义生产方式发生了根本性的断裂，资本主义生产方式转向了非物质生产劳动。拉扎拉托最早对非物质生产范式进行了界定："非物质生产包括生产商品'信息内容'行为和生产商品'文化内容'行为两个方面。"[1] 在此基础上，哈特和奈格里扩充了非物质生产的内涵，认为其除指涉智能的劳动，还包括情感的劳动。在马克思生活的时代，物质生产劳动在资本主义生产过程中占据支配性地位，资本统治局限于物质生产过程中机器对劳动者身体的规训，而一旦非物质生产取得霸权性地位，资本统治的触角就将延伸至日常生活的每一个角落。也就是说，不仅物质生产领域、日常消费领域，甚至劳动者精神生活领域都已成为非物质生产机制之下的劳动产品。哈特和奈格里在此明确指出："所有非物质生产都保留着物质性，就像所有物质生产一样，它既指涉肉体，也指涉精神，非物质性针对的仅仅是劳动产品而已。"[2]

哈特和奈格里得出两个重要的基本判断。第一，非物质生产的劳动产品已经超出资本控制范围。哈特和奈格里认为，非物质条件下生产的其实并不是物质性产品，而是一种虚拟性财富，这种虚拟性财富最大特点就是不受稀缺性法则的制约，当个人占有某种信息、知识或情感的时候，这并不影响其他人同时占有。在马克思生活的时代，工业生产占据霸权性统治地位，资本家只需将资本投入物质生产过程就能获得相应的剩余价值。但到了非物质生产时代，非物质劳动并不直接体现为资本的增值，而是呈现

---

[1]　许纪霖主编《帝国、都市与现代性》，江苏人民出版社，2006，第 139 页。

[2]　Michael Hardt and Antonio Negri, *Multitude: War and Democracy in the Age of Empire*, London: The Penguin Press, 2004, p. 109.

为主体的生成。"不能再从主客二元意义上理解这个生产过程。相反，不管是劳动者还是劳动产品都是主体，劳动者在生产的同时也被生产出来。"① 在非物质生产条件下，劳动者不再需要资本提供生产资料，相反，劳动者可以直接运用公共性知识扩充自己。在非物质生产过程中核心要素不再是资本而是具备创造力的劳动者。资本只能通过购买专利、版权等方式占有作为公共之物的非物质劳动成果，资本对劳动产品的占有是一种外在性占有。正因为非物质劳动产品的公共性特征，资本永远无法完全占有所有非物质劳动产品。因此，哈特和奈格里指认，非物质生产过程不仅生产非物质劳动产品，而且生产新的主体。

第二，智能和情感价值论取代马克思基于物质生产的劳动价值论。在后工业经济时代，劳动价值不再主要依赖物质生产条件下具体劳动创造，更多地是由普遍智能广泛应用所生成，甚至是由所谓的情感劳动所创造。哈特和奈格里反复引证马克思的一段论述："一旦直接形式的劳动不再是财富的巨大源泉，劳动时间就不再是，而且必然不再是财富的尺度，因而交换价值也不再是使用价值的尺度。群众的剩余劳动不再是一般财富发展的条件，同样，少数人的非劳动不再是人类头脑的一般能力发展的条件。于是，以交换价值为基础的生产便会崩溃，直接的物质生产过程本身也就摆脱了贫困和对立的形式。"② 哈特和奈格里指认，正是由于普遍智能在资本主义生产过程中广泛应用，以交换价值为基础的劳动价值逐渐失去效力，具体劳动在物质财富生产中的比重不断下降。他们认为，生活在工业经济时代的马克思错误地把普遍智能切割至固定资本之中，完全忽略了普遍智能对劳动者的建构作用；进入后福特主义时代，普遍智能已经挣脱固定资本的捆绑，不再表现为对象化的知识力量，而是展现出劳动者自身的内在潜能。因此，哈特和奈格里断言，在劳动对象被框定的背景下马克思

---

① Michael Hardt and Antonio Negri, *Commonwealth*, Massachusetts: The Belknap Press of Harvard University Press, 2009, p. 136.

② 《马克思恩格斯全集》第 31 卷，人民出版社，1998，第 101 页。

无法彻底释放劳动者，但在非物质条件下生产过程发生根本性转变，生产过程不再由资本控制，而是由劳动者自主建构。

非物质条件下生产过程的公共性决定了当下资本主义危机的症结：生产过程的公共性与劳动产品的私人占有之间的矛盾。在非物质生产条件下，资本通过外在于生产过程的形式获取剩余价值；通过收取租金资本将非物质劳动产品私有化，信息、知识、方案等非物质劳动产品具有排他性的专利权和版权。但是，通过私有化方式阻断共有之物的生成，必然降低非物质生产效率，进一步加深资本主义的危机。哈特和奈格里感慨："每一次资本控制非物质劳动和剥削共有之物，都阻碍了生产过程的进行，使得非物质劳动就像残疾人一样步履蹒跚。"① 资本主义生产过程的社会性与资本积累的私人占有本性之间的矛盾在当下非物质生产情境中更加凸显。因此，哈特和奈格里把当代资本主义危机诊断为主体性危机，而不再定性为客体性危机。

（三）帝国取代帝国主义

哈特和奈格里指认，在过去的几十年，旧的殖民主义制度彻底被废弃了，未来将出现一个超全球化的趋势。这种新的全球化进程，是一种全新意义上后民族国家的主权形式，哈特和奈格里将其命名为"帝国"。帝国，正如马克思所生活的自由竞争资本主义一样，既非绝对的善也非绝对的恶，而是一种充满矛盾、冲突和对立的权力模式。帝国作为一种全新的世界秩序，意味着当代资本主义进入一种新的断裂之中，其标志就是诞生了一个超越民族国家的帝国主权。

帝国与帝国主义是近代以来资本主义发展的两个完全不同的阶段，在当代世界秩序之中帝国主义已经走向衰落，而帝国的机器正在以新的权力形式维系着当代世界秩序。新的帝国主权同旧的帝国主义主权发生了根本

---

① Michael Hardt and Antonio Negri, *Commonwealth*, Massachusetts：The Belknap Press of Harvard University Press，2009，p. 149.

性的断裂：帝国主义之间存在的冲突和竞争正在被单一的帝国力量所取代。在此，哈特和奈格里详尽地论述了帝国主权的诞生过程。这一主权谱系学起源于17世纪诞生的欧洲现代主权国家，现代主权国家的诞生与资本主义发展同步，资本主义现代性自诞生之日起就带有内在性与超验性的危机。资本主义现代性释放了个体内在的激情、欲望和冲动，这是一种超验性危机。面对这种超验性危机，现代社会已经不再可能像中世纪那样搬出上帝来化解危机。正是在这个基础之上，以霍布斯为代表的现代政治哲学家，提出借助主权国家的力量控制和化解危机，这是解决资本主义现代性危机的第一套方案。化解资本主义现代性危机的另一套方案是建立起独立的民族国家。由于资本主义迅猛发展，国家主权逐步取代君主主权。主权国家之间存在着一个界线分明的领土边界。但是随着全球化时代的到来，主权国家渐渐走向衰落，取而代之的必然是帝国主权。进入到后现代社会之后，国家主权存在隐退的趋势，在这样一个趋势之下一个统摄全球的帝国主权正在生成，这将是未来世界秩序的主导形式，哈特和奈格里将这样一个历史阶段称为帝国时代。从绝对君主权力到民族国家的现代主权再到后现代的帝国主权，这正是哈特和奈格里理论视域中的主权谱系学。

帝国主权的最重要特征就是空间的开放性，它打破了民族国家之间的内外之分。民族国家之间存在着领土界线和内外之别，但在新的帝国主权中一切都开始变得模糊，后现代的帝国隐去了封闭的民族国家之间的界线，不再存在一个与之对立的外部世界。而所有的这一切都要归功于资本全球化推动的世界市场的形成。世界市场正是冲毁一切民族国家堡垒和障碍的根本性力量。世界市场形成了一个连成一片、统一平滑的内部空间。哈特和奈格里指认，帝国主权诞生于资本主义的经济危机之中，但问题在于资本主义出现的何种危机使得帝国主义转向了帝国。哈特和奈格里将目光转向了资本主义生产方式的转型。

在此哈特和奈格里借助马克思对资本的内在性分析：资本的内在性本性就是创造出一个世界市场。在资本帝国主义阶段，资本扩张最终走向了垄断，"作为资本运行和扩张所必备的竞争相对于垄断的发展必然在帝国主义阶段成比例地衰退。伴随着商业的专营权和保护性关税的出现，以及帝国主义国家和殖民地区的出现，帝国主义正持续显示和加强它的有限的疆界，阻碍或引导着经济、社会和文化的交流"①。帝国主义成为资本主义世界市场形成的一个外在性限制，但是资本的内生性流动本性促使帝国主义向帝国转变。由此可见，帝国主义的扩展和侵略只是资本积累本性的一种外在表现形式而已，当资本布展到全球范围之内，就不再存在任何非资本主义的空间，帝国主义作为服务于资本积累的一个阶段，其历史使命也就走向了终结。对于从帝国主义向帝国的转变，哈特和奈格里同样借助马克思在《资本论》中提出的形式吸纳和实质吸纳进行对比研究。形式吸纳是资本对非资本主义的外部空间的吸纳。实质吸纳则直接瞄准资本本身，不仅将非资本主义空间的全部资源都纳入资本体系之中，而且将资本主义世界本身全部吸纳进来。帝国主义对应的是形式吸纳，帝国依赖的则是实质吸纳，"当资本主义扩张到极限，形式的吸纳的过程便不可能扮演中心角色。劳动在资本之下真正吸纳的过程并不依赖外界，也不会涉及扩张的相同过程"②。

在哈特和奈格里的语境中，帝国主义与帝国有着本质性的区分，前者是现代的，后者是后现代的。在这里哈特和奈格里是这样阐释的："通往帝国之路出现在现代帝国主义的衰落之时。与帝国主义相比，帝国不建立权力中心，不依赖固定的疆界和界限。它是一个无中心、无疆界的统治机器。在其开放的、扩展的边界当中，这一统治机器不断加强对整个全球领域的统合。帝国通过指挥的调节网络管理着混合的身份、富有弹性的等级制和多元的交流。帝国主义的世界地图明显的民族国家色彩，已经被合并、混合在帝国全球的彩虹中。"③哈特和奈格里将帝国视为后现代的主权

①　〔美〕哈特、〔意〕奈格里：《帝国》，杨建国等译，江苏人民出版社，2003，第218页。
②　〔美〕哈特、〔意〕奈格里：《帝国》，杨建国等译，江苏人民出版社，2003，第239页。
③　〔美〕哈特、〔意〕奈格里：《帝国》，杨建国等译，江苏人民出版社，2003，"序言"第2页。

形式，在当代资本主义社会人们生活在一个流动的、多元的、混杂的世界之中。但是需要说明的是，帝国非但没有消除帝国主义的剥削和压迫，反而使整个社会的剥削更加彻底和全面，社会财富的分配比起以往更加的不平衡和不均等。但是这一切并不能抹杀帝国相对于帝国主义统治所具备的历史进步性。

哈特和奈格里肯定了从帝国主义向帝国的历史进步。纵然在讨论帝国的权力时哈特和奈格里主要借助福柯和德勒兹的理论，但是这种理论依据只是形式上相似，真正到了剖析当代资本主义社会的历史形态时他们仍然隐秘地返回到马克思的理论语境当中。在马克思看来，资本主义不但终结了封建社会壁垒森严的等级制度，而且生产出未来共产主义社会的物质基础和革命主体。正如马克思肯定资本主义的历史地位一样，哈特和奈格里同样肯定帝国的历史意义。虽然帝国中资本对诸众的剥削程度要远远超出帝国主义，但是这并不能抹杀帝国的历史作用。帝国不仅产生了激进民主和世界和平的需求，而且生成实现这些目标的物质条件和革命主体。

如果基于帝国优于帝国主义的结论，那么任何激进的革命方式都必须立足于资本主义全球化的历史条件。在评判哈特和奈格里的帝国理论时，齐泽克提出以地方性对抗全球性、福利国家抵抗帝国。事实上这一观点是既无实效也无可能。正如哈特和奈格里的自述，我们应该一劳永逸地终结对世外桃源的追寻，只有立足于帝国这一当代资本主义发展的最新阶段，才能够在全球范围之内寻找解放主体的革命力量。而诸众作为一种革命主体进入到帝国的权力中心，成为主体重塑的革命力量。正是基于此，哈特和奈格里指认，一旦深入现实社会的历史维度就能够觉察到，"在 1917、1949 年的共产主义革命，20 世纪三四十年代的伟大的反法西斯斗争和 20 世纪 60 年代的无数自由的斗争之间，民众公民权的条件产生、传播并得到巩固。20 世纪的革命远未被打败，而是每次都推动和转变了阶级冲突的条件，突出了一种新的政治主体的条件，即反抗帝国权力的反叛的民众。革命运动已经建立起来的节奏是一个新时代的脉搏，时代的一种新式的成熟和巨变"①。

二　劳动形式的转型：从物质劳动到非物质劳动

非物质劳动理论是在以知识经济和第三产业为主要特征的全球背景下提出来的。意大利自治主义马克思主义者在马克思"一般智力"概念启发之下，提出了"非物质劳动"概念。这一概念最先是由意大利哲学家拉扎拉托提出来的，后来经由哈特和奈格里的深入探讨，这个概念变成了当前国际学术界讨论的热门话题。

（一）非物质劳动的概念界定

当代西方发达资本主义国家正在步入普遍智能化时代。哈特和奈格里断言，当代西方发达资本主义工业化进程已经走向了历史的终结，新的资本主义生产方式正在构建，人类社会即将迈入非物质劳动时代。客观地讲，哈特和奈格里著作中关于"非物质劳动"的定义，的确很容易引起误解。英国当代马克思主义者塞耶斯对此表示强烈质疑，主要涉及如下两方面。

第一个质疑，在资本主义生产过程中非物质形式劳动就一定不需要物质形式的劳动吗？正如塞耶斯所言："正如马克思所坚持的，所有的劳动都是有目的地对物质进行某种程度的转变，符号性劳动也不例外——它在纸上做出记号，制造声音，在电脑系统中制造电子脉冲等等。只有在这一层面上，这种活动才会被客观化并且作为劳动而被意识到。在这种程度上，所有的劳动都是物质的。"② 但如果塞耶斯只是停留在这一层面上，其质疑显然是站不住脚的。这是因为，在《诸众》一书中，哈特和奈格里极

---

① 〔美〕哈特、〔意〕奈格里：《帝国》，杨建国等译，江苏人民出版社，2003，第373页。
② 〔英〕塞耶斯：《现代工业社会的劳动》，周嘉昕译，《南京大学学报》（哲学·人文科学·社会科学版）2007年第1期。

其明确地指出，非物质劳动仅仅指劳动产品，"所有非物质劳动中的劳动都保留着物质性——就像所有的劳动一样，它既指涉我们的肉体，也指涉我们的精神。它的非物质性主要针对的是其生产的产品而言"①。基于此，哈特和奈格里补充道："我们也意识到非物质劳动是一个非常模糊的概念。或许可将它命名为'非物质劳动'这样一种新霸权统治形式，也就是说，这种劳动不仅生产物质产品，而且还生产社会关系，甚至在最终意义上还生产社会生活本身。"② 当然考虑到概念的歧义性，哈特和奈格里尝试着使用"生命政治劳动"表征非物质劳动，但最终哈特和奈格里还是放弃了这一想法。哈特和奈格里之所以没有以"生命政治劳动"代替"非物质劳动"，主要原因还在于"非物质劳动"这一概念能够更加准确地表征资本主义生产方式的重大转型。

第二个质疑，如果从非物质劳动可以生产出社会关系这一维度来阐述，物质劳动同样可以生产出一定的社会关系，这又该如何解释？塞耶斯继续发问："就像所有的非物质劳动必须涉及物质活动一样，所有的物质劳动都具有一种非物质的方面，因为它不仅改造了直接作用的物质对象，也改造了社会关系和主体性。在物质和非物质劳动之间并不存在着清晰的差别，诉诸'生态政治活动'的概念也没有任何帮助。同样的观点也适用于：所有生产活动都在某种程度上是'生态政治'的，因为所有的劳动都改变了生产关系和社会活动，所有的劳动最终都可以看作是一种自我实现的形式。"③ 从这一次反驳来看，塞耶斯似乎抓住了哈特和奈格里的理论漏洞。因为一旦承认物质劳动同样可以生产出一定的社会关系及社会生活本身的话，那么哈特和奈格里专门提出"非物质劳动"这一命题就没有任何

① Michael Hardt and Antonio Negri, *Multitude：War and Democracy in the Age of Empire*, London：The Penguin Press, 2004, p.109.

② Michael Hardt and Antonio Negri, *Multitude：War and Democracy in the Age of Empire*, London：The Penguin Press, 2004, p.109.

③ 〔英〕塞耶斯：《现代工业社会的劳动》，周嘉昕译，《南京大学学报》（哲学·人文科学·社会科学版）2007 年第 1 期。

实质性的意义了。

　　哈特和奈格里当然不会轻易地认可塞耶斯的这种显性指责。哈特和奈格里对塞耶斯的两个质疑逐一进行了回应。首先，在哈特和奈格里看来，塞耶斯并没有真正抓住"非物质劳动"的本质性内核。对于哈特和奈格里来说，非物质劳动关系的生产与再生产并不表现为物质财富生产或资本增殖的一种手段，而是指能够生产或者再生产出一个革命主体。哈特和奈格里并不是针对物质生产层面提出生产逻辑，而是从主体重塑层面诠释非物质劳动的革命主体生产逻辑，"我们无法在生产性主体与被生产出的客体的意义上理解这种生产过程。相反，在这里，不管是生产者还是产品都是主体：人们在生产的同时也被生产出来"①。此处需要特别加以说明的是，在哈特和奈格里看来，之所以说非物质劳动能够生产出主体，正是基于非物质劳动条件之下劳动在资本主义生产过程当中又逐步回归主导地位。在资本主义生产过程中劳动者不再完全依靠资本提供生产资料，相反劳动者之间可以直接运用公共性知识和信息等从事非物质劳动生产。因此，非物质劳动过程及其所生产出来的社会关系都是公共性的，即便资本对非物质劳动产品进行占有，这样一种占有也只是一种外在性的占有。

　　其次，塞耶斯从实证主义的角度来阐释当代资本主义劳动并不是非物质劳动，而仍然是典型的物质劳动。英国的经济学家乌苏拉·胡斯就曾对"非物质劳动"这一生产方式提出了严重的质疑："尽管在某些活动领域中出现了非物质化趋势，但是我认为在其他活动中恰恰出现了与之相反的趋势，从长远来看，商品化趋势或者从服务向物质货物转型将仍会是资本主义的主宰趋势。"② 不过，哈特和奈格里并不是从数量层面对非物质劳动的霸权性地位进行阐释。关于这一点，在《诸众》一书中哈特和奈格里有过明确的描述："当我们宣称非物质劳动正在获取霸权性地位的时候，我们

---

① Michael Hardt and Antonio Negri, *Commonwealth*, Massachusetts: The Belknap Press of Harvard University Press, 2009, p. 136.

② 〔英〕胡斯：《高科技无产阶级的形成》，任海龙译，北京大学出版社，2011，第 84 页。

并不是说当今世界的大多数工人主要从事非物质产品的生产。恰恰相反，农业生产仍然保持着数量上的绝对性优势，这种情况已经延续了数个世纪，全球范围内工业劳动的数量也没有任何下降。非物质劳动在全球劳动中仅仅占据其中很小一部分，并且它只是集中在地球上的某些支配性区域。其实我们的观点是，非物质劳动的霸权性地位是就其质的维度而言的，它对劳动的其他形式及社会本身的发展产生了重要影响"①。由此可见，哈特和奈格里的非物质劳动理论是对马克思历史唯物主义的理论重构。这才是哈特和奈格里所说的非物质劳动生产方式占据霸权性地位的真正含义。

哈特和奈格里是比照马克思的语境对工业生产方式进行论述的。在马克思生活的时代工业生产在全球资本主义生产份额当中占据很小的比例，但这并不耽误工业生产方式对其他生产方式产生霸权性影响，比如农业生产领域完全被工业劳动所重构。按照这样一个思路对非物质劳动的霸权性进行解释就容易了，当今世界的劳动范式无疑被信息化、智能化进行了重构。就当代资本主义社会的实际情况而言，传统制造业正在大范围地从发达资本主义国家向不发达国家转移，在发达资本主义国家内部非物质劳动范式，比如金融服务劳动、产品研发劳动等已经占据统治性地位。因此，非物质劳动取得霸权性地位是客观存在的，但哈特和奈格里的最终目的并不在于此。

（二）从物质劳动到非物质劳动的历史演进

非物质劳动实质上就是知识劳动、智能劳动、服务性劳动的统称。哈特和奈格里之所以使用"非物质劳动"这一概念，主要是为了将之与工业生产的物质劳动区分开来。在《诸众》一书中哈特和奈格里偶尔地使用"生命政治劳动"，到了《大同世界》一书中"非物质劳动"已经广泛使

---

① Michael Hardt and Antonio Negri, *Multitude: War and Democracy in the Age of Empire*, London: The Penguin Press, 2004, p. 109.

用。在哈特和奈格里的语境中，"非物质劳动"与"生命政治劳动"实际上指向的是同一个概念，区别只是在于二者的切入视角不同。当然哈特和奈格里还需要对"非物质劳动"占据霸权性统治地位进行实证性说明。在这里他们一共给出了两个实证性的说明。

第一个实证性说明，当代资本主义社会的就业发展趋势。哈特和奈格里指出："在一些占统治地位的国家中，有具体的数据显示，一些职业如食品服务商、计算机工程师、教师及保健工作者等处于快速增长的趋势之中，而非物质劳动对于这些职业来说是至关重要的。与之相关的发展趋势是，一些物质生产形式，比如工业以及农业的生产形式在全球范围内逐渐被转移到次要的位置上去。这样的就业趋势说明了非物质劳动霸权性的出现是与全球范围劳动分工趋势遥相呼应的。"①。学术界对哈特和奈格里的这一观点提出了质疑，现实社会的真实情况是工业生产条件之下物质劳动并没有减少的趋势。应该说学术界对哈特和奈格里的这一质疑是合理的，但是一些学者并没有注意到，哈特和奈格里指认非物质劳动占据霸权性地位时有一个前提性的条件，那就是这种就业趋势只出现在发达资本主义国家之中。

第二个实证性说明，非物质劳动所创造财富的非物质性越发重要。哈特和奈格里专门以专利和版权进行了说明。资本正在通过专利和版权等方式对非物质劳动成果进行私人占有。在哈特和奈格里看来，这是一种非常重要的转变，资本无法控制资本主义的生产过程，资本只能通过其他强制性的手段占据公共性的劳动成果。由此，这里可以得出一个重要的结论：非物质劳动条件之下劳动力不再是由资本进行构建，只能是由资本之外的其他因素进行构建。譬如一个地区的国民受教育水平越高，这一地区的非物质劳动水平就会越高。在哈特和奈格里看来，资本对非物质劳动成果的外在占有方式占据着非常重要的位置，这是因为外在占有方式正体现了资

---

① Michael Hardt and Antonio Negri, *Multitude*：*War and Democracy in the Age of Empire*, London：The Penguin Press, 2004, p. 114.

本剥削方式的转型以及由此带来的解放路径的转型。

在证实了非物质劳动在当代资本主义社会占据霸权性统治地位之后，哈特和奈格里进一步阐明了它与物质劳动之间的不同。与其他学者相比较，哈特和奈格里主要是从主体重塑的维度上审视当代资本主义生产这一新趋势，而不是从社会历史发展的客观必然性角度探讨这一转型。在此，哈特和奈格里分别从两个层次上论述了物质劳动如何一步一步走向非物质劳动。

第一个层次，劳动时间与非劳动时间，抑或说工作时间和生活时间，在非物质劳动条件之下二者之间的界限越来越模糊。在哈特和奈格里看来，资本始终是面向社会生活本身的生产与再生产，只是在物质劳动与非物质劳动条件之下这种生产与再生产的结果是不一样的。在物质劳动条件之下资本把活劳动异化成劳动力，与此同时它们只能生产出资本和商品。之所以如此，哈特和奈格里认为，是因为物质劳动条件之下的活劳动尽管具备马克思语境中的生产力量，但是资本只能生产剩余价值。不过，一旦跨入非物质劳动时代，非物质劳动中蕴含的主体能量便使得资本奴役之下的劳动力概念变得十分苍白。在非物质劳动条件之下劳动者的主体性得到了最大限度的体现，劳动者创造出来的价值永远是资本无法完全控制的，"我们的革新和创造能力远远超出了我们的生产能力，即资本的生产能力。也正是在这个意义上，一方面非物质劳动无法根据某一固定的时间单位进行准确的测算，另一方面它所创造出来的价值总是超出资本所能控制的价值量，因为资本永远不可能征服生活的所有方面"①，这些逃离出资本控制的剩余价值就被劳动者据为己有。

哈特和奈格里所提到的这一点与美国理论批判家克拉里在《24/7：晚期资本主义与睡眠的终结》一书中提出的观点如出一辙。在此书的开篇，克拉里描述了一种无须休息的白冠雀，白冠雀的这一机能引起了生物学家

① Michael Hardt and Antonio Negri, *Multitude：War and Democracy in the Age of Empire*, London：The Penguin Press, 2004, p. 146.

的兴趣，因为受资本委托这些生物学家正在研究消除人体自然机能的睡眠障碍。这项研究一旦取得成功，对于资产阶级国家治理来说将是一个巨大的福音，一方面在企业内部员工可以在排除睡眠的情况之下无休无止地加班，为企业创造利益；另一方面维护国家安全的士兵也可以保持时刻清醒的状态，时刻准备投入战争。对于这种资本主义和国家对人类睡眠的征服计划，克拉里将其命名为 24/7 模式。这也就意味着人们可以处于无眠的状态之下，一天工作 24 小时，一周工作 7 天，以此维系资本主义这台机器永无休止地运转下去。在此，同哈特和奈格里一样，克拉里发现当代资本主义诞生一种新的主体，"24/7 模式的市场与支撑持续工作和消费的全球已经运转多时，然而一种新的主体正在形成，与 24/7 体制更加紧密地结合在了一起"①。克拉里这里的论述已经十分清晰，同哈特和奈格里一致，在非物质劳动条件之下人类所有时间都已经被吸纳至资本主义体系之中。

第二个层次，在非物质劳动条件下，资本对劳动的关系不再是一种外在性关系，劳动不再受到资本的控制。在哈特和奈格里看来，在马克思生活的大机器生产时代，劳动者在资本外在压迫之下进行物质生产，这实质上代表了资本对劳动者的外部统治。哈特和奈格里认为，在非物质劳动条件之下这种外在强制合作关系发生了变化，劳动者直接为资本主义生产过程服务，资本家不再依赖资本来强制地维持这种合作性关系。不过此时哈特和奈格里的语气过于强硬，明显违背一些常识性的认知。直到《大同世界》出版，哈特和奈格里不得不对一些过于不合时宜的观点进行了修正，他们开始承认在非物质劳动条件之下资本为生产过程提供了一些必备的生产工具，至于资本对劳动合作关系的控制他们始终没有承认。"虽然资本有可能限制非物质劳动的劳动者，没收其生产出的产品，但是资本不能对劳动合作关系加以组织和控制。事实上，与其说资本提供了合作关系，还

①　〔美〕克拉里：《24/7：晚期资本主义与睡眠的终结》，许多等译，中信出版社，2015，第 7 页。

不如说资本没收了劳动的成果，这实际上是资本剥削非物质劳动的核心要素。"①

　　在非物质劳动条件下，资本始终游离于生产过程之外。在物质劳动条件下资本实际上控制着整个劳动生产过程，这就不仅表现为资本为劳动过程提供劳动资料、劳动工具，还表现为资本为劳动过程提供劳动力，从而把资本主义生产过程打造成为一个资本的价值增殖过程。但在非物质劳动过程中，资本对劳动过程的影响越来越小，而且"资本与生产性劳动之间的关系已不再是马克思语境中那种控制性关系，因为资本越来越外在于物质生产过程，它在这一过程中的功能性角色越来越不明显。非物质劳动条件下劳动力与其说是存在于资本主义体系中的一个重要因素，还不如说是越来越具有自主性的一种因素，资本此时只能借助具备惩罚功能的政权、具备掠夺功能的国家机器、用于没收财产的机制等手段，像寄生虫似的盘旋在它的周围"②。此时劳动是外在于资本主义控制范围，劳动在非物质生产过程中具备绝对的自主性，相反资本变得缩手缩脚，资本始终受制于非物质劳动，唯有附着于非物质劳动才能够生存下去。正因为如此，在哈特和奈格里看来，在非物质劳动条件之下资本必然是无法控制资本主义生产过程的，而资本主义的危机正是源于这一点。

（三）非物质劳动导致资本主义的新危机

　　尽管哈特和奈格里对物质劳动与非物质劳动进行了区分，但是他们认为同物质劳动一样，非物质劳动条件之下资本主义剥削方式依然存在，同时他们也阐释了资本主义危机的新形式。这也符合哈特和奈格里主体重塑的维度，他们正是想通过揭露新生产方式之下资本剥削的新形式，以此为

---

① Michael Hardt and Antonio Negri, *Commonwealth*, Massachusetts：The Belknap Press of Harvard University Press，2009，p. 140.

② Michael Hardt and Antonio Negri, *Commonwealth*, Massachusetts：The Belknap Press of Harvard University Press，2009，p. 142.

基础建构出一套新的主体理论。

在哈特和奈格里看来，非物质劳动条件下新的剥削方式意味着马克思劳动价值论走向了历史的终结。哈特和奈格里之所以得出这样的结论，主要基于两点考虑。第一点，非物质劳动条件之下产出的劳动产品是无法被具体量化的。由于非物质劳动所生成的产品都是知识、信息和情感等，这些东西显然无法用单位劳动时间加以测量。由此，马克思的劳动价值论在非物质劳动条件下需要进行修正。第二点，非物质劳动的产品已经超出了资本所能控制的范围。在哈特和奈格里看来，非物质劳动生成的价值已经超出资本从中所能榨取的价值，资本永远无法控制非物质劳动的全部。非物质劳动条件下生产的其实并不是产品而是一种虚拟性财富，这种虚拟性财富与物质劳动条件下生产的产品相比具备不受稀缺性法则制约的特点。哈特和奈格里感慨道："工业没有生产剩余物——除了社会活动的产物——而且这就是为什么埋藏于伟大生活中的价值超越于标准之上的原因。如果生产没有完全被社会智力、一般才智同时也没有被情感表达所激活，将不会有剩余物，而情感表达决定着社会关系并统治着社会存在的体现。如今决定价值量的因素有情感、知识交叉的身体、大脑的智力和纯粹的行为能力。"[1]

非物质劳动条件之下剥削可以被理解为马克思的异化劳动理论，而绝不是《资本论》中基于剩余价值的剥削方式。哈特和奈格里指认，物质劳动条件下资本主要购买原材料和劳动力，资本本身具有生产性，在资本的推动之下劳动生产过程得以运行。不过一旦进入非物质劳动领域，资本主义生产过程就将发生重大变化，"让人们重新想起异化的范畴，当然还是跟以下事实相关：资本本身一些跟剥削紧密相连的特征，尤其涉及重新界定资本的生产性角色，现在已经开始衰退"[2]。也就是说，在非物质劳动时

---

[1] 〔美〕哈特、〔意〕奈格里：《帝国》，杨建国等译，江苏人民出版社，2003，第344页。

[2] Michael Hardt and Antonio Negri, *Commonwealth*, Massachusetts：The Belknap Press of Harvard University Press，2009，p.140.

代资本的生产性不再是一个必然出现的结果。在马克思生活的机器大工业时代，只要将资本投入到物质生产过程当中，就一定能够获得一定量的剩余价值。不过到了非物质劳动时代资本的投入与产出不一定成正比，这是因为在非物质生产过程中物的因素不再起决定性的作用，具备创新能力的高素质劳动者在生产过程当中起到关键性的作用。在哈特和奈格里看来，非物质劳动过程中核心的生产性要素不是资本而是具备创造力的人。由此，哈特和奈格里得出了一个基本判断：在非物质劳动条件下资本对劳动产品的拥有只能是一种外在性的占有。"通过非物质劳动的剥削，资本俘获和征用的价值在某种意义上是在外在于它的过程中被生产出来的。这就体现了非物质劳动越来越获得霸权性，经济学家习惯使用'外在性'概念来阐释价值的增加或者减少。"①

非物质劳动不仅仅生产出非物质性劳动产品，更为重要的是生产出新的革命主体。这些革命主体都是有一定的理论诉求的，他们的根本诉求就是寻求主体的解放。也是在这个层面上，可以看出哈特和奈格里语境中非物质劳动剥削方式与马克思的主体解放理论类似，在马克思的早期异化理论中，资本主义生产过程除了生产出异化的劳动产品之外，还生产出具备革命潜能的劳动者。只不过，哈特和奈格里的理论发展轨迹似乎与马克思的理论发展轨迹刚好相反，"在分析非物质劳动时，我们会发现自己被迫从剥削概念转换到异化概念，这与马克思的思想发展轨迹正好相反——当然，我们没有回到他早期的那种人道主义理论当中"②。哈特和奈格里继续指认，非物质劳动条件下剥削不再是局限于工厂中的具体劳动，"剥削和支配的对象已不再是具体的生产性劳动，而是一般性的生产能力，也就是抽象的社会活动和它所具备的包容一切的力量。这种抽象劳动是没有固定

---

① Michael Hardt and Antonio Negri, *Commonwealth*, Massachusetts：The Belknap Press of Harvard University Press，2009，p. 141.

② Michael Hardt and Antonio Negri, *Commonwealth*, Massachusetts：The Belknap Press of Harvard University Press，2009，pp. 139-140.

的处所的活动，但是它非常强大。它是脑和手、灵和肉的无间合作"①。在《帝国》一书中，哈特和奈格里专门描述了非物质劳动条件下这种居无定所的劳动力，"新的劳动力居无定所，然而这是因为他们占据了一切住所。就在这个无边无垠的真空地带中，他们从事着生产、忍受着剥削。帝国就是世界生产的真空地带，劳动在帝国中忍受着剥削"②。

哈特和奈格里指出，既然非物质劳动所指涉的劳动不再是工厂中的雇佣劳动，而是普遍意义上一般人类的创造能力，那么资本对非物质劳动的剥削就不再以单位劳动时间进行衡量，而只能是对自主劳动所创造的共有之物的私人占有。但是，这种共有之物具备逃脱资本控制的可能性，而且在非物质劳动条件之下劳动者之间的联系更加迅速与方便。也正因为如此，资本总是试图控制劳动力，但是在非物质劳动条件下，直接的控制已经变得不可能。这是因为，对于非物质劳动来说，资本的控制反而加重了资本主义的危机，在非物质劳动条件之下劳动者之间通信手段更加先进，但是资本总是试图阻断劳动者之间的交流，"每一条线索都显示了对劳动力的资本主义控制策略，但我们在每个地方都发现这种控制机制与非物质劳动条件下劳动力的生产率是相矛盾的，并且阻止了非物质劳动创造价值，由此加重资本主义的危机"③。在哈特和奈格里看来，非物质劳动所生产的产品已经超出了资本所能控制的范围，资本永远无法完全占有信息、知识、情感等非物质劳动成果，资本之外总是存在着作为剩余之物的共有之物。正是在这些共有之物的剩余中始终存在革命和解放的潜能，即便资产阶级可以通过专利、版权等手段占据非物质劳动产品，但这一行为也只能导致新的革命主体的反抗。在哈特和奈格里看来，正是这些作为剩余之物的存在，导致资本主义的危机不可避免。

---

① 〔美〕哈特、〔意〕奈格里：《帝国》，杨建国等译，江苏人民出版社，2003，第205页。
② 〔美〕哈特、〔意〕奈格里：《帝国》，杨建国等译，江苏人民出版社，2003，第206页。
③ Michael Hardt and Antonio Negri, *Commonwealth*, Massachusetts：The Belknap Press of Harvard University Press，2009，p.144.

　　面对非物质劳动条件下新的革命主体，资产阶级绝不会选择束手就擒。在此哈特和奈格里列举出三种资本控制劳动的策略。第一种策略是通过内外联合阻断非物质劳动过程。就内在策略而言，是以资本私有化切割开公共领域和共有领域。譬如通过公共教育机构私有化压制公共教育机构这一新革命主体的生成基础。就外在策略而言，将割裂开来的共有之物重新纳入金融监管体系之中，以此阻断共有之物的顺畅生产。第二种是在时间上解构劳动者工作的稳定性，以此阻断非物质劳动过程中自主合作的拓展。在哈特和奈格里看来，设置不稳定工作可迫使劳动者从事多种类型的工作，控制非物质劳动生产所必需的自由劳动时间。"非物质劳动的劳动生产率，尤其是内含在非物质劳动中的创造性，需要劳动者拥有管理劳动时间的自由；但是通过设置不稳定工作彻底剥夺了劳动者的自由时间，当劳动者处于一种不稳定的工作状态时，劳动者的时间并不真正由自己支配。"① 第三种是在空间上设置地理和社会障碍阻断劳动者之间的自由流动。当今主要的发达资本主义国家一方面设置各种移民障碍，阻止外国移民的迁入；另一方面在城市与乡村、城市内部进行区隔化管理，切断各个劳动阶层在文化和社会层面融合。

　　生命政治条件下生产过程的公共性决定了当下资本主义危机的症结：生产过程的公共性与劳动产品的私人占有之间的矛盾。在非物质劳动条件下，资本通过外在于生产过程的形式获取剩余价值。通过收取租金的形式，资本将非物质劳动产品私有化，信息、知识、方案等非物质劳动产品具有排他性的专利权和版权。但是，通过私有化方式阻断共有之物的生成，必然降低非物质劳动的效率，进一步加深资本主义社会的内在危机。由此，哈特和奈格里把当代资本主义危机诊断为主体性危机，而不再定性为客体性危机。这便是哈特和奈格里对当代资本主义劳动形式转型的一个基本判断。

---

① Michael Hardt and Antonio Negri, *Commonwealth*, Massachusetts: The Belknap Press of Harvard University Press, 2009, p. 147.

三　革命主体的生成：从诸众到共有者

马克思的政治经济学批判实际上留下一个逻辑上的问题：一旦从政治经济学层面完成对社会关系的革命和改造，是否就意味着自动地进入到共产主义社会之中？事实上马克思对这样一个问题不是没有考虑到，在他的理论建构中他将目标指向了"联合起来的个人"。注意这里的用词，马克思这里所强调的主体并不是资产阶级语境中抽象的个体，而是"联合起来的个人"。哈特和奈格里对马克思"联合起来的个人"进行了主体重构。

（一）诸众①是帝国统治的抽象反抗者

帝国统治时代正在来临，这是哈特和奈格里对当代资本主义发展阶段的最新诊断。在他们看来，资本已经彻底完成了从形式吸纳到实质吸纳的转变，民族国家全面实现了向全球化帝国的过渡。资本的统治形式早已越出民族国家的范围而扩展到全球，它已经展现出一种全新的政治统治格局。资本摧毁了所有地理界线，世界市场创建了一种全新的空间存在状态，在这一状态之中一切都可以自由地流通。资本控制抵达社会生活的最深处与最广处，资本主义市民社会出现了萎缩，帝国正成为当今时代无处不在的统治秩序。帝国实现全球统治的目标，就需要维护世界和平，但是却借助战争或摧毁生命的方式，"战争已经成为一种生命权力的机制，即一种新的统治类型，其目标不仅在于控制人口，而且在于生产社会生命的所有方面"②。

帝国时代真正到来，根源在于非物质劳动的生成。在非物质劳动条件下，资本主义的剥削无论是在广度上还是深度上都有了前所未有的改变。

---

① "诸众"是哈特和奈格里对帝国主权形式下反抗资本控制的主体的统称，是遭受资本宰制的具备创造性的剥削者的普遍联合体。

② Michael Hardt and Antonio Negri, *Multitude: War and Democracy in the Age of Empire*, London: The Penguin Press, 2004, p. 13.

就广度而言，非物质劳动遍及全球范围内所有空间，它成为所有劳动必将采取或者即将采取的形式。就深度而言，非物质劳动取消了劳动时间与休息时间之间的区分，它渗透到所有人的生活当中，资本所要榨取的是所有劳动者的全部劳动。由此，在非物质劳动条件下劳动主体范围就不再局限于工人阶级，所有被资本剥削的人都是哈特和奈格里语境中的革命主体。哈特和奈格里将帝国时代的革命主体命名为"诸众"。诸众主要是吸收了斯宾诺莎和霍布斯关于主体的界定。斯宾诺莎将主体定义为一种无法化约为一的多样性存在。霍布斯将主体理解为一种抵抗政治联合、拒绝统一意见的政治存在，主体具备反政府和反人民的双重抗争性，对利维坦而言主体始终是一个危险的存在。在哈特和奈格里的语境中，诸众是遭受资本宰制且具备创造性的剥削者的普遍联合体。对于诸众，哈特和奈格里从两个侧面进行界定。

第一个侧面，诸众这一概念区别于人民这一政治主体。诸众不同于人民，人民是现代民族国家创建出的一个整体性概念，人民在现代政治语境中是排斥多样性的。以霍布斯为代表的现代政治理论家基于主权逻辑构建出人民概念，而在哈特和奈格里的语境中诸众只是一个边缘性的存在。在现代主权理论中，以超验方式抽离出的多样性个体组合成人民。由此，作为现代民族国家基础的人民是国家统一意志的政治存在。诸众代表了一种不可化约的多样性主体，其政治目标是建构出一个由不同身份组成的多元民主的全球社会。诸众绝对不能等同于现代政治语境中的人民，作为现代主权国家产物的人民只提供统一的意志和主权行动。诸众则完全不同，诸众提供多元的意志和具体的行动。

第二个侧面，诸众与工人阶级也存在巨大的差异。在马克思的语境中，无产阶级与工人阶级是同义概念，在分析劳动概念时马克思较多地使用工人阶级，在讨论阶级划分时马克思更多地使用无产阶级。在此马克思并没有十分明确地区分工人阶级与无产阶级，主要也是因为当时只有工人阶级符合马克思语境中无产阶级的特征。而一旦置换到当代非物质劳动背景之下，哈特和奈格里就不再满意马克思对工人阶级所下的定义，他们指出马克思语境下工人阶级是一个排他性概念，事实上完全没有必要将工人阶级与其他无薪的工人区分开来，甚至不必与养活工人的雇主区分开来。总的来说在哈特和奈格里的理论视域中诸众是一个包容性概念，诸众并不排斥雇佣工人之外的任何其他身份主体的加入，诸众的构成突出了其多样性的特征。

面对当代资本主义生产方式的非物质劳动特征，哈特和奈格里语境中的革命主体必须具备本体论和现实政治规划两个方面的特质才能够推翻帝国的统治。在《诸众》一书中哈特和奈格里进行了充分的论证。从本体论层面上来说，诸众包含着两重维度，即身体潜能本体论和历史本体论。通过确认每一个主体的潜能，身体潜能本体论奠定作为总体的诸众的根基。在这一本体论视域中，每一个诸众都具备无法被他人同化的"奇异性"。反抗任何绝对权威的奇异性维系着自我的身体统治，通过身体潜能本体论可以判断个体是否具备革命主体的潜质。正如哈特和奈格里所言："在整个人类历史当中，人类一直在拒绝权威与命令，表达那种无法被割裂的个体性差异，以及在无数的造反和革命中去寻求自由。"① 之所以如此，那是因为"诸众不是一个服从他人命令的政治肉身，而是一个能够保持自我统治的鲜活个体，他们虽然保持着多样性和内在差异性，但是却能够在行动当中达成共识，因此他们是具备自治行动的政治主体"②。这样在确定了具备身体潜能的本体论之后，诸众就具备个体性与共同性这两个方面的特质。不过对于诸众来说仅仅具备抽象的身体潜能本体论是不够的，其仍然需要被置换到现实的历史空间之中，也就是说诸众需要借助一个具体的经济生产方式作为载体。虽然保持着多样性和内在差异性，但是诸众在具体行动之中共享着同一个共有之物。这一共有之物源于共享非物质生产方

---

① Michael Hardt and Antonio Negri, *Multitude: War and Democracy in the Age of Empire*, London: The Penguin Press, 2004, p. 221.

② Michael Hardt and Antonio Negri, *Multitude: War and Democracy in the Age of Empire*, London: The Penguin Press, 2004, p. 100.

式，此为历史本体论维度。不过，这并不意味着非物质生产方式已经彻底实现了普遍化。非物质生产方式占据霸权性统治地位，并不意味着当今世界大多数工人已经从事非物质产品的生产。恰恰相反，非物质劳动只占全球劳动市场的很小份额，并且它只聚集于发达国家的发达地区。虽然诸众的力量仍然比较弱小，但是非物质生产已然成为诸众生成的历史性根基。诸众需要在内部差异性的基础之上寻找共同点进行交流、联合和行动。诸众既是历史的诸众，也是未有的诸众。之所以说既是"历史的"又是"未有的"，是因为诸众这一主体在过去没有出现过，其是在当代非物质劳动条件下正在生成或者正在显现的现实形象。

哈特和奈格里将非物质劳动条件下诸众的生成解读为生命政治的生产。非物质劳动针对的主要对象是就劳动产品而言的，诸众正是非物质劳动生产出的产品。哈特和奈格里意识到非物质劳动在当代资本主义社会当中力量仍然较小，诸众的形象虽然已经显现但是远未成为普遍化的存在。不过这并不妨碍哈特和奈格里对非物质劳动霸权性地位的断定，诸众这一主体在现实历史中正在显现主体形象，没有生产劳动方式的转型就不可能产生诸众这一主体形象。进入后福特主义时代非物质劳动只是代表了经济生产方式的一般转型而绝不是已在全球生产中占据极高的比重，非物质劳动创造出比以往更多的共同社会关系并能够连接起诸众。

政治层面上，诸众的革命必须具备政治性。所谓的政治性，是说诸众需要一个政治性的规划显现自己。诸众要以一个阶级的面貌出现在当代资本主义社会当中。正如哈特和奈格里所言："诸众是政治性的，它要求一个政治规划，以在正在显现的条件或基础上变为存在。"① 当然在后现代语境下提出"诸众"概念，这一概念本身既不可能是马克思语境中的阶级规定，也不可能基于自由主义经验论层面上的多样性阶级标准，其是以政治性作为调节的马克思本质论与自由主义经验论的综合。具体来说，哈特和

---

① Michael Hardt and Antonio Negri, *Multitude: War and Democracy in the Age of Empire*, London: The Penguin Press, 2004, p. 221.

奈格里对马克思主体解放理论的重构可以从以下两个方面进行归纳和梳理。

第一个方面，阶级斗争的标准。哈特和奈格里"取消"了阶级的经济基础。在他们看来，在劳动与资本相互对立关系中只要拒绝资本的统治，其就是诸众的成员之一。按照这一标准，诸众的范围是极其宽泛的，几乎把所有人都纳入其中。这与马克思语境中阶级划分标准完全不同，哈特和奈格里明确承认了这一点，"时至今日，那个阶级已从我们的视线中彻底消失了。它其实并未消亡，只不过它在资本主义经济中的特殊位置及它在无产阶级构成中的霸权地位已被取代。无产阶级已不再是昔日的旧模样，但这并不意味着它已消亡。这仅仅意味着我们再度面临这一艰巨的任务：把无产阶级作为一个阶级，对它的新构成进行分析、理解。我们理解的无产阶级范畴包括一切受剥削于、受支配于资本主义的人"①。在资本统治全球化背景之下，人们普遍性地处于资本的统治之下，诸众成为遭受资本宰制的穷人联合体。不过哈特和奈格里面临着一个历史性的难题，诸众意味着物质的贫乏，但是贫穷或者富有本身是主观性很强的概念。在现实的社会生活中很难给穷人一个明确的界定，因此，诸众这一概念的现实意义是存疑的。而且作为新无产阶级的诸众囊括了所有遭受资本主义剥削的人，这样就导致所有人都是潜在意义上的诸众，从而制造了另一个资本主义无产阶级化的神话传说。

第二个方面，政治主张的表达。哈特和奈格里指认，"一个阶级理论不仅反映出那一阶级斗争的存在范围，而且为它潜在的未来发展做出了具体说明。在这一点上，阶级理论的任务就是确定潜在的集体斗争的存在条件，并把它们作为一种政治主张表达出来。事实上，阶级是一种构成调度，是一种规划。"② 单从这一点就可以看出，对哈特和奈格里革命主体的

① 〔美〕哈特、〔意〕奈格里：《帝国》，杨建国等译，江苏人民出版社，2003，第58页。
② Michael Hardt and Antonio Negri, *Multitude: War and Democracy in the Age of Empire*, London: The Penguin Press, 2004, pp. 104-105.

诠释不能仅仅是界定主体范围，还需要关注他们对当代资本主义生产方式的认知和了解。从非物质生产方式出发哈特和奈格里探讨诸众革命的政治规划，从工业时代物质生产到后工业时代非物质生产，从非物质生产推演出反抗生命权力的生命政治生产，接下来又通过生命政治生产追溯生成这一生产过程之资本无力控制的"共有之物"。基于此，哈特和奈格里得出在非物质生产这一共有之物之上生成诸众的结论。马克思同样是通过劳动与资本二元对立建构其阶级理论，"一方面，劳动作为对象是绝对的贫穷，另一方面，劳动作为主体，作为活动是财富的一般可能性，这两点决不是矛盾的，更确切些说，在每个方面都互相矛盾的这两点是互为条件的，并且是从劳动的下述本质中产生出来的：一方面，劳动作为资本的对立物，作为与资本对立的存在，被资本当作前提，另一方面，劳动又以资本为前提"①。在此哈特和奈格里将非物质劳动引入劳动分析框架之下，重新链接马克思阶级斗争理论中劳动与资本二元对立逻辑，借此唤醒全球化时代革命的潜能与主体性。

（二）共有者②是帝国统治的现实反抗者

在《帝国》《诸众》等文本中，哈特和奈格里已经提出了广义无产阶级概念，即无产阶级不再仅仅指原来单纯意义上的工人阶级，还包括所有受到资本剥削的人。当然，哈特和奈格里同时强调作为广义无产阶级的诸众，是一个生成性的概念，在不断的运动和生产中形成一个非同质的共同体。但是他们始终未能解决这样一个问题：谈不上任何战斗力的生成性的诸众，究竟凭借什么同高度统一、具备中心、战斗力极强的帝国相抗衡。或许是"诸众"太过于苍白、太过于乏力，到了他们合著的《宣言》一书

---

① 《马克思恩格斯全集》第46卷上册，人民出版社，1979，第253页。
② 国内学界一般将哈特和奈格里在《宣言》中提到的新主体"the commoner"译为"共有者"。"共有者"是相对于"诸众"而言的。"诸众"是一般性、原则性描述，在真实的反抗关系中，"共有者"成为"诸众"的现实显现形式。哈特和奈格里之所以选择以"共有者"替换"诸众"，根本原因在于，作为一个革命主体，"诸众"过于笼统。

中已经找不到诸众的影子，取而代之的则是"共有者"这一全新的概念。不过作为抗争当代资本统治的主体，诸众与共有者之间的关系不是相互取代，共有者是诸众的一种更加具体的表现形式。诸众是一般性、原则性的描述，而共有者则是更加真实的主体形式，共有者是诸众的现实显现形式。

在哈特和奈格里的笔下，非物质劳动不仅生产出共有的非物质劳动产品，而且生产出新的主体性与自主性，由此非物质劳动与生命政治生产是同一个概念。在《帝国》《诸众》等文本中，哈特和奈格里强调非物质劳动对建构诸众这一政治主体的具体作用。但是到了《宣言》中，哈特和奈格里已经意识到仅仅停留在抽象意义上建构主体已经不再能够有效地诠释当代资本主义的新特征，需要将问题的重心转移到主体在新自由主义的社会经济条件下所遭受的奴役及其如何挣脱这种奴役状态上来。从诸众到共有者的转变折射出哈特和奈格里不满意一盘散沙式的革命局面，当代资本主义社会需要创造出一个新的主体，这一新主体是在真正事件中联合起来的共有者。之所以哈特和奈格里存在这样一个重大的转变，根本原因在于他们已经意识到诸众本质上很难逃脱出资本控制的范围。

当代资本主义生产方式已经不再像过去的工业时代那样，如今租金取代利润成为资本获取剩余价值的重要手段。按照传统资本主义生产方式的解读，商品的利润主要产生于资本主义生产过程当中，而租金作为当代资本主义获取剩余价值的途径则是外在于资本主义生产过程的。与此同时，"租金使我们意识到金融资本在当代资本积累的管制中占据着一个核心的位置，它获得和侵占的资本远远超出工业生产时代"①。这就表明，整个世界已经完全陷入金融资本的管控之下和债务的控制网络之中。而为了使租金这一外在于生产过程的剩余价值获取方式成为可能，资本就必须使非物质劳动的产品私有化。当然这种私有化设置必然导致劳动者无法自由联合

---

① Michael Hardt and Antonio Negri, *Commonwealth*, Massachusetts: The Belknap Press of Harvard University Press, 2009, pp. 141-142.

而降低资本主义生产效率，资本主义生产社会性与资本积累的私人占有之间的矛盾在非物质劳动之下必然进一步激化。而要解决资本主义经济这一主体性的危机，共有者就必须从资本主义生产关系中抽离出来去寻求促使生产力进一步提升的共有之物。哈特和奈格里认为，非物质劳动本质上就是共有，非物质劳动生产出共产主义所必备的物质条件和主体基础，"我们从源头上这样定义共产主义：私有是资本主义的，公有是社会主义的，只有共有是共产主义的"①。在哈特和奈格里看来，要使共有者从资本主义的主体性危机中解放出来，未来社会秩序必须被新的革命主体建构出来。

当问题的重点转移到资本全面布展之下阶级斗争的可能性时，使用生命政治生产显然更加符合哈特和奈格里的理论用意。在生命政治生产的语境之下，哈特和奈格里选择"出离"这一阶级斗争的新方式。哈特和奈格里对"出离"这一形式做出过具体的分析："阶级斗争在生命政治语境中只能采取出离的形式。我们这里所说的出离，至少在原初意义上，指的是通过把劳动力的潜在自主性具体化而把它从与资本的关系中抽离出来。由此，出离并不是对非物质劳动的生产率的拒绝，而是对资本强加在这种劳动力的生产能力之上的那些越来越严重的桎梏的拒绝。"② 从表面上审视，哈特和奈格里选择"出离"这一抗争方式并没有特殊之处，似乎仅仅停留于生产关系层面而忽视了生产力层面。事实上，这正是哈特和奈格里理论的特色之处，资本主义的生产关系不仅在客体维度上限制了劳动的发展，而且在主体维度上将活劳动局限于劳动力作为商品的层面之上。当然这也跟哈特和奈格里理论关注的重点有关，他们的主体重塑理论是带有明显的主体性色彩的，这一点也体现在他们选择解读马克思的"机器片段"而不是《资本论》。总而言之，哈特和奈格里的主体重塑理论带有明显主观目的。

---

① Michael Hardt and Antonio Negri, *Commonwealth*, Massachusetts：The Belknap Press of Harvard University Press，2009，p. 273.

② Michael Hardt and Antonio Negri, *Commonwealth*, Massachusetts：The Belknap Press of Harvard University Press，2009，pp. 152-153.

（三）出离是非物质劳动条件下主体反抗的方式

在非物质劳动条件之下，之所以政治主体必须选择出离方式，正是因为主体在新自由主义经济条件下已经发生了转型。哈特和奈格里指出，在新自由主义生产过程中政治主体转型为四种形式：债务人、被媒介化的人、被监控的人、被代表的人。与此同时，在哈特和奈格里看来，对这四种主体形式不可能从历史的辩证过程讨论，而只能从"事件"的角度加以理解。

在当代资本主义社会中政治主体已经完全被资本控制，此时主体已经彻底失去政治行动的能力。在理论层面上，不能再从传统历史过程中寻求理论依据，而只能通过一种理论的假设，寻求主体的提议、欲望和实践。这正是哈特和奈格里语境中"事件"的意义：不是在事件出现之前寻求它的理论依据和理论意义，而是在事件发生之时探寻理论依据和意义。在此，哈特和奈格里专门列举了2011年出现在欧美国家的各式各样的"占领"运动，它清楚地展示了"事件"的具体含义。正在发生的"事件"正是政治主体经历的主体性时刻，这是哈特和奈格里关注的重点，因为它表征着人们正在从个体转向单一者。按照他们的理解，单一者与个体之间存在着本质性的区别，"单一者主体发现如果不与其他单一者联合起来就不可能导致事件的发生，同时如果不进行反抗，即使跟其他单一者组合在了一起，也不可能真正地存在"①。在此，哈特和奈格里列举了主体性危机的四种状态，同时又分别论述解除各种主体性危机的方案。

首先是债务人。哈特和奈格里指认，当代发达资本主义国家正在经历一场重大的转变，由利润主导转向了租金主导。在非物质劳动时代，资本剥削是以一种更加抽象的方式完成。在哈特和奈格里看来，基于债务生成的债权人与债务人之间的等级关系，要比工业生产时代的剥削方式更加隐

---

① Michael Hardt and Antonio Negri, *Declaration*, New York：Argo Navis, 2012, p. 33.

秘与抽象。也就是说，借助虚拟货币进行交易的债权人与债务人，他们之间并不像在传统资本主义生产过程当中那样存在着明显的货物交换关系。这一发展势头已经在发达资本主义国家蔓延开来，譬如在当代欧美发达资本主义国家中绝大多数人与金融机构存在着债务性的关系，这也就意味着大多数人正在遭受着资本的隐秘剥削。也正是由于存在着这种隐秘的剥削关系，当代资本主义社会中大多数人很自然地把这种债务关系当作一种既定的事实加以接受，他们剩下的事情便只有适应自身与这种债务之间的关系了。更可怕的是债务关系将伴随他们日常生活的方方面面。针对当代发达资本主义国家普遍出现的债务性主体危机，哈特和奈格里提出，人们必须反转这种债务支配关系，拒绝成为债务人。当然拒绝成为债务人，并非因为人们无法支配这种债务关系，而是因为人们需要在社会关系中注入全新的内容，这种全新的社会关系只能是由社会关系本身建构起来的。在哈特和奈格里看来，债务人唯有选择出离而不是在历史辩证运动中打转，才有可能成为新的政治主体。至于如何判断这一主体性时刻，哈特和奈格里指认，一旦极端经济危机降临，其必将调动起那些陷入绝望状态的劳动者，他们必将向现有社会关系注入全新的内容，真正的政治主体就此被唤醒。

其次是被媒介化的人。哈特和奈格里指认，当代社会生活中无聊信息太多，已经达到扼杀人们建构真正有用信息的能力的地步，因为对于探求自由的人们来说，他们所急需的"并不是信息、交流、表达的无限数量，而是质量"[①]。在此，哈特和奈格里指认，人们在不经意间接收到的无聊信息，恰恰是抑制有用信息建构的真正力量。正是这些过度媒介化的"死信息"不间断地使行动主体碎片化，不断地扼杀其创造"活信息"的能力，因此，主体通过现有信息的传播支撑其政治行动显然是不太现实。哈特和奈格里提出的建议便是从这种铺天盖地的"死信息"中抽离出来，远离媒

---

① Michael Hardt and Antonio Negri, *Declaration*, New York: Argo Navis, 2012, p. 15.

介，再通过政治情感这一中介创造出具备政治行动能力的主体。劳动者必须拒绝被媒介化，这种拒绝不仅表现为远离媒介，更为重要的是要建构一种全新的交往方式。"打破符咒，发现一种新的交往方式！这不仅是因为或者甚至可以说主要的原因是我们需要不一样的技术或者信息。我们需要发现真理，但与此同时，可以说更重要的是我们需要创造新的真理，而它只能是有处于真正的交往网络和共有关系之中的单一者来创造。"① 在此，哈特和奈格里特别指出，在占领广场运动中展现出的营地生活就是一种典型的真正交往形式。在安营扎寨的过程中，一种自主学习的经历正在发生，真正的知识生产也就由此产生。只有在这种自主学习的过程中，一种全新的交往方式才能够被建构起来，一种新的真理才会被生产出来。在哈特和奈格里看来，2011 年"占领华尔街"运动中展现出的营地生活正是这样一种新的交往方式，在这种新的交往方式中政治主体才被真正地建构出来。

再次是被监控的人。哈特和奈格里指认，现代资本主义社会中劳动者始终处于他人的监控之下，同时又监管着其他劳动者。所有劳动者一直处于被他者及统治权力监控的双重恐惧之中。在哈特和奈格里看来，一个真正意义上的革命主体，唯有选择逃离才能挣脱被监控的命运。逃离的前提性条件是充分认识到自身具备的能力。权力之所以强大，正是因为建立在承认的基础之上；正因为人们对权力的内在恐惧，权力才能够发挥压制的作用。不服从、拒绝、逃离等是摆脱奴役状态最有效的武器。逃离的关键在于被监控者坚信自己的能力，他们聚集在一起共同抵抗权力之网。这也就是哈特和奈格里一直强调的，真正的主体应该是在主体维度上认识到自己具备革命行动能力，而不是在客体维度上砸毁监狱这一具体执行监控指令的场所。

最后也即落脚点是被代表的人。哈特和奈格里指认，只有债务人、被

---

① Michael Hardt and Antonio Negri, *Declaration*, New York：Argo Navis, 2012, p. 37.

媒介化的人、被监控的人才会承认被代表的人的身份，真正的革命行动的参与者不会承认自己是被代表的。被代表在主体维度上是犬儒主义的集中体现。哈特和奈格里指认，在当代资本主义社会中，真正意义上的革命行动已经不再能够看得见了。在现代资本主义代议制民主制度中，表面上被代表的人能够参与其中，实质上他们已经被媒介进行了阉割，缺失了基本的判断能力。当然，出现这种状况，根源并不在于代议制的运行过程，代议制机制本身就是存在问题的，代议制将人民与权力、控制者与被控制者隔离开来。被代表的人先天无法获得革命行动的能力。被代表的人只能借助出离的方式达成蜕变的目的。哈特和奈格里指出，进入新世纪之后各式各样的"占领"运动正是这种出离方式的说明，由此，出离绝不是纯粹想象性的东西，而是人们身边正在发生的真实事件。在哈特和奈格里看来，"当金融债务关系被转变成真正的社会关联时，当单一者在生产过程中真正地起作用时，当安全的欲望不再与恐惧联系在一起，也就是说，当上述三种主体形式发生根本意义上改变时，具备政治行动能力的主体也就会开始出现"①。当然，这里有一点需要注意：非物质劳动只提供了革命主体生成的可能性，拒绝、出离、抵抗等社会运动也不一定能够实现推翻资本统治的目的。但问题的关键在于，不能因此而放弃社会运动，这才是哈特和奈格里语境中"事件"的本真含义，不能等到"事件"已经具备清晰且充分的逻辑必然性时，被代表的人才开始采取具体行动。哈特和奈格里专门分析了这四种可能具备行动能力的主体形式。哈特和奈格里将"他们"统称为诸众或者共有者。诸众是一般性、原则性描述，在真实的反抗关系中，共有者成为诸众的现实显现形式。在《宣言》中，哈特和奈格里除了继续阐明广义无产阶级概念，更为重要的是，指明无产阶级被剥削的具体内容。他们指出，当下无产阶级正在经历普遍性贫困，这种贫困不再仅仅指不断下降的工资收入以及个人和集体生活所需要的物质资源的匮乏，更

---

① Michael Hardt and Antonio Negri, *Declaration*, New York：Argo Navis, 2012, p. 44.

为重要的是指作为人类，其基本能力尤其是政治行动的能力遭受严重剥夺。资产阶级为了维持其统治地位，为了使诸众服从支配，也必然有意识地运用各种手段去剥夺诸众的独立行动能力，使诸众陷入被支配的主体形式之中。在哈特和奈格里看来，在新自由主义经济过程中政治主体已经发生转型，诸众无力从现实资本关系中挣脱出来，共有者可以通过出离方式从资本关系中抽离出来。

纵观从《帝国》到《宣言》的学术历程，哈特和奈格里对于阶级斗争或者革命理论的论证越来越走向或然性。在《诸众》中，哈特和奈格里仅仅指出，在非物质劳动条件之下资本总是想出各种办法阻止诸众主体的形成。到了《宣言》一书中哈特和奈格里列举当代资本主义社会中的四种主体性危机，但深陷资本控制的主体不一定能够颠覆资产阶级的统治权力。紧接着哈特和奈格里认为，作为主体的人们并不能够确定颠覆统治权力的"事件"何时发生，人们需要做的仅仅是为一个不确定何时出现的"事件"做准备。从表面上看，哈特和奈格里的论证思路似乎是没有问题，倘若没有某种"事件"发生，陷入危机中的主体注定无法挣脱资本控制的泥潭。但是，一旦仔细研究就会发现，哈特和奈格里的论证思路实在是太过于主体化了。客观地说，一旦立足于现实社会客观矛盾的视角重新审视这一问题，那将是另外一番景象，这正是马克思在《资本论》中集中阐释的主题。

第四章 哈特和奈格里对马克思主体解放理论的时代拓展

21 世纪的哈特和奈格里对话 19 世纪的马克思，结合当代资本主义生产方式的最新特征，哈特和奈格里拓展了马克思主体解放理论的时代维度。其具体体现在三个方面：一是增加了马克思政治经济学批判的治理维度；二是揭示了马克思主体解放理论的非物质劳动领域；三是重新界定了马克思主体解放的具体范围。

一 对马克思政治经济学新内涵的挖掘

在《视差之见》中，齐泽克对辩证唯物主义进行了一种新的诠释："视差分裂提供了我们能够辨识辩证法的颠覆性内核的关键。对于辩证唯物主义哲学而言，把视差分裂真正理论化，是必不可少的第一步"[①]。齐泽克的意思是，之所以需要以辩证法对当代资本主义进行审视，是因为透过单一的视角不可能完整地审视当代资本主义社会。为了更加完整真实地了解整个当代资本主义社会，我们必须采用视差之见重新审视单一视角之下无法辨识的层面。切换一个视角审视当代资本主义社会，我们将会获得关于主体重塑的不同建构路径，将生命政治学批判维度切入对当代资本主义

[①] 〔斯洛文尼亚〕齐泽克：《视差之见》，季广茂译，浙江大学出版社，2014，第3~4页。

社会的批判之中。

（一）政治经济学的谱系学考察

对政治学与经济学之间关系的讨论可以追溯至古希腊时期。古希腊时期经济学并不是现代意义上的经济学而是家政学，当时家政学则是隶属于政治学范畴。古希腊哲学家将家政学的核心定性为打理，其首要目的不是通过管理增加家庭财富或收入，而是将家庭打理得井井有条。色诺芬对家政学有过这样的阐释："把一个人的家庭用具安放整齐的好处，以及在家中寻找安放每类用具的适当地方是多么容易，我已经说过。各种各样的靴子一排一排地排放着，那该是多么好看啊！各种各样的斗篷、毯子、铜器或餐具都分门别类地安放着，那该是多么好看啊！的确，当我说连盆盆罐罐排列整齐都很美观的时候，无论这种说法怎样使聪明人发笑，任何严肃认真的人是不会发笑的。简单地说，无论什么东西，只要安放整齐，都能有一种美。因为每组东西都像一队用具，而且如果每组东西都排列得界限分明，各组之间的间隙也是很好看的，正像祭坛周围的一队舞蹈家，他们本身很好看，而且连空档也显得很好看，显得整整齐齐，毫无阻碍。"[1] 这就是古希腊哲学对政治经济学的定义，其从家政学管理中引申出治理的含义。

将家庭打理得井井有条才是家政学的核心要义。在这方面马克思对古希腊的家政学有一段专门的描述，而且更为重要的是这一描述直接关联到马克思的政治经济学批判维度。"亚里士多德拿经济同货殖作对比。他从经济出发。经济作为一种谋生术，只限于取得生活所必要的并且对家庭或国家有用的物品。'真正的财富就是由这样的使用价值构成的：因为满足优裕生活所必需的这类财产的量不是无限的。但是还有另一种谋生术，把它叫作货殖是很适当、很贴切的。由于货殖，财富和财产的界限看来就不

---

[1] 〔古希腊〕色诺芬：《经济论，雅典的收入》，张伯健等译，商务印书馆，1961，第30页。

存在了。商品交易……按其性质来说不属于货殖范围，因为在这里，交换只限于他们自己（买者和卖者）需要的物品。'"① 马克思的这段论述表明，在亚里士多德的语境中作为政治经济学雏形的家政学的全部意义并不在于财富的增加而是在于家庭井然有序。这也就阐明了亚里士多德从家政学过渡到政治学的理论基础。在亚里士多德看来，通过立法将家庭人口转变成城邦公民，这是一个将人从家庭纽带中抽离出来的过程，从而塑造出在法律面前相互平等、追求幸福生活的自由个体。在亚里士多德这里，虽然在时间序列上家庭优先于城邦，但是在逻辑序列上城邦对家庭却占据统摄地位。正如亚里士多德的论述："我们见到每一个城邦各是某一种类的社会共同体，一切社会共同体的建立，其目的总是为了完成某些善业——所有人类的每一种行为，在他们自己看来，其本意总是在求取某一善果。既然一切社会共同体都以善业为目的，那么我们也可以说社会共同体中最高而包含最广的一种，它所求的善业也一定是最高而最广的：这个至高而广涵的社会共同体就是所谓'城邦'，即政治共同体。"② 在这里，亚里士多德设定的是，政治学致力于建构一种公共的善的城邦政治，而牵扯经济学因素的家政学仅仅是家庭管理范畴，并不代表现代意义上的经济行为，家政学只是从属于城邦政治。

作为带有治理性特征的家政学概念，其在现代社会中逐渐具有经济学意义。进入现代资本主义社会，即便在资本主义社会早期经济学始终带有一种神秘意义上支配世俗世界的色彩，即便执行治理世俗世界之责的上帝已经趋于隐退，但是在早期的理论家那里仍然能够发现这层含义。比如法国近代哲学家马勒布朗士就曾言："上帝知道万物不能扰乱他的方式的简洁性。永恒存在者必须总是维持统一的行为。一般动因不能通过特殊的意志起作用。上帝的治理必须带有他属性的标记，除非永恒和必然的秩序不让他去改变，因为，相对于上帝，秩序就是不可践踏的律法，他不可逆转

---

① 《马克思恩格斯全集》第 44 卷，人民出版社，2001，第 178 页。
② 〔古希腊〕亚里士多德：《政治学》，吴寿彭译，商务印书馆，1965，第 3 页。

地深爱着秩序，总是将之完美化为专断的规律，而通过这些规律来实现他的设计。"① 这种隐性支配秩序的规律被现代经济学派继承，最早也最全面地承袭这一基本理念的是法国的重农学派。

治理性家政学如何才能从经济学与政治学的混沌一体之中挣脱出来，这成为中世纪之后理论家思考的重要问题。最先思考支配世俗世界背后规律的是重农学派，以魁奈为代表。魁奈认为："人不可能看透最高存在物对宇宙构造的设计；他们不可能将自己提升至最高存在位置。但是，一旦细心考察事物的规则，我们就会意识到生理损伤的原因与善的原因在本质上是一致的。"② 而斯密理论中"看不见的手"正是对魁奈学说的进一步发展。在《国民财富的性质和原因的研究》第四篇第二章当中斯密详细地阐述了这只"看不见的手"：整个资本主义社会一切都是按照某种规律进行运转，就像上帝站在人类社会背后安排着整个世俗世界的一切事务，资本主义市场"像在其他许多场合一样，他受到一只看不见的手的指导，去尽力达到一个并非他本意想要达到的目的"③，而且这只"看不见的手"安排的世俗世界运转有序，其效果甚至超出了任何其他人为干预所能带来的社会效益。

在现代资本主义社会中，虽然上帝已经从世俗世界中隐退，但这并不代表上帝表征的治理原则的消失。古典政治经济学很大程度上具有安济神学色彩。在斯密看来，当大地主阶层仍然关注土地、地租以及银行等在经济层面的作用时，真正财富的来源已经转移到劳动的层面。这意味着斯密建构起以劳动为核心的古典政治经济学框架。在以土地为核心的时代，一个国家最重要的政治任务是尽可能多地占领更多的领土。而到了以劳动为

---

① 转引自蓝江《生产与治理：作为政治经济学视差的生命政治学》，《南京社会科学》2017年第7期。
② 转引自蓝江《生产与治理：作为政治经济学视差的生命政治学》，《南京社会科学》2017年第7期。
③ 〔英〕斯密：《国民财富的性质和原因的研究》下卷，郭大力等译，商务印书馆，1974，第27页。

中心的时代，对于一个国家的统治者来说，增加劳动人口的数量是维持一个国家政治经济实力的重要指标。因此在这个意义上，与其说斯密在政治经济学领域发起了一场革命，不如说斯密表面上披着经济学的外衣实际上发动了一场政治革命。在斯密之后，衡量国家实力的标准不再是领土面积，人口成为衡量一个国家综合实力的重要指标。这是斯密政治经济学的核心要义所在，也是在这个意义上，经济学与政治学第一次实现了联姻。

对政治学与经济学之间关系的讨论贯穿于整个西方思想史。人类进入到现代政治社会之后，虽然治理世俗世界的上帝已经逐渐隐退，但是这种隐性治理原则被现代经济学派继承。正是通过继承重农学派的基本立场，斯密提出"看不见的手"理论，他认为在世俗世界之中存在着一只看不见的手，这只手能够指引劳动者创造超出自身利益的额外社会价值。不过，斯密也并非全盘接受了重农学派的观点，比如在斯密的古典政治经济学体系之中占据主导位置的就已经不再是重农学派极为看重的土地资源而是劳动。从以土地为核心到以劳动为重心，可以说这是斯密对重农学派的革命性颠覆，从这个意义上可以说斯密是披着经济的外衣发动了一场政治革命。在此之后，资本主义就进入以劳动为中心的历史时代，资产阶级的重要任务就变成如何尽可能地增加劳动人口的数量。也是在这个意义上，人口开始登上现代政治的舞台。从此，人口就成为衡量一个国家综合实力的重要标尺，成为串联经济学与政治学的关键因素。

（二）治理成为政治经济学的重要维度

在斯密之后，政治实力不再以土地为基础，劳动被视为现代政治经济学的核心。在斯密的语境中经济和政治实现了真正的联姻，现代意义上的政治经济学正式亮相。不过庸俗经济学家总是尝试采用各种手段，将政治经济学还原为纯粹意义上的经济科学，他们更愿意做的工作是阉割掉政治经济学的政治尾巴，让这门科学看起来更像是一门只谈论物质财富的自然科学。这也正是马克思所着力批判的。马克思尝试着让政治经济学摆脱纯科学的假象，而回到其政治的根源之处。马克思显然不会认同斯密提出的抽象意义上的劳动概念，他认为若想真正地揭开资产阶级政治经济学的神秘面纱，还需要揭示抽象劳动掩盖之下具体的社会关系存在。资本主义生产过程中最真实的关系就是建立在资本基础之上的生产关系架构。于是马克思政治经济学批判的首要任务，就是摧毁束缚着劳动者的资本主义生产关系。

马克思和福柯分别将斯密语境中的劳动和人口向前推进了一步。在马克思看来，抽象的劳动概念和人口概念之下实质上隐藏着更为具体的资本主义生产关系。在此马克思对斯密人口概念的反驳是基于现实的人和生产关系视角，在资本主义生产过程中工人与资本家构成一种现实的生产关系，但是不能对处于不同地位的人进行同质性还原。与马克思不同，福柯意识到，不仅马克思批判框架下倒置的资本主义生产关系是现代资本主义社会的产物，个体化的个人连同他的整个身体都是现代资本主义社会的产物。正是在这个意义上，以人口治理为中心，通过生命科学方式介入人口治理成为福柯理论关注的焦点。

人口因素作为一种间接控制因素登上新自由主义治理技术的历史舞台。生命权力是将具体的人转换成整体的人口进行治理。福柯指出，重农主义社会出现一个从来没有出现过的研究对象，"他就是人口（population）。关于这一点，我现在想要好好讲讲。当然，人口作为一个问题出现，这不是第一次，不仅仅在普通政治思想中，而且在政府治理的具体技艺和程序中，他已经出现过。追溯源头，'population'这个词在很古老的文本中就已经出现，我们可以看到，人口的问题从很早开始就一直都有人提出，但都是以否定的方式提出的"①。当然，福柯语境中的人口概念并不是统计学意义上的人口学，而是一种同生命权力直接相关的治理因素。生命权力是对人口自然状态的间接控制。资本主义进入重农主义时代

---

① 〔法〕福柯：《安全、领土与人口》，钱翰等译，上海人民出版社，2010，第54页。

后，人口不再被视为领土之上人数的总和，而是被视为一系列可变要素控制之下生成的一种自然现象。此时人口处于一种自然的状态之中，可通过改变其他相关的要素来间接影响人口。在此福柯提醒，通过人口进行社会治理，肯定不是表面意义上那种直接控制人口因素，而是对控制人口的相关因素进行间接治理。福柯还专门阐释了生命权力如何间接影响人口相关因素，精细地演示了生命权力如何借助人口的相关因素发挥作用。通过对人口的相关因素进行推演分析，福柯发现"这样一种新的技术逐渐成形了：不再是使臣民对统治者的意志的服从，而是控制一些看上去与人口不相干的事物，通过计算、分析和观察思考，人们知道控制这些事物可以实际上对人口施加影响。我认为，人口的这个可以渗透的自然性，使得权力的合理性组织的方法上发生了重大转变"①。让人口在一种间接控制的变数中自然发挥作用，这正是福柯语境中基于人口自然性而运作的生命权力。

马克思的政治经济学可以从宏观层面上批判资本主义社会的各种生产关系，但未直接驳斥资本主义生产关系之下隐藏着的抽象的个人主体。这一点被福柯所发现，其尝试着从生命政治的维度进行批判。在《安全、领土与人口》一书中，福柯明确地指出，个体化的人本身也是资本主义现代社会的产物之一。与马克思重视斯密经济学理论中蕴含政治革命一样，福柯同样注意到斯密经济学理论背后的政治意义。具体而言就斯密的人口理论，福柯谈道："政治经济学为自己设定的目标是什么？它把国家的财富视为自己的目标。它把人口和生计之同时的、相应的和适当一致的增长作为目标"②。在马克思的理论框架中，斯密语境中抽象的人口概念被诠释为现实社会之中人与人之间的具体关系。也就是说，马克思拒绝从抽象概念层面对人口进行同质性还原。而在福柯的理论视角之下，人口的切入视角已经不再是马克思语境中现实社会生活层面，而是国家治理层面，人口成

---

① 〔法〕福柯：《安全、领土与人口》，钱翰等译，上海人民出版社，2010，第 58 页。
② 〔法〕福柯：《生命政治的诞生》，莫伟民等译，上海人民出版社，2011，第 11 页。

为衡量国家综合实力的标准。以人口治理作为切入口，福柯将以生命科学和医学方式介入政治理论的新型政治方式称为生命政治。具体来说，福柯从人口数量和人口质量这两个维度进行了阐释。

第一个维度，就人口数量而言，一个国家要想长远持续发展首先需要一定数量的人口。在这里，福柯列举了一个例子，指出可通过医学知识规制青少年的性生活，帮助他们养成良好的性习惯，以利于人口的健康发展。福柯特地指出："儿童的性意识化是通过以种族的健康为宗旨的运动进行的，从 17 世纪到 19 世纪末，早熟的性意识一直被视为一种流行病的威胁，它不仅会影响未来成年人的健康，而且也威胁着社会和全人类的未来。"① 第二个维度，就人口质量而言，国家需要确保整体人口健康、心智健全。对精神病人进行隔离被视为现代国家治理的最初手段之一。这种层面上的国家治理行为被福柯称为规训权力。规训权力将整体的人口一分为二。一部分是对整体人口安全造成威胁的人，比如被监狱、精神病院等隔离开来的人。为了整体人口健康，必须剥夺少部分人的基本权利，但是他们又是整体人口的一部分。这就出现了一种以"排斥在外"方式被重新纳入整体人口的少部分人。福柯将他们称为赤裸生命。另一部分指的是处于安全体制之内的正常人。在生命政治体制之下即使接受规训的正常人也随时可能沦为赤裸生命，所有正常人也都时刻处于一种不安全状态。为了避免沦为赤裸生命，人们从出生的那一刻起就开始了生命和身体的生产。

（三）抽象个体的生命政治学批判

马克思宏观层面上的政治经济学批判与福柯个体层面上的生命政治学批判构成了当代资本主义社会批判的一体两面。立足于资本主义社会生产关系层面的批判，马克思揭示出资本主义抽象经济关系掩盖着的政治底色。福柯则是要揭露出，个体化身体本身同样是资本主义生产的产品之

---

① 〔法〕福柯：《福柯集》，杜小真编选，上海远东出版社，1998，第 379 页。

一。由此可见，政治经济学批判指向的是宏观意义上资本主义生产关系；生命政治学批判则直接指向资本主义社会所预设的抽象个体理论。

作为现代国家治理体系基础的个体的建构，主要体现在两个具体方面。第一个方面指称的是个人的身体，个人被描述为有欲望的身体。人的本性是追求个人的利益，这在很大程度上是人类共同的特征。从社会契约论中也可以看出，人们为了保障个人生命和财产安全，将个人权利移交一部分给国家，从而建构出国家公共权力体系。从中可以看出，人类欲望可以产出额外的集体利益。福柯得出了同样的结论："欲望是这样的：如果人们任其发挥作用，或者说，只要在一定的限制中任其发挥作用，由于一些关系和联系，它将从整体上生产出人口的全体利益。欲望是寻求对于个人的利益。个人完全可能在其欲望问题上犯错误而损失其利益，但是有一点是不会犯错的，就是自发的活动，或者说，至少是欲望的既是自发又受到调节的活动，实际上将使有利于全体人口的生产变成可能。"[1] 福柯在人口概念中重提自然性欲望，使欲望再次成为权力追逐的对象，这也意味着现代社会权力对人的自然性的再认识。由此，对整体的欲望进行生产和调控，意味着自然性重新回归政治权力的内部，这是一次具有重大意义的调整。福柯认为："集体利益的生产通过欲望的运作来完成：正是在这里，它标明了人口的自然性和人们用来对它进行人为治理的可能的方法。"[2] 在此，福柯指认，功利主义哲学的全部基础正是人口自然性，这种治理术与集体利益产生内在性的关联，并且刺激和肯定这种内在性关系。

第二个方面，在现代政治学层面，个人被表述为具备神圣不可侵犯的自由权利的个体。现代自由主义制度正是建立在肯定个体自由权利的基础之上。只有从生命政治维度进行批判，我们才能够真正驳倒现代自由主义的政治哲学基础。当代资本主义发展到新自由主义阶段，现代经济学假设了自私自利的"经济人"，但是在实际的市场经济活动中，"经济人"实质

---

[1] 〔法〕福柯：《安全、领土与人口》，钱翰等译，上海人民出版社，2010，第 59 页。
[2] 〔法〕福柯：《安全、领土与人口》，钱翰等译，上海人民出版社，2010，第 59 页。

上处于一种双重不自由与双重不确定的真实境况之中，"诸多偶然不由自主地降临它身上，以及自己并未寻求，它却不由自主地为其他人产生出收益。它同样处于双重不明确中，因为一方面，其利益所依赖的那些偶然属于一个我们既不能贯穿也不能总计的领域，另一方面，通过产生自己的收益而给其他人带来的收益，对它来说同样也是一种未明确，一种无法总计的不明确。因此，它处于双重的不自主、双重的未明确、双重的无法总计中"①。

　　福柯是站在历史本体论角度审视生命政治的，而要理解生命政治就需要返回其生成的一般历史环境。资本主义市场生成一套针对个人主体的治理技术，而这一治理技术对应的便是资本主义市民社会。福柯认为，市民社会是资产阶级治理技术学概念，"治理技术学的合理措施应该以法律的方式与一种生产和交换过程意义上的经济相挂钩。治理术的法学结构与经济学结构相挂钩：这是市民社会的问题，而且我认为，市民社会，以及后来人们称其为社会，18世纪末期人们称其为国民，所有这些使得治理实践、治理技艺以及对该治理技艺的反思，使治理技术获得一种自我限制，这种自我限制既不违背经济规律也不违背权利原则，既满足治理的普遍性要求也满足治理无所不在的必要性"②。单从这一点即可看出，此时福柯的思路正是马克思政治经济学批判理论在现代资本主义社会的延续。在福柯看来，市民社会正是资产阶级治理技术的实现方式，此时出现了"一种管理市民社会、管理国民、管理社会、管理社会事物的治理"③。由此反讽的一幕出现，资本主义治理的全面实现恰恰以一整套干预式治理技术的引进为前提条件，作为自由生成排斥性前提之一的人为干预式的控制技术，反倒成为自由生成的原生动力。或许这正是为了确保资产阶级治理技术的合法性权威。就此福柯非常有预见性地指出资本主义的真正危机，认为全面

---

① 〔法〕福柯：《生命政治的诞生》，莫伟民等译，上海人民出版社，2011，第245~246页。
② 〔法〕福柯：《生命政治的诞生》，莫伟民等译，上海人民出版社，2011，第262页。
③ 〔法〕福柯：《生命政治的诞生》，莫伟民等译，上海人民出版社，2011，第262页。

干预式的治理技术反倒成了资本主义危机的真正根源。不过这里需要补充说明的是，纵使福柯在微观层面甄别出资本主义的危机，但是从整体上来说，个人主体从生命政治的权力布展中抽离出来仍是极其困难的。对此福柯秉持一种悲观的态度。这是因为在福柯看来，生命政治的权力布展是一种生产性力量。所有与生命权力相对抗的个人主体，必然同时分享着共同的权力，每个个体既是生命权力的受压迫者，又是生命权力的隐性同谋。由此，从整体上来看，立足后结构主义基本立场的福柯对个体挣脱生命权力的布展秉持悲观态度。到了晚年，福柯开始进行理论的反思和反叛，尝试逃离后结构主义框定的范围，提出了以"自我技术"对抗资本主义生命权力的统治技术。当然整体来说，福柯晚年的尝试并不能说是成功的，所谓的"自我技术"只是囿于个体自身的圈圈打转而已。

审视当代资本主义社会关系是存在着视差之见的。在政治经济学批判的宏观视角下，人们本质上隶属于一定的社会关系和生产关系，而这种生产关系是以抽象关系代替具体实际关系。而转换到治理范式之下，个人在生命层面被塑造成为具备自我意识、自由权利的单独个体。如此，综合政治经济学批判与生命政治学批判的双重视角，若想超越当代资本主义社会的统治范围，就必须在生产范式层面摆脱束缚人们的资本主义生产关系，同时需要使之从抽象的非物质劳动之中抽离出来。哈特和奈格里借用了福柯生命政治理论。在哈特和奈格里看来，只有将生命政治学批判理论置于马克思政治经济学批判理论之中，才能够实现政治经济学批判的彻底性。这是因为在哈特和奈格里看来，即便成功地完成了社会关系的改造，如若不能对非物质劳动生产出来的个体进行批判和革命的话，宏观意义上的社会关系改造的成果也会付诸东流。

正是基于主体重塑这一维度阐发马克思政治经济学批判理论，哈特和奈格里尝试着在非物质劳动基础之上重构劳动概念和劳动价值概念，以生命政治学批判维度重新审视当代资本主义新的劳动形式。在哈特和奈格里看来，帝国是资本之间相互博弈的结果，非物质劳动方式使得资本流通变得更加通畅，资本已经越出了民族国家的界限。哈特和奈格里认为，非物质劳动孕育出新的资本主义剥削形式，使得资本剥削的范围超出物质生产的过程，并且已经渗透到人的整个生命历程中。在他们看来，也正是这种非物质劳动过程意外地将分裂的个体联合成一个具体的主体，而这个主体足以承担起颠覆帝国的使命。由此可见，哈特和奈格里认为，生命政治学批判与政治经济学批判是批判资本主义的一体两面，而且生命政治学批判是不可或缺的一个维度。

二　对马克思主体解放新路径的探索

在哈特和奈格里看来，随着非物质劳动方式占据主导性统治地位，它必然改变整个资本主义生产格局。非物质劳动过程中已经出现更深层次互动合作的内在需要，而这些自发生成的内在性合作方式正是共产主义新秩序形成的重要前提。

（一）非物质劳动的历史唯物主义重构

生产方式是整个人类生存和发展的基础。作为当代西方左翼的重要成员，哈特和奈格里一直坚持历史唯物主义的立场。正因为如此哈特和奈格里专门考察了人类社会自古以来存在的三种生产方式：第一种是以农业为核心的自然经济生产方式；第二种是超出自然经济的工业经济生产方式；第三种是当今以信息服务产业为核心的后工业经济生产方式。当然从形式上指出这三种社会生产形态并不是新的观点，美国社会学家丹尼尔·贝尔早在20世纪就已经明确地指出当代社会发展的三大形态：农业社会、工业社会和后工业社会。

但从具体内容上来说，哈特和奈格里对社会形态的阐释带有明显的马克思痕迹。哈特和奈格里认为，人类社会从第一种经济模式到第三种经济模式并不是一个逐步取代的过程，而是一个轮番占据霸权统治地位的过程。也就是说，当一种新的生产方式占据主导性统治地位之后，之前的生产方式并不是就此消失了，而是以一种新的形式重新内置于现有的生产方式之中。正如工业生产模式占据主导性地位之后，农业生产模式并没有消失，它仍是现代工业经济中的一个基本组成部分，而且已经是工业化了的农业生产模式。"现代化和工业化的进程改造了与重新定义了所有社会层面上的要素。当农业被现代化成了工业时，农场逐渐变成了工厂，随之而来的有所有关于工厂的纪律、技术、工资关系等等。农业就此被现代化成了工业。更普遍的是，社会自身缓缓地受到工业化，直到改变人际关系和人性本质的程度。社会成了工厂。"①

正如工业化进程改变农业生产一样，普遍智能生产重新定义工业生产模式。普遍智能不仅变更工业生产的物质基础，而且通过变更社会关系来改变人类的认知模式。工业生产过程中劳动者与劳动者之间的主体合作转换为智能生产过程中计算机用户与复杂生产环境之间的直接互动。普遍智能取代劳动者已经成为非物质劳动的基本趋势。这就引出了哈特和奈格里的理论所关注的一个核心概念——非物质劳动的劳动范式。在后工业经济时代，非物质劳动模式本质上就是信息技术带来的革命，它催生了服务行业，突出表现为劳动力开始大面积地从工厂生产行业转移到服务行业。这一现象在当代发达资本主义国家已经出现："服务业覆盖了从健康教育、金融到交通、娱乐与广告等广泛范围内的各种活动。大多数工作是高度流动的，涉及到各种灵活的技巧。更重要地是，它们的普遍特点在于以知识、信息、感情和交际为主角。在这个意义上许多人称后工业经济为一种信息化的经济"②。

当代资本主义生产方式发生了根本性的断裂，资本主义生产方式转向了非物质劳动。拉扎拉托最早对非物质劳动方式进行了定义和分析："界定工人阶级的技术和主体—政治内涵的学术努力得到了很多思想成果，非

---

① 〔美〕哈特、〔意〕奈格里：《帝国》，杨建国等译，江苏人民出版社，2003，第272页。
② 〔美〕哈特、〔意〕奈格里：《帝国》，杨建国等译，江苏人民出版社，2003，第272页。

物质劳动概念就是对这些成果进行综合分析之后所得出的初步结果，这一概念可以被界定为生产商品的信息和文化内容的劳动。"[1] 这一概念被提出之后，其模糊性和不确定性，引起了学术界的广泛争议。正因如此，哈特和奈格里尝试着对非物质劳动这一概念进行重新界定。在《帝国》一书中，他们指认，非物质劳动的内涵，除了智能劳动之外，还包括情感劳动。到了《诸众》中，哈特和奈格里更加清晰地阐释了非物质劳动这一概念："这是一种生产非物质劳动产品，譬如知识、信息、交往、关系或者情感的劳动。通常使用的那些术语，譬如智能劳动、服务劳动、认知劳动等，都只谈到了非物质劳动的某些方面，但没能抓住其一般性，初遇这一概念，我们可以把它界定为以下两种形式：一种形式主要指涉智力的或语言的劳动，譬如解决问题、分析的工作以及语言表达。这些非物质劳动生产观念、符号、代码、文本、语言形象、景象及其他产品；另一种主要的非物质劳动形式是'情感劳动'。与作为精神现象的情绪不同，情感既指涉肉体，也指涉精神。事实上，像快乐和悲伤这些情感所揭示的，正是整个人的生命状态，它既表征了肉体的某种状态，也表征了思维的某种模式。"[2] 从这一逻辑线索中可以看出以哈特和奈格里为代表的自治主义马克思主义对当代资本主义新劳动形式的探索。

（二）资本主义生产形式的更新

非物质劳动方式依赖的基础是超越地域阻隔的网络化生产格局，整个资本主义生产方式发生了两个方面的变化。

第一个方面，非物质劳动方式脱离了具体的地域，只需利用现代的信息技术手段。哈特和奈格里指认，资本主义工业化的过程一般是向以工业生产为主的大城市聚集，这主要体现了传统密集型产业更加依赖劳动力与

---

[1] 许纪霖主编《帝国、都市与现代性》，江苏人民出版社，2006，第139页。

[2] Michael Hardt and Antonio Negri, *Multitude*：*War and Democracy in the Age of Empire*, London：The Penguin Press，2004，p. 108.

资本的特性，比如说，"大工业工厂对劳动合作圈的界定主要通过劳动场所里工人的物理分布。单个的工人和他的邻近工人进行交流，而交流普遍局限于物理上的邻近。生产地点中的合作也需要物理上的邻近，既协调生产的循环，又将正在生产的商品的运输费用与成本最小化。例如，煤矿与炼钢厂之间的距离，以及它们之间的运输与通讯线路的效率，都是钢铁生产的整体效率中的最重要因素"①。正如丹尼尔·贝尔所言，集中化、标准化与机械化是当代资本主义工业社会的基本特征。但是哈特和奈格里指认，信息化的生产方式彻底地改变了资本主义的生产方式，"规模与效率不再呈线性地关联；事实上，很多情况下大规模成为一种限制。电讯和信息技术的进展已使得生产的非地域化成为可能，后者有效地分散了大众工厂，撤走了工厂城市；通讯与控制可在相当距离内有效地实施，而且在某些情况下非物质生产在全球运输上可以用最少的延误和花费。几种不同的生产工具能在一个单一商品的同步生产中得以协调，以便工厂可以被分散到不同地方。在某些部门工厂厂址本身甚至可以被放弃，因为它的工人们单独通过新信息技术进行交流"②。就此哈特和奈格里断言，劳动工人不必非在工厂生产流水线上从事劳动，进入后福特主义时代之后劳动工人完全可以直接在家里进行工作，劳动生产的非地域化特征越来越明显。无论劳动工人与劳动工人之间相隔的物理距离有多远，他们都可以直接通过网络信息通道完成工作：只需要完成电脑或智能手机终端上一个点击动作，劳动成果就会以每秒 30 万公里的速度进行传递。

第二个方面，在非物质劳动过程中资本对劳动的控制更加具备流动性、弹性特质。在哈特和奈格里看来，传统机器大工业生产方式中资本受制于一个具体的区域，劳动与资本之间的合作也只能局限于有限的空间和资源。但是到了后工业社会资本主义生产过程中劳动与资本之间的关系发生了重大的转变，"生产的信息化与非物质劳动的增长的重要性已倾向于

---

① 〔美〕哈特、〔意〕奈格里：《帝国》，杨建国等译，江苏人民出版社，2003，第 280 页。

② 〔美〕哈特、〔意〕奈格里：《帝国》，杨建国等译，江苏人民出版社，2003，第 280 页。

将资本从地域与交易的束缚中摆脱出来。通过将场所转移到全球网络的另一点，资本可以退出和一个有限的本地人口的谈判——或者仅仅通过使用迁移的潜力作为谈判的一种武器。已经享受过相当稳定性和合约权力的全体劳工人口由此发现自己处于日益动荡的就业形势当中。一旦劳动的交易地位遭受到削弱，网络生产可以容纳各种旧形式的不保险的劳动，诸如自由职业、家庭工、兼职工和计件工"①。在非物质性生产的网络系统之中资本流通的空间不再受到具体物理空间的限制，信息化生产方式使得资本在全球范围内搜索廉价的劳动力，劳动与资本这种灵活多样的关系必然使得劳动工人处于一种更加不利的环境当中。哈特和奈格里提出，资本对劳动采取了新的控制方式，通过网络信息化的方式建构出一种虚拟的全球性监控体系。

对于哈特和奈格里提出的网络信息虚拟性问题，美国学者波斯特提出过不同的意见。他认为，互联网根本就不是虚拟性存在物，恰恰相反，"互联网是由无数具备物质性电线、电缆、卫星组成的，它们连接着千千万万台电脑，每一台电脑在具体的物理空间中都能够找到。互联网之所以具备虚拟性，并不是因为它缺乏地域性，而是因为它的时空配置与传统的通讯方式截然不同。它提供的虚拟性在场的真正含义，正是它将交际中的距离和时间因素缩减为零"②。面对波斯特的质疑，哈特和奈格里为自己进行了辩护，指出他们所讨论的互联网虚拟性指的不是它所依托的物质网络结构，而是指向不可见的信息操作生成的数字化存在论层面。基于数字化存在论，哈特和奈格里得出一个比较激进的结论：非物质劳动正在借助现代通信技术孕育出一种全新的数字化共产主义。这种数字化共产主义已经在当代西方发达资本主义国家中初步显现。"劳动力的合作力量（尤其是非物质劳动力）赋予了维持其自身价值的可能性。大脑与身体仍然需要他者产生价值，但它们所需要的他者并不必然由资本及其协调生产的能力来

---

① 〔美〕哈特、〔意〕奈格里：《帝国》，杨建国等译，江苏人民出版社，2003，第282页。

② 转引自陶东风、周宪主编《文化研究》第6辑，广西师范出版社，2006，第89页。

提供。如今，生产率、财富和社会剩余价值的创造通过语言的、交际的与情感的网络采取了合作的互动性的方式。于是非物质劳动在展现其自身的创造性能量中似乎为一种自发和基本的共产主义提供了潜力"①。

（三）非物质劳动蕴含着共产主义因素

哈特和奈格里早已经指出，非物质劳动方式中蕴含着互助合作关系。在当代资本主义生产过程中，全球劳动工人不断地加入由通信和网络构建的非物质劳动过程当中，而在这种网络信息化条件之下生产出来的非物质劳动产品本身具备反私人占有的特性。也就是说，在机器大生产条件之下生产的产品具备唯一性，最终只能被个人占有，但是非物质劳动条件下产出的数字化产品却可以不断地被复制传送，在这种情况之下资本主义私有制遭遇空前的危机。

由此哈特和奈格里发出感慨：当资本主义进入后工业化时代，"私有财产的概念日益变得荒谬。越来越少的商品能在此框架内被占有和专有使用；集体在生产，并且在生产的同时受到再生产和再界定。对私人财产的经典的现代概念的基础由此在一定程度上在后现代的生产模式中被解体"②。正如哈特在一次访谈中提到的，"知识的生产，或者其他非物质产品的生产，例如编码的生产，图像的生产，并不是某个天才一人就能胜任的，而是在一个广阔的网络中举众力完成的。如果你承认这一点，那么按照资本主义财产所有制自身的逻辑，知识的主人就应该是生产它的整个网络，而不是作为某人或某公司的个体"③。因此，按照哈特和奈格里的推论，网络化产品本身就是一种超出资本主义私人占有性质的公共财产，数字化本身就等同于共产主义。

---

① 〔美〕哈特、〔意〕奈格里：《帝国》，杨建国等译，江苏人民出版社，2003，第 279～280 页。
② 〔美〕哈特、〔意〕奈格里：《帝国》，杨建国等译，江苏人民出版社，2003，第 286 页。
③ 〔美〕哈特：《概念的革命与革命的概念》，秦兰珺译，《马克思主义与现实》2012 年第 1 期。

　　哈特和奈格里指出，马克思面对的是机械化物质生产方式，而当代资本主义生产方式正在经历一次巨变。马克思关注的是商品生产之下隐藏着的资本主义生产关系，即机器大生产条件下劳动工人与资产阶级之间的雇佣关系。而在当代资本主义社会中资本主义生产方式正在从物质劳动转向非物质劳动，其中最重要的东西不再是物质劳动产品，而是非物质性生产关系。哈特和奈格里将这种非物质性生产关系统称为普遍智能。相较于哈特和奈格里，马克思在《大纲》中已经使用了"一般劳动"这个概念。马克思这样阐述道："自然界没有造出任何机器，没有造出机车、铁路、电报、自动走锭精纺机等等。它们是人的产业劳动的产物，是转化为人的意志驾驭自然界的器官或者说在自然界实现人的意志的器官的自然物质。它们是人的手创造出来的人脑的器官；是对象化的知识力量。固定资本的发展表明，一般社会知识，已经在多么大的程度上变成了直接的生产力，从而社会生活过程的条件本身在多么大的程度上受到一般智力的控制并按照这种智力得到改造。它表明，社会生产力已经在多么大的程度上，不仅以知识的形式，而且作为社会实践的直接器官，作为实际生活过程的直接器官被生产出来"[①]。

　　在《诸众》一书中，哈特和奈格里以热带白蚁为例，阐释了作为非物质产品的"普遍智能"。"普通动物的行为正类似于这个普遍智能的近似物。比如，看一下热带白蚁在彼此交流协作之下建造出恢宏壮阔的建筑，那精美绝伦的穹顶，研究者认为，在蚁群中，单个白蚁与其他白蚁之间有信息交流。尽管没有一只白蚁拥有很高的智力，但是白蚁群构成了一个无中心的一般智力的体系。这就是建立在交流基础上的蚁群智力"[②]。从中可以看出，哈特和奈格里认为，普遍智能是不同个体在相互合作的基础之上生成的一种非物质性关系。简而言之，在哈特和奈格里看来，在当代资本

①　《马克思恩格斯全集》第 31 卷，人民出版社，1998，第 102 页。

②　Michael Hardt and Antonio Negri, *Multitude*：*War and Democracy in the Age of Empire*, London：The Penguin Press，2004, p. 91.

主义社会当中起决定性作用的不是在资本市场上可以交换的物质产品而是一种非物质性力量，这种力量正是由诸多劳动工人组合在一起所形成的一种精神性力量。在诸多劳动工人之间生成的这种精神性力量被哈特和奈格里称为未来共产主义秩序构建的重要力量。

关于这一非物质性力量，2009 年 3 月在伦敦召开的"共产主义观念"大会上奈格里十分肯定地指出，非物质劳动已经将全球范围内所有劳动工人都实质性地吸纳至资本之中，在将每一个个体吸纳进资本的同时资本诱生出抗争性的诸众力量。正如奈格里所强调的："诸众就是抵抗、斗争和构成性力量的欲望和轨迹的总体。我们还要说，这也是未来制度的总体。共产主义之所以可能，是因为在过渡之中，它已经存在着了，它不是一个终点，而是其条件。共产主义就是各种独特性力量的发挥，其架构在力量关系的张力之中'不断尝试'。"① 从中可以看出，奈格里认为，共产主义已经孕育在当代资本主义社会之中，当由普遍智能汇集而成的诸众成长为颠覆资本主义帝国的革命力量时，作为未来世界秩序的共产主义社会就一定会降临。

三 对马克思革命主体范围的拓宽

凸显主体地位和作用，是西方马克思主义阐释马克思理论的一个传统。早期西方马克思主义者通过强调历史辩证法中主体的地位与作用，尝试将主体从物化的资本主义生产关系中解放出来。但事与愿违，早期西方马克思主义的主体性的阐释路径本质上仍然受制于近代西方主体性哲学。资本逻辑建构出一个全新场域，问题就不是在于主体成为既定的事实性存在，而是在于在资本逻辑主导之下多样性主体的生成需要一个前提性条件。作为生命政治理论最早的诠释者，福柯对于后革命时代政治主体的重

① Slavoj Žižek and Costas Douzinas, ed., *The Idea of Communism*, London：Verso, 2010, p. 163.

塑一直没有给予较多的肯定性答复。但是哈特和奈格里并不像福柯那样始终徘徊在后结构主义的理论框架之中。

（一）凸显马克思主体解放理论的实践维度

福柯引证过俄罗斯作家索尔仁尼琴的一段描述，索尔仁尼琴把整个国家比拟成海洋，海洋之上是由监狱和集中营组成的岛屿。这也就意味着福柯笔下的生命权力无处不在，除了那些容易识别出的宏观权力之外，更多的是一些难以被察觉的弥散在日常生活之中的微观权力。正是由于这种权力无所不在，并且在本体论层面上没有可以对抗的力量，福柯看不到主体重塑的任何可能性。基于此福柯断言主体已死。晚年福柯曾尝试着突破后结构主义立场生产或者创造一个全新的自我主体，他返回到尼采和海德格尔等的存在主义语境中，通过强调自我的一切都是依靠自主地无限创造，指出："现代人并不是开始发现他自己、他的秘密和他的隐秘真理的人，他是一个尝试着创造他自己的人。这种现代性并不依照每个人自己的'是'来解放人，而是迫使他面对创造他自己的任务"①。个体获得了一种反抗的力量，主体权力在晚年福柯那里获得了本体论地位。

在生命政治领域中，哈特和奈格里赞成福柯"哪里有权力，哪里就有反抗"的观点。同样探讨作为主体的抗争使命，哈特和奈格里并不像福柯那样始终受后结构主义理论框架的影响。不论是诸众还是共有者都是以非物质劳动和再生产最直接的行动者的形象出现，诸众或者共有者成为后革命时代抗争新帝国统治的核心力量。哈特和奈格里内在地继承了马克思的理论特质，即以政治经济学批判视角探讨主体解放。在探讨生命政治语境下主体重塑时，哈特和奈格里正是秉承马克思这一理论特质。除此之外，20世纪60年代意大利社会底层民众发起的一系列激进运动成为哈特和奈格里重释马克思主体解放理论的现实动因。奈格里正是以此为案例展示其

① Michael Foucault, *The Foucault Reader: An Introduction to Foucault's Thought*, New York: Pantheon Books, 1984, p. 42.

如何政治式解读马克思的《大纲》："一方面，《大纲》突出了60年代以来我们在'工人自治'运动中发展起来的马克思主义话语的方法论（因此也是主观的、认识论上的）特征；另一方面，在从大众工人到共有工人的转型过程中，《大纲》对理论话语的相应转型起着非常重要的作用，它有助于重估生产性社会的本质。换句话说，重要的是探讨当前面临的问题，正是在这样的探讨基础之上，我们才回去寻找支持我们观点的理论文本。这一过程不是从详尽的理论分析走向实践活动的问题，而是相反，是从实践活动走向一种理论分析的问题，这正是马克思主义理论的显著特征"[1]。

在《大纲》中马克思仍然停留在劳动本体论层面，此时马克思尚未科学地区分出具体劳动和抽象劳动。这一点在《资本论》中马克思进行了说明，生产使用价值的劳动是有用的具体劳动，生产价值的劳动则是无差别的抽象劳动。在《资本论》中马克思已经从资本逻辑层次解读一般意义上物质生产逻辑。这体现在两个方面。一是劳动与劳动力的区分。在《资本论》中，马克思指出资本主义生产的一个重要条件是劳动力成为商品。通过对劳动和劳动力的区分，马克思直接刺破了劳动本体论的意识形态幻象，描绘了在资本生产过程中劳动工人的现实处境。二是在剩余价值基础之上谈论使用价值。马克思指出，一般性物质生产活动构成了人类社会存在的基础，但是在解剖资本主义社会内在结构时则需要超越一般性物质生产逻辑，只有上升到资本逻辑层面才能够科学地诠释资本主义社会结构。从资本逻辑出发，资本成为社会存在的主体，劳动本体论转向了结构化资本逻辑。在这个新的场域中，劳动工人彻底沦落为资本逻辑增殖的工具。事实上，哈特和奈格里之所以选择《大纲》而没有选择《资本论》作为一个理论批判的武器，主要原因正是在于《大纲》本身并不是一个完整的体系。这也就为哈特和奈格里进行阐发性的解释留足了理论空间。作为一个完整的理论体系，《资本论》本身蕴含着主体解放和客观性基础的双重视

---

[1] 肖辉：《马克思主义的发展与社会转型——内格里访谈》，《国外理论动态》2008年第12期。

角，而且主体解放是以客观性基础为前提条件的。

哈特和奈格里正是以实践目的对马克思《大纲》进行政治性的解读。奈格里指出"依据我们的传统，政治学和指令被置于对生产过程的分析的末尾，或者，依据最近的模式，政治学甚至被视为与'经济的'马克思的利益相异的东西。恰恰相反！在这里，在所有政治的一般运行过程中的强制性规定恰恰是基础性的。难道有人会对此感到奇怪吗？迄今为止我们看到的所有在《大纲》的原文中关于动因和煽动及其方法论基础的内容都是为了使政治因素成为分析的核心。"①。因此，哈特和奈格里对《大纲》进行政治式解读，其最直接的目的便是对革命主体予以思考。哈特和奈格里在政治式地解读《大纲》时试图唤醒处于沉睡状态的革命主体。

（二）重新诠释马克思主体解放的历史条件

哈特和奈格里对马克思革命主体的重新解读分成两个步骤：第一步是在资本逻辑占据主导性地位的时代阐发主体重塑何以可能；第二步是一旦革命时机成熟具体由谁来承担起革命的使命。唯有科学地解答了这两个问题，才能说哈特和奈格里真正超越了马克思。

第一步，重构劳动与资本之间对立关系。哈特和奈格里之所以直指重建革命主体，直接原因便是当代西方左翼普遍性地陷入悲观的情绪之中。西方马克思主义鼻祖卢卡奇自始至终把资本逻辑摆放在统治性的地位之上，最终得出主体无法逃脱资本控制的结论。在此哈特和奈格里所要表明的态度是，他们并非不承认资本的统治性地位，而只是反对夸大资本完全控制整个社会的倾向。在《大纲》中马克思专门探讨机器体系、劳动与资本之间的逻辑关系，但当时马克思将机器体系纳入固定资本之中，在资本主义生产过程中劳动与资本之间仍然是二元对立的关系。而且随着机器体系在资本主义生产过程中的广泛使用，资本的主导性地位得到进一步巩

---

① 〔意〕奈格里：《〈大纲〉：超越马克思的马克思》，张梧等译，北京师范大学出版社，2011，第85页。

固。资本，而非劳动工人的直接劳动，在资本主义生产过程中起决定性作用。资本实现对一般生产力的占有。一般生产力与直接劳动的分离直接危及资本主义的生产制度，而机器大工业阶段正处于资本主义生产制度崩溃的边缘，"正如随着大工业的发展，大工业所依据的基础——占有他人的劳动时间——不再构成或创造财富一样，随着大工业的这种发展，直接劳动本身不再是生产的基础，一方面因为直接劳动变成主要是看管和调节的活动，其次也是因为，产品不再是单个直接劳动的产品，相反地，作为生产者出现的，是社会活动的结合"①。哈特和奈格里从主体出发将机器体系纳入劳动范畴之中，并结合当代资本主义非物质劳动这一全新的生产方式，从而探寻主体重塑的现实可能性。

第二步，重塑革命主体。在马克思生活的资本主义自由竞争时代，革命的主体指的是无产阶级，而无产阶级是具体生产过程的直接参与者。哈特和奈格里指认，相较于马克思生活的年代，当代资本主义已经发生巨大变化，革命主体需要重新界定。在哈特和奈格里看来，在当代资本主义社会中，劳动工人已经被转移至工厂之外，再以马克思的理论阐释劳动工人的解放问题就不太合时宜。在《大纲》中虽然马克思讨论了机器体系、资本、劳动三者之间的关系，但是此时劳动与资本之间的关系已成为资本主义生产过程之中的一种对立关系。在《大纲》中马克思指出："现实财富倒不如说是表现在——这一点也由大工业所揭明——已耗费的劳动时间和劳动产品之间惊人的不成比例上，同样也表现在被贬低为单纯抽象物的劳动和由这种劳动看管的生产过程的威力之间在质上的不成比例上。劳动表现为不再像以前那样被包括在生产过程中，相反地，表现为人以生产过程的监督者和调节者的身分同生产过程本身发生关系。（关于机器体系所说的这些情况，同样适用于人们活动的结合和人们交往的发展。）这里已经不再是工人把改变了形态的自然物作为中间环节放在自己和对象之间；而

---

① 《马克思恩格斯全集》第 31 卷，人民出版社，1998，第 104~105 页。

是工人把由他改变为工业过程的自然过程作为中介放在自己和被他支配的无机自然界之间。工人不再是生产过程的主要作用者，而是站在生产过程的旁边。"① "在这个转变中，表现为生产和财富的宏大基石的，既不是人本身完成的直接劳动，也不是人从事劳动的时间，而是对人本身的一般生产力的占有，是人对自然界的了解和通过人作为社会体的存在来对自然界的统治，总之，是社会个人的发展。现今财富的基础是盗窃他人的劳动时间，这同新发展起来的由大工业本身创造的基础相比，显得太可怜了。一旦直接形式的劳动不再是财富的巨大源泉，劳动时间就不再是，而且必然不再是财富的尺度，因而交换价值也不再是使用价值的尺度。"② 哈特和奈格里正是基于马克思的这一论述指出，随着机器体系的发展，劳动工人在资本主义生产过程中不再占据主导性地位。

（三）重新界定马克思的革命主体

与马克思将机器体系纳入资本之中不同，哈特和奈格里则将机器体系视为对象化劳动。基于此，哈特和奈格里径直跨越马克思所处的资本主义自由竞争时代，尝试在后福特主义时代重塑革命主体。相较于马克思对无产阶级的定义，哈特和奈格里对革命主体的界定更加宽泛。哈特和奈格里从资本支配之下社会关系再生产维度辨析革命主体，而在《大纲》中马克思则是立足于具体物质生产过程讨论无产阶级。哈特和奈格里的革命主体并没有逃脱出资本逻辑的控制范围。但是哈特和奈格里的真正洞见在于：当资本通过扩大固定资本和重构劳动过程寻求进一步统治时，劳动工人再一次被界定，这是因为劳动工人生产的外部条件发生了历史性变化，同时劳动工人自身的存在样式也发生了巨大改变。正是在这种双重变化之中主客体实现了辩证统一，从而劳动工人生成自觉的革命意识。在当代西方左翼普遍陷入告别无产阶级的悲伤情绪之中时，哈特和奈格里仍然高举革命

---

① 《马克思恩格斯全集》第 31 卷，人民出版社，1998，第 100 页。
② 《马克思恩格斯全集》第 31 卷，人民出版社，1998，第 100~101 页。

斗争的大旗，他们内在地承继了马克思的理论特质。

通过对《大纲》进行政治式解读，哈特和奈格里揭示了当代资本主义的内在矛盾，同时避免陷入资本决定论的意识形态陷阱之中。哈特和奈格里之所以选择政治式解读马克思的"机器片段"主要是基于以下两个方面的原因。一方面，哈特和奈格里对早期西方马克思主义态度的不满。西方马克思主义是以理论斗争的姿态登上世界历史舞台的，这也就注定了其只能进行一场脱离劳动工人实践的书斋革命。这一点正如英国马克思主义史学家安德森所言："西方马克思主义是第一次世界大战后欧洲资本主义先进地区无产阶级革命失败的产物，它是在社会主义理论和工人阶级实践之间愈益分离的情况下发展起来的"①。由此可见，早期西方马克思主义关注的重点不是具体的工人阶级革命运动而是纯粹性的学术研究。另一方面，哈特和奈格里不满苏联式的社会主义国家模式。在哈特和奈格里看来，在苏联由工人阶级建构起来的政党、工会等国家机构，同资本主义国家机构并没有本质性区别，最终都成为统治劳动工人的异化机构。正是基于这两方面的考虑，哈特和奈格里提出，工人阶级必须走出书斋的象牙塔和国家组织机构，走向联合所有劳动工人的自治性组织机构。在当代西方左翼中哈特和奈格里这种高涨的革命热情的确独树一帜。

晚年福柯提出以"自我技术"对抗生命权力。所谓的"自我技术"指的是这样一种自由实践：个体运用坚决的意志对自身的身体、思想、行为等施加某种影响，从而创造出一个全新的自我。正如福柯自己阐述的："自我不是从给定的这一观点出发，我想只有一种可行的结果：我们必须像创造艺术品一样创造我们自己。"② 但整体来说福柯对权力持悲观态度。

在福柯看来，正是因为权力无处不在，所有与权力进行对抗的人必然同时"分享"着权力机构，每一个人既是权力的被压迫者同时又是权力的

---

① 〔英〕安德森：《西方马克思主义探讨》，高铦等译，人民出版社，1981，第58页。
② Michael Foucault, *The Foucault Reader*: *An Introduction to Foucault's Thought*, New York: Pantheon Books, 1984, p.351.

隐性同谋。与福柯悲观主义基调不同，哈特和奈格里展现出积极乐观的态度。不过在哈特和奈格里看来，权力不但具有压迫性和否定性力量，而且具备生产性和肯定性力量。通过解读马克思政治经济学理论，哈特和奈格里找到了对抗资本权力的现实路径。在资本主义劳动新形式的变化中，哈特和奈格里求证了革命主体重塑的现实性和可能性，重塑了独立的、积极的、主动的革命主体。劳动与资本的二元对立是资本主义社会的核心逻辑。通过对《大纲》的解读，哈特和奈格里指认，在资本主义生产过程中蕴含着一对不可克服的矛盾。一方面资本主义生产过程必须是资本主义性质，直接劳动时间永远是商品价值的唯一尺度；另一方面随着机器作为固定资本在资本主义生产过程中的运用，生产商品的单位时间一直在压缩，商品价值不再取决于生产商品的劳动时间。随着资本主义的不断发展，资本主义生产过程必将面临不可克服的矛盾，资本主义制度终将走向崩溃的边缘。基于这一逻辑线索哈特和奈格里推断出资本主义生产会出现两种情况：一种情况，在非物质劳动条件下劳动工人具备了逃离资本控制的可能，这样在理论上也会具备革命主体生成的可能性；另一种情况，资本主义物质生产是以具体劳动为基础，这就意味着进入机器大生产阶段劳动工人可以自主地联合起来主动地拒绝劳动，这样资本主义制度就会自行地走向灭亡。

哈特和奈格里的学术旨趣是凸显马克思历史辩证法的主体维度。他们尝试建构符合时代要求的自主的、积极的革命主体。就革命主体的范围而言，哈特和奈格里根据工人阶级队伍的变化不断地界定革命队伍，在工业生产阶段对应的革命主体是男性产业工人；在福特主义生产方式下对应的革命主体是容纳了妇女、儿童等在内的更广泛的群体；而到了后福特主义生产方式下革命主体的队伍已经扩展至整个社会各领域的所有阶层。

第五章　马克思视角下哈特和奈格里
主体重塑理论的局限

　　本书的整体研究思路是以马克思的视角评析哈特和奈格里的主体重塑理论，除了第四章中的时代拓展之外，更为重要的一点是勘察哈特和奈格里主体重塑理论的内在局限。关于哈特和奈格里主体重塑理论的局限，可以梳理出以下三个面向：一是颠倒了马克思主体解放的逻辑层级，资本逻辑才是主体重塑的真实场域；二是混淆了马克思劳动二重性理论，非物质劳动只是一种具体劳动形式；三是误读了马克思共产主义思想，非物质劳动只是更新了资本主义生产形式，并不能直接导致资本主义危机。

一　对马克思主体解放逻辑层次的倒置

　　在当代资本主义社会中资本主义生产方式延伸出一套全新的统治方式。在哈特和奈格里看来，不仅劳动工人的肉体，而且劳动工人的智力、情感乃至整个生命，都沦为资本统治的对象。从这一角度进行审视，哈特和奈格里的确在一定程度上拓展了马克思资本主义批判的理论视域。但是不足之处在于，哈特和奈格里尝试以生命政治学批判代替政治经济学批判，这是对马克思主体解放逻辑层次的倒置。

（一）对活劳动的不同层次理解

纵观哈特和奈格里的学术理路，他们对阶级斗争理论的论证越来越走向历史或然性。在非物质条件下诸众自主联合已经不太现实，资本一定会设置各种障碍阻断诸众的生成。唯有通过发动政治事件，在真正的事件中联合起来，才有可能建构出真正意义上的革命主体。哈特和奈格里指认，当代发达资本主义国家已经没有革命的契机，如果没有真正的事件发生，革命主体注定无法挣脱现实社会的泥潭。由此，也就不难理解哈特和奈格里为什么在行动上越发走向历史的或然性，而不是在历史进程中为行动寻找逻辑依据。但是只要仔细分析便不难发现，哈特和奈格里的解读思路过于主体化，一旦切换至历史唯物主义视角重新审视非物质劳动，那将是另外一番景象。

哈特和奈格里语境中革命主体生成的逻辑前提建立在对马克思"活劳动"的误解之上。哈特和奈格里截取了马克思关于"劳动是活的、造形的火"①的观点，但遗漏了这一理论的逻辑前提：活劳动是基于资本价值增值的前提预设。哈特和奈格里以对活劳动的简单化处理来解读资本主义生产过程显然是不够的。那么马克思为什么还要谈论这种简单劳动过程？对此马克思有过专门的交代："生产一般是一个抽象，但是只要它真正把共同点提出来，定下来，免得我们重复，它就是一个合理的抽象。不过，这个一般，或者说，经过比较而抽出来的共同点，本身就是有许多组成部分的、分为不同规定的东西。其中有些属于一切时代，另一些是几个时代共有的。［有些］规定是最新时代和最古时代共有的。没有它们，任何生产都无从设想；但是，如果说最发达的语言和最不发达的语言共同具有一些规律和规定，那么，构成语言发展的恰恰是有别于这个一般和共同点的差别。对生产一般适用的种种规定所以要抽出来，也正是为了不致因为有了

①　《马克思恩格斯全集》第 30 卷，人民出版社，1995，第 329 页。

统一（主体是人，客体是自然，这总是一样的，这里已经出现了统一）而忘记本质的差别。"① 也就是说，之所以考察资本主义生产的一般过程，马克思并不是为了强调这种一般生产过程本身，而是为了在从抽象上升到具体的方法论支撑下凸显资本主义社会发展特定阶段的一般特征。活劳动在马克思的理论构建中是深入至历史唯物主义之中的，而哈特和奈格里仅仅将其解读为有助于生成具备行动潜能的革命主体。

对活劳动概念不同的解读思路显示出理论层次上的深度差异。哈特和奈格里认为，非物质生产条件下资本已经外在于劳动生产过程，劳动生产过程只剩下劳动者与劳动者之间自主生成的合作性关系。从中可以推断出哈特和奈格里的解读思路完全是立足于主体政治维度，一旦跃升至历史唯物主义层级，他们只能将其解读为一种现象层面社会关系的聚合。就像在工场手工业阶段社会分工构建起劳动者与劳动者之间的交换关系，大工业时代机器体系延伸出劳动者与劳动者之间的协作关系，哈特和奈格里语境中的自主合作关系只是后福特制时代下生产关系在现象层面的一种显现。事实上，马克思早已深刻地指出："生产关系的即范畴的——这里指资本和劳动的——特殊规定性，只有随着特殊的物质生产方式的发展和在工业生产力的特殊发展阶段上，才成为真实的。（一般来说，这一点在以后谈到［劳动和资本的］这种关系时应该特别加以阐述，因为这一点在这里已经包括在关系本身中了，而在考察交换价值、流通、货币这些抽象规定时，这一点还更多地属于我们的主观反思。）"② 一旦转换至历史唯物主义视域，哈特和奈格里语境中的非物质生产过程恐怕也难以逃脱资本控制的领地。因此我们可以得出的基本判断是：哈特和奈格里根本无法理解历史唯物主义视域下的劳动概念，劳动和资本本质上不是物质，而是一种非实体的客观关系存在。

---

① 《马克思恩格斯全集》第 30 卷，人民出版社，1995，第 26 页。
② 《马克思恩格斯全集》第 30 卷，人民出版社，1995，第 255 页。

（二）主体重塑与客观基础统一于资本主义生产过程中

哈特和奈格里彻底否定了阶级斗争的客观基础，而将革命斗争完全界定为一种纯粹的主体性活动。在哈特和奈格里看来，现实生活中的主体已经陷入全面危机之中，依靠他们自身力量注定无法摆脱资本统治的牢笼，因此必须在事件之中联合起来进行反抗。不过，一旦仔细分析便不难发现，哈特和奈格里的解读思路显然过于单一直接。另外，如果在客观维度上资本主义不存在发生经济危机的可能性，只是在主体维度体现出主体受压制和奴役，那势必会引发这样一个疑问：拒绝或者出离在现实意义上又有多大的可行性。相比较而言，在《资本论》及其手稿中马克思的论述更为全面客观。在马克思看来，当资本主义经济处于繁荣时期，劳动工人的确可能落入拜物教的泥潭之中，但这并不表明劳动工人作为主体的彻底沦陷，一旦资本主义出现严重的经济危机，现实社会将迫使劳动工人起来既反对拜物教的物质形式也反对拜物教的观念形式。

主体重塑的阶级斗争不是外在于资本主义生产关系的单独体系，而是始终内在于资本主义生产关系这一客观体系之中。这样一条线索是马克思恩格斯在《德意志意识形态》中就已经确定下来的，在这一文本中马克思恩格斯已经将生产力与交往方式之间的矛盾视为人类社会矛盾冲突的根源。在《哲学的贫困》中马克思从资本主义生产关系维度进行剖析，资本主义生产关系构成现代民族斗争和冲突的根源。从生产关系入手进行剖析在《共产党宣言》中得到进一步体现。在《共产党宣言》中阶级斗争似乎占据统治性地位，但是只要稍微留意就能够发现，此时阶级斗争仍然是奠基于资本主义生产关系的客观维度之上的。在《共产党宣言》1888年英文版序言中恩格斯断言："每一历史时代主要的经济生产方式和交换方式以及必然由此产生的社会结构，是该时代政治的和精神的历史所赖以确立的基础，并且只有从这一基础出发，这一历史才能得到说明；因此人类的全部历史（从土地公有的原始氏族社会解体以来）都是阶级斗争的历史，即剥削阶级和被剥削阶级之间、统治阶级和被压迫阶级之间斗争的历史"①。由此可见即便在最具斗争性的《共产党宣言》中，主体解放也蕴含着主体性与客观性的双重视角，并且客观物质基础是主观阶级斗争的前提性条件。

在经历1848年欧洲革命洗礼之后，马克思更加肯定了主客观统一的基本论断："在这种普遍繁荣的情况下，即在资产阶级社会的生产力正以在整个资产阶级关系范围内所能达到的速度蓬勃发展的时候，也就谈不到什么真正的革命。只有在现代生产力和资产阶级生产方式这两个要素互相矛盾的时候，这种革命才有可能。大陆秩序党内各个集团的代表目前争吵不休，并使对方丢丑，这决不能导致新的革命；相反，这种争吵之所以可能，只是因为社会关系的基础目前是那么巩固，并且——这一点反动派并不清楚——是那么明显地具有资产阶级的特征。一切想阻止资产阶级发展的反动企图都会像民主派的一切道义上的愤懑和热情的宣言一样，必然会被这个基础碰得粉碎。新的革命，只有在新的危机之后才可能发生。但它正如新的危机一样肯定会来临。"②

从《德意志意识形态》到《大纲》再到《资本论》，马克思并不是如哈特和奈格里所指认的从主体逻辑走向客体逻辑。事实上，主客体逻辑共存于成熟时期的马克思的思想理论之中。在《德意志意识形态》和《大纲》中马克思已经将客体逻辑视为主体逻辑的前提条件。在《资本论》中马克思更是从主体和客体两个维度构建其主体解放理论。除了客观层面上阐释资本主义生产过程的基本规律之外，马克思始终没有放弃主观层面的阶级斗争任务，而且他坚持认为主观层面的阶级斗争是由资本主义客观生产过程引发的。这与哈特和奈格里将《资本论》界定为一部客观的经济学著作完全不同。在《资本论》中马克思阐述主体解放是分两个基本步骤。第一步是从根本上清除资本主义生产关系，使得劳动工人从资本主义生产

---

① 《马克思恩格斯文集》第2卷，人民出版社，2009，第14页。
② 《马克思恩格斯全集》第10卷，人民出版社，1998，第596页。

关系的束缚之中解脱出来，使异化劳动复归一般性人类劳动层面。第二步是在一般性共同劳动的基础之上，劳动工人的物质劳动生产升级为更高层级的自由自在活动。在马克思的理论视域中，劳动工人的主体解放必须是以破除资本主义生产关系为理论前提，如若缺少这一环节，单凭劳动工人的自主活动根本不可能实现主体解放的目标。

　　不过纵使马克思已经从生产力与生产关系双重维度剖析资本主义社会内在结构，这双重维度毕竟还只是抽象层面的阐释。若要科学地诊断出无产阶级革命的主客观条件，马克思认为必须深入至资本主义生产关系的内部结构当中。在《资本论》中马克思就已经不再把经济危机视为资本主义灭亡的病理性标志，而仅仅将其看成是资本主义发展的一个生理性阶段。资本主义工业发展历经活跃、繁荣、过剩、危机、停滞等阶段而不停地转换，经济危机并不意味着资本主义内在矛盾已经彻底激化，因此绝不能把经济危机视为无产阶级革命的最佳条件。

　　在《资本论》中马克思科学地解决了剩余价值向平均利润转化的问题，并以此推导出由剩余价值生产引发的资本主义生产的内生性危机。马克思指认，"利润率的下降和积累的加速，就二者都表现生产力的发展来说，只是同一个过程的不同表现"[1]，它们共同指向资本主义生产永远无法克服生产力的绝对限制。资本的加速积累和一般利润率的持续下降是资本主义内生性危机的两种外在表现形式。资本积累的必然趋势是生产资料日益集中在少数人手中，这与资本主义生产方式的社会化趋势不可避免地冲突。商品一般利润率的持续下降表明资本主义生产方式不是物质财富生产的绝对方式，只是短暂且具有过渡性质的生产方式。一旦资本主义内生性危机达到一定程度，资本主义内在矛盾将集中爆发并必然动员无产阶级起来发动革命斗争。"资本的垄断成了与这种垄断一起并在这种垄断之下繁盛起来的生产方式的桎梏。生产资料的集中和劳动的社会化，达到了同它

---

[1] 《马克思恩格斯全集》第 46 卷，人民出版社，2003，第 269 页。

们的资本主义外壳不能相容的地步。这个外壳就要炸毁了。资本主义私有制的丧钟就要敲响了。剥夺者就要被剥夺了。"① 因此，真正终结资本主义的统治地位，绝不是单纯地诉诸主体维度的劳动者的自治联合，而必须返回至马克思历史辩证法的向度之中。通过对资本主义内在矛盾的深入剖析，马克思寻求无产阶级革命的现实可能性，从而彻底变革资本主义生产关系。

（三）资本逻辑才是马克思主体解放的逻辑前提

生命政治学批判只能沦为一种典型的伦理主义的主体政治学。哈特和奈格里正是生命政治学批判的典型代表。这一基本理论立场决定了哈特和奈格里错误地解读了《大纲》与《资本论》之间的内在关联。在《〈大纲〉：超越马克思的马克思》一书中奈格里明确地指出，《大纲》是马克思思想发展历程中一部相对独立的著作，既不是青年马克思思想的内在延续，也不是为撰写《资本论》而做的准备工作。从逻辑顺序上讲，奈格里将《资本论》视为《大纲》的倒退，他认为《资本论》中充斥着客体主义且没有为主体斗争留下任何空间。实际上《资本论》非但不是《大纲》的倒退，反而是对《大纲》的完善和发展。若以《资本论》解读《大纲》就会彻底地阉割其中蕴含着的主观性因素。正如哈特和奈格里政治式解读《大纲》一样，革命性因素同样隐匿在马克思的《资本论》中。在《资本论》中马克思的政治经济学批判本质上是一种革命经济学，而不是哈特和奈格里所说的客观经济学。从《资本论》副标题"政治经济学批判"中就可以看出，马克思在《资本论》中是具有鲜明政治立场的，马克思政治经济学批判就是一门关于工人阶级解放的"革命政治经济学"。在这个意义上，政治经济学批判层面上的《资本论》绝不是对一整套客观真理的描述，而是在永远不知停歇地揭露真相。正如美国哲学家罗尔斯所言："马

---

① 《马克思恩格斯全集》第 44 卷，人民出版社，2001，第 874 页。

克思劳动价值论的主旨，是挖掘资本主义秩序之外在表象下的深层结构"①。

《资本论》不只是一部阐述劳动价值论的著作，也不仅仅是预测了资本主义危机，它是一部带有鲜明政治立场的政治哲学著作。从政治哲学视角诠释《资本论》，看到的将不再是抽象的说教理论，而是无产阶级的政治纲领。在《资本论》中马克思完成了对德国古典哲学和英国古典政治经济学的双重批判和双重超越。一方面超越了古典政治经济学的实证主义路向，另一方面摒弃了德国古典哲学的唯心主义色彩。最终在《资本论》中马克思建构起关于现实的人及其解放发展的科学理论。在马克思主体解放理论方面，近年来部分国内外学者②已经达成一个共识：以《关于费尔巴哈的提纲》和《德意志意识形态》为时间起点，重点探讨《资本论》。马克思的主体解放理论中始终存在着双重逻辑。第一重逻辑是在《德意志意识形态》时期确立的一般性物质生产逻辑。第二重逻辑是在《资本论》时期确立的资本逻辑。在《资本论》中马克思意识到一般性的物质生产逻辑已经不再能够科学地剖析资本主义社会，他开始尝试从资本逻辑层面展开对资本主义运行过程的具体分析，此时马克思的主导性逻辑层级已经由生产逻辑提升至资本逻辑。

在《资本论》中马克思深入资本主义生产和再生产的具体过程之中分析主体的位置。在资本逻辑的结构化运行中劳动工人的位置发生了根本性的变化。在资本逻辑的框架下劳动工人变成资本自我增殖的工具，资本成为资本主义生产过程中真正意义上的主体。在进入自由市场时劳动工人就已经处于一种看似自由但不受任何保护并被排除在社会之外的存在状态。在《资本论》中马克思就指出，资本主义生产过程正常运行的一个前提性

①　〔美〕罗尔斯：《政治哲学史讲义》，杨通进等译，中国社会科学出版社，2011，第342页。

②　关于马克思主体解放理论包含双重逻辑这一观点，国内学者以仰海峰为代表，国外学者以大卫·哈维为代表。

条件是"劳动力成为商品"。在前资本主义阶段，劳动工人虽受制于具体的物质劳动生产过程但处于主导性位置。进入资本主义阶段，劳动工人只有通过出卖自身劳动力才能够生存下去。后者正是劳动工人在资本逻辑关系之中的真实存在状态。因此，在资本主义社会当中"劳动力成为商品"就不再只是一个经济学意义上的命题，更主要地体现为一种政治哲学意义上的命题。"劳动力成为商品"这一事实，掀开了资本主义自由平等意识形态的面纱，真实地展现了劳动工人在资本主义生产过程中的现实境况。因此要想实现主体的彻底解放，马克思认为不能仅仅停留在一般性物质生产的逻辑层面，还需要上升到资本逻辑层面，以此展开对整个资本主义生产关系体系的全面批判。

二　对马克思劳动二重性理论的混淆

哈特和奈格里语境中的非物质劳动本质上只是一种具体劳动形式。非物质劳动的产品只具备使用价值，并不能够产生价值。非物质劳动生产出的产品，在未进入资本主义生产过程中时，它只具备使用价值并不能够成为价值的来源。因此，非物质劳动的价值来源绝不是取决于复杂高级的智能劳动本身，而是同传统物质劳动一样最终取决于具体劳动背后的抽象劳动。

（一）非物质劳动不能导致资本主义的崩溃

在哈特和奈格里看来，伴随信息技术和人工智能的不断发展，当代资本主义劳动方式的内涵已经超越了马克思当年生活的时代的内涵。在哈特和奈格里看来，马克思是从物质劳动出发界定工业资本主义的历史发展阶段，而当代非物质劳动生产方式已经证实了物质劳动不再是商品价值的源泉。在非物质劳动条件下，直接劳动不再占据商品价值的主导部分，"资本和资本的积累规律，就像我们先前看到的那样，推动了知识的积累过程，并使劳动不再是价值的来源，劳动时间不再是衡量价值的手段。结果呢，交换价值也不再是衡量价值的尺度。换句话说，面对着知识的涌现，马克思关于价值的理论也站不住脚"①。基于此哈特和奈格里指出，马克思以劳动价值论为基础建立起来的政治经济学批判和无产阶级革命理论也就失效了。由此，哈特和奈格里提出了抗争的策略，即非物质劳动者之间加强合作并逐步逃离资本统治，进而实现诸众的解放。

在"机器片段"中马克思仍未建立起科学的劳动价值论。在"机器片段"中马克思劳动价值论的理论前提是直接劳动，而这种劳动形式本质上仍然是一种具体劳动。此时，马克思将直接劳动时间作为财富的唯一来源。正是基于这一判断，马克思认为，在机器大生产阶段之后将会出现一个全新的社会形态。这是因为，随着机器体系在资本主义生产过程中的广泛应用，直接劳动在资本主义物质生产过程当中的比重逐步降低，资本主义财富生产更多地取决于普遍智能的发展。"劳动时间——单纯的劳动量——在怎样的程度上被资本确立为唯一的决定要素，直接劳动及其数量作为生产即创造使用价值的决定要素就在怎样的程度上失去作用；而且，如果说直接劳动在量的方面降到微不足道的比例，那么它在质的方面，虽然也是不可缺少的，但一方面同一般科学劳动相比，同自然科学在工艺上的应用相比，另一方面同产生于总生产中的社会组织的、并表现为社会劳动的自然赐予（虽然是历史的产物）的一般生产力相比，却变成一种从属的要素。于是，资本也就促使自身这一统治生产的形式发生解体。"②

在此基础之上马克思得出了一个重要的结论，"一旦直接形式的劳动不再是财富的巨大源泉，劳动时间就不再是，而且必然不再是财富的尺度，因而交换价值也不再是使用价值的尺度。群众的剩余劳动不再是一般财富发展的条件，同样，少数人的非劳动不再是人类头脑的一般能力发展的条件。于是，以交换价值为基础的生产便会崩溃，直接的物质生产过程

---

① 〔法〕莱姆克等：《马克思与福柯》，陈元等译，华东师范大学出版社，2007，第 162 页。
② 《马克思恩格斯全集》第 31 卷，人民出版社，1998，第 94~95 页。

本身也就摆脱了贫困和对立的形式"①。显然此时马克思对劳动概念的理解尚不够清晰。这一点如同他在《资本论》中对古典政治经济学症结的诊断一样，"古典政治经济学在任何地方也没有明确地和十分有意识地把表现为价值的劳动同表现为产品使用价值的劳动区分开。当然，古典政治经济学事实上是作了这种区分的，因为它有时从量的方面，有时从质的方面来考察劳动。但是，它从来没有意识到，各种劳动的纯粹量的差别是以它们的质的统一或等同为前提的，因而是以它们化为抽象人类劳动为前提的"②。

　　哈特和奈格里的解读依托的文本是马克思的《大纲》。进入机器大生产阶段，资本对普遍智能的追求，直接导致直接劳动在物质财富生产当中不再占据统治地位，以使用价值交换为基础的资本主义生产制度必然走向崩溃的边缘。在"机器片段"中马克思对具体劳动和抽象劳动还没有进行区分。在《资本论》中马克思才科学地区分出具体劳动和抽象劳动。从中可以看出，在《资本论》中马克思已经彻底摆脱以直接劳动剖析资本主义生产过程的思路。

（二）非物质劳动是一种具体劳动形式

　　在《资本论》时期马克思已经认识到，在机器大工业时代普遍智能同直接劳动的分离，并不意味着资本主义生产制度走向危机的边缘。马克思指出："生产力当然始终是有用的、具体的劳动的生产力，它事实上只决定有目的的生产活动在一定时间内的效率。因此，有用劳动成为较富或较贫的产品源泉与有用劳动的生产力的提高或降低成正比。相反地，生产力的变化本身丝毫也不会影响表现为价值的劳动。既然生产力属于劳动的具体有用形式，它自然不再能同抽去了具体有用形式的劳动有关。"③ 机器大

---

① 《马克思恩格斯全集》第 31 卷，人民出版社，1998，第 101 页。
② 《资本论》第 1 卷，人民出版社，2004，第 98 页。
③ 《马克思恩格斯全集》第 44 卷，人民出版社，2001，第 59~60 页。

生产表征的资本主义生产力的提高只是一种具体劳动能力的提升，并没有触及资本主义生产关系。在当代资本主义生产过程当中生产力的提高并不能变更抽象劳动作为价值实体的事实，普遍智能同具体劳动的分离非但不会导致资本主义交换体系的崩溃，反而进一步巩固了资本主义生产制度。

对劳动二重性的理解直接关涉对两种剩余价值的界定。在《资本论》中马克思已经可以根据剩余价值的获取方式区分工场手工业与机器大生产这两个资本主义发展阶段。在《大纲》中马克思以固定资本机械化程度区分工场手工业和机器大生产，此时马克思对劳动的理解仍然是模糊的。仅仅通过固定资本维度，我们可以区分这两个发展阶段之间的差异，但是却看不到它们之间的内在关联，本质上来说这两个阶段都是通过提高相对剩余价值来维持资本主义生产体系，它们实际上都没能逃脱出资本的控制。哈特和奈格里继承的是马克思在《大纲》中对劳动的理解。在马克思看来，当具备使用价值的具体劳动进入资本主义生产过程中时，不论是物质劳动还是非物质劳动都将转化为抽象劳动。哈特和奈格里语境中的非物质劳动本质上仍停留在马克思具体劳动层面，它仍然是不包含任何生产关系的一般主体性劳动。

哈特和奈格里误解了具体劳动与抽象劳动之间的本质性区分。马克思的劳动价值论在非物质劳动条件下并没有真正失效。在哈特和奈格里看来，非物质条件下资本对劳动的全面统治关系发生了逆转，劳动具备了独立于资本的主体逻辑。当资本试图通过延长绝对工作时间或提高相对工作强度等方式最大限度地剥夺劳动者的剩余价值时，劳动者可以选择逃离工作岗位，转而寻求一种安全的、全面的、充分的生活方式。哈特和奈格里指出，在非物质劳动条件下劳动与资本之间实现了分离，资本仍然依靠劳动力获取剩余价值，但是劳动者已经不再需要资本。借此，哈特和奈格里驳斥了马克思的预言，即随着普遍智力在资本主义生产过程中的运用，劳动在财富生产中的比重逐步下降，维系资本主义运转的交换价值体系趋于崩溃。他们认为，当代资本主义的发展已经证明马克思预言的虚假性：在后福特制时代，普遍智能已经广泛应用，资本主义体系非但没有失灵，反而产生一套更加稳定的统治体系。在这里哈特和奈格里认为，马克思之所以得出"错误的结论"，根本原因在于他对劳动的理解太过简单，当代资本主义社会中占据霸权地位的劳动形式不再是物质劳动而是普遍智能孕育的非物质劳动。从中可以看出，哈特和奈格里语境中的非物质劳动本质上仍然停留在具体劳动层面，它是不包含任何生产关系的一般主体性劳动。

哈特和奈格里阐释主体重塑的内在思路本质上与马克思"机器片段"中的思路是一致的，他们都是直接立足于具体劳动层面而没有抵达抽象劳动层面。在《剩余价值理论》中马克思就已经对"非物质生产领域中的资本主义表现"有过详细的阐述："产品同生产行为不能分离，如一切表演艺术家、演说家、演员、教员、医生、牧师等等的情况。在这里，资本主义生产方式也只是在很小的范围内能够应用，并且就事物的本性来说，只能在某些领域中应用。例如，在学校中，教师对于学校老板，可以是纯粹的雇佣劳动者，这种教育工厂在英国多得很。这些教师对学生来说虽然不是生产工人，但是对雇佣他们的老板来说却是生产工人。老板用他的资本交换教师的劳动能力，通过这个过程使自己发财。戏院、娱乐场所等等的老板也是用这种办法发财致富。在这里，演员对观众说来，是艺术家，但是对自己的企业主说来，是生产工人。资本主义生产在这个领域中的所有这些表现，同整个生产比起来是微不足道的，因此可以完全置之不理。"① 这种资本主义生产的新形式打破工厂生产范围的限制，但从根本上来说它只是具体劳动的一种新的形式。非物质劳动本质上只是资本追求剩余价值的一种新形式，并没有跳出资本布展的网格。因此，若想真正地挣脱资本的控制，就不能单纯地诉诸非物质劳动层面上的诸众联合与反抗，而必须同时对资本主义社会的内在矛盾进行剖析，以此达到变革资本主义生产关系的目的。

---

① 《马克思恩格斯全集》第 26 卷第 1 册，人民出版社，1972，第 443 页。

（三）非物质劳动没有超出马克思劳动价值论的解释范围

资本利用普遍智能，不仅生产出具备使用价值的产品，而且生产出具备价值属性的商品。一旦科学知识被资本所利用，它就不再只具备单纯意义上的使用价值，而且具备价值属性。正如马克思所言："科学根本不费资本家'分文'，但这丝毫不妨碍他们去利用科学。资本像吞并他人的劳动一样，吞并'他人的'科学。但是，对科学或物质财富的'资本主义的'占有和'个人的'占有，是截然不同的两件事。"①不过受时代背景的限制，马克思并没有全面地考察资本对整个知识生产过程的控制作用，而只是考察了资本对科学知识的吸纳这一环节。但是到了 20 世纪八九十年代，资本不再仅仅满足于对科学知识的吸纳和利用，其将自己的触角延伸至资本主义知识生产的整个过程，知识开始充当商品的形态。原本只是具备使用价值功能的科学知识，在资本控制之下增加了一层财产性关系。基于这一新特征，哈特和奈格里指认，不同于以往物质生产时代，当代资本主义社会劳动过程体现为一种团队合作的复杂劳动过程。但是正如马克思后来对于普遍智能生产模式的反思那样，"对于价值的增殖过程来说，资本家占有的劳动是简单的、社会的平均劳动，还是较复杂的、比重较高的劳动，是毫无关系的"②。

在马克思看来，不论是传统的物质劳动，还是当代资本主义社会的非物质劳动，最终都会转化成去除一切性质规定的、无差别的抽象劳动。作为商品的普遍智能，它的价值绝不是取决于复杂高级的智能劳动本身，而是同传统物质劳动一样取决于具体劳动背后的抽象劳动。尽管科学知识被资本吸纳成为提高生产力和创造剩余价值的重要手段，但普遍智能创造价值的源泉仍然是劳动力本身。虽然传统意义上物质劳动被排斥在了资本主义生产过程之外，以智力和情感为代表的非物质劳动占据统治地位，但这

---

① 《马克思恩格斯全集》第 44 卷，人民出版社，2001，第 444 页。
② 《马克思恩格斯全集》第 44 卷，人民出版社，2001，第 230 页。

只是意味着劳动工人需要具备较高的智力素养。最直接的体现就是非物质劳动需要劳动工人具备较高的知识水平，这是一种"比社会的平均劳动较高级、较复杂的劳动，是这样一种劳动力的表现，这种劳动力比普通劳动力需要较高的教育费用，它的生产要花费较多的劳动时间，因此它具有较高的价值。既然这种劳动力的价值较高，它也就表现为较高级的劳动，也就在同样长的时间内对象化为较多的价值。但是，无论纺纱工人的劳动和珠宝细工的劳动在程度上有多大差别，珠宝细工用来补偿自己的劳动力价值的那一部分劳动，与他用来创造剩余价值的那一部分追加劳动在质上完全没有区别。在这两种场合，剩余价值都只是来源于劳动在量上的剩余，来源于同一个劳动过程——在一种场合是棉纱生产过程，在另一种场合是首饰生产过程——的持续时间的延长"。[1]

在《资本论》中马克思指出抽象劳动才是整个资本主义价值生产的内在基础。本质上哈特和奈格里的整个分析逻辑与马克思"机器片段"中的逻辑是一致的，都是建立在对直接劳动的分析基础之上而完全忽视了抽象劳动。事实上直接劳动不论采用物质形式还是非物质形式，只要生产出剩余价值，那么它在本质上都属于雇佣劳动。所谓非物质劳动，只不过是资本追逐剩余价值的一种新形式，本质上它并没有摆脱抽象劳动的控制。剩余价值则在根本上揭露出资本家与劳动工人之间的对立，为阶级斗争合法性提供了理论依据。但这并不意味着单纯地依靠剩余价值生产就能促使劳动工人起来反抗资本的统治，这还取决于剩余价值生产的客观水平。马克思指出，在工场手工业阶段，鉴于分工的特殊性，劳动工人终其一生可能都只使用一种劳动工具和培养一种职业技能。而到了机器大生产时代，工场手工业分工的技术基础彻底消失了，劳动工人沦为维系机器体系运转的单纯动力，作为自动化装置上一个附件的劳动工人随时可能被替换掉。"在自动工厂里，代替工场手工业所特有的专业化工人的等级制度的，是

---

[1]　《马克思恩格斯全集》第44卷，人民出版社，2001，第230页。

机器的助手所要完成的各种劳动的平等化或均等化的趋势，代替局部工人之间的人为差别的，主要是年龄和性别的自然差别。"① 机器大工业消灭了一切家庭劳动和手工业生产的存在基础，劳动工人彻底地沦落为一无所有的无产阶级，这也就"消灭了'过剩人口'的最后避难所，从而消灭了整个社会机制的迄今为止的安全阀"②。这才为劳动工人超越单纯的主体性行为，开展普遍化的政治革命，提供了真正的客观基础。

伴随资本主义劳动形式从物质劳动转向非物质劳动，当代资本主义社会对劳动工人的内在要求越来越高。本质上非物质劳动并没有改变资本主义剩余价值只能来源于活劳动这一基本事实。在此哈特和奈格里指认，非物质劳动方式已经催生出一种更加恐怖的统治方式。在这个层面上，哈特和奈格里继承了福柯的生命政治学批判理论，同时在一定程度上拓展了马克思政治经济学的批判视域。但是相较于福柯内在秉持马克思政治经济学的批判路径，哈特和奈格里则直接脱离了马克思对资本主义社会的政治经济学批判路径。事实上，作为马克思政治经济学批判的重要武器之一，劳动价值论不仅是马克思时代的科学理论，也是当代资本主义社会的科学理论。

三　对资本主义危机爆发根源的误判

哈特和奈格里并没有真正抓住马克思"机器片段"中的理论局限。在"机器片段"中，马克思尚未摆脱资本主义危机与革命时机诊断之间相互依赖的思维模式。在《资本论》中，马克思将资本主义危机的根源归结为资本主义剩余价值，这种内在性危机具备两个重要性指征，一是资本积累的高度加速，二是一般利润率的持续下降。

---

① 《马克思恩格斯全集》第 44 卷，人民出版社，2001，第 483 页。
② 《马克思恩格斯全集》第 44 卷，人民出版社，2001，第 576 页。

（一）非物质劳动没有改变资本主义生产关系

在马克思的理论语境中，共产主义社会出现的两个前提性要件分别是破除资本主义生产关系和联合起来的个人。在《资本论》中，马克思已经初步勾勒出这两个基本维度，即政治经济学批判的客体向度与自由人联合起来的主体向度。哈特和奈格里从非物质劳动这一新的时代命题出发指认，要想为未来共产主义社会奠基，不能仅仅改变资本主义社会生产关系，必须同时对资本主义社会生成的抽象个体进行改造。如果说政治经济学批判为共产主义社会提供了客观的存在基础，那么生命政治学批判就为未来共产主义社会秩序的建立提供革命主体。基于生命政治学批判维度探寻未来共产主义秩序建立之革命主体的方法肇始于福柯。福柯指出，资本主义社会的发展过程不仅仅生产出人与人之间的生产关系，同时还以生命政治方式塑造了参与这种生产关系的个人，个人被还原为可计算的理性个体。在资本主义市场经济活动中，自由主义实质上处于一种不自由状态，"自由主义的表述只能是这样的：我要为你产生出自由所凭借的东西。我将使你自由地成为自由的。因此如果这种自由不是命令自由而是管理和组织人们能够自由所依赖的条件，你们会发现，在这种自由主义实践的核心处确立起了以下两者之间这样一种永远不同的、动态的复杂关系：一方面产生出自由，另一方面这种行为在产生自由时又具有限制和摧毁自由的危险"①。

哈特和奈格里认为，从规训社会到控制社会的转变，与马克思曾指认的资本对劳动从形式占有到实质占有的转变是一致的。在哈特和奈格里看来，福柯的理论视域仍然局限于物质劳动领域，但是当代资本主义社会已经从现代社会步入到后现代社会。在完成了对资本主义生产关系的政治经济学批判之后，哈特和奈格里认为仍然需要对非物质劳动生产出的所谓自

①　〔法〕福柯：《生命政治的诞生》，莫伟民等译，上海人民出版社，2011，第53页。

由个体进行批判，唯有完成这两个基本步骤之后，马克思的政治经济学批判才算彻底完成。在步入后现代资本主义社会之后，传统工业资本主义生产时代通过榨取劳动工人获得剩余价值，后来逐渐发展为控制和剥削全体公民。基于这一逻辑推演，哈特和奈格里指认，在全球化帝国时代反抗帝国统治必须寄希望于没有阶级内涵的诸众主体。

哈特和奈格里将非物质劳动塑造的合作形式视为未来共产主义秩序建立的现实基础。在哈特和奈格里看来，帝国时代资本对劳动的形塑方式完全可以被扭转为一种后现代新型革命的契机。促使哈特和奈格里得出这一结论的主要依据是，非物质劳动本身蕴含着互动合作的因素。非物质劳动产品最根本的属性是强烈地反对私人占有，同时这种非物质劳动产品本身具备可复制特性。哈特在一次访谈中专门谈到这一矛盾，"某个人拥有某台机器，这种私人所有在资本主义体系内部并不妨碍机器的正常运行，并不削弱机器的生产力，但是对知识的私人所有却伤及生产力。例如，为了生产出更多更好的药物，其药理机制——作为制药行业的科学基础——就应该向科学团队的其他成员公开。如果知识不传播不发表，如果它在科学团队中不为人所共知，那么它就不再具有生产力——知识越是被私有化，就越不具有生产力！"①

哈特和奈格里将非物质劳动时代生产力共有与资本私人占有之间的矛盾视为未来共产主义可能到来的一种标识。在非物质劳动过程中，一种全新的数字化共产主义正在孕育。之所以得出这一重要结论，正是基于非物质劳动产品具有超出资本私人占有的生产关系维度，而数字化生产本质上就是共产主义生产方式的一种。哈特和奈格里之所以提出数字化共产主义概念，主要是基于非物质劳动具备不再受物质生产稀缺性制约的独特性质这一事实。不再像传统工业通过消耗原材料创造物质财富，非物质劳动只需通过生命自身进行自主生产。为此，哈特和奈格里专门列举了一个例

---

① 〔美〕迈克尔·哈特：《概念的革命与革命的概念》，秦兰珺译，《马克思主义与现实》2012年第1期。

子，"当我与你分享一个观念或图像的时候，我思想的能力并没有弱化；相反，我们关于观念和图像的交流增强了我的能力。感受的生产、交流的网络以及协作模式直接就具有社会性，并为整个社会所共享"①。

非物质劳动时代最显著的特征就是劳动力从现有的资本主义生产关系之中挣脱出来，这就为哈特和奈格里提出诸众埋下了伏笔。"诸众同时摆脱私有制和公有制，并获得自主性；在协作、交往和组织社会相遇过程中接受教育和训练，从而实现社会主体的转变；最终实现共同性的不断积累。这就是资本创造自己掘墓人的方式：追求自身的利益，并维持自身的生存，它就必须强化生产性主体的能力和自主性。当那种能力的积累跨越门槛时，诸众就会带着自主地统治共同财富的能力出场。"② 基于非物质劳动时代的共同性特征，哈特和奈格里扭转了马克思语境中资本统治劳动的逻辑，他们认为在非物质劳动条件之下劳动具备独立于资本统治的主体性逻辑。劳动与资本分离直接导致的结果便是劳动力不再依赖资本，这也就意味着劳动具备了自主行动的能力。

实际上，非物质劳动并没有改变劳动与资本之间的统治关系，数字化生产方式的未来不是共产主义社会，而只是一种全新的资本统治形式。在当代资本主义生产过程中，真正起决定性作用的并不是非物质劳动关系而是资本逻辑。哈特和奈格里指出，当代资本主义非物质生产本质上体现了一种数字化共产主义趋势。数字化资本主义时代的重要特征之一便是资本有机构成发生变化，固定资本逐步退出，无形资本开始占据主导地位。哈特和奈格里对当代资本主义社会新变化的这种解读显然失之偏颇，同时他们对马克思主体解放理论的解读也有些片面。在非物质生产过程中，真正起决定性作用的不是普遍智能，而是一种新崛起的数字资本。也就是说，进入到非物质劳动时代，整个资本主义生产过程非但未能逃脱出资本逻辑

---

① 〔美〕哈特、〔意〕奈格里：《大同世界》，王行坤译，中国人民大学出版社，2016，第219页。

② 〔美〕哈特、〔意〕奈格里：《大同世界》，王行坤译，中国人民大学出版社，2016，第240页。

的控制，反而以更加稳固的方式被固定在资本主义生产体系当中。哈特和奈格里预言的数字化共产主义并没有到来，恰恰相反，数字资本主义却在加速生成当中。按照数字资本发展的一般趋势，可以预测未来社会并不是数字化共产主义，而是数字资本在越过产业资本和金融资本之后开始占据统治性地位，并形成一套完整的数字资本主义社会体系。在数字资本主义视域之下，每一个社会成员都沦为数字资本的奴隶。数字资本主义成为以一般数据为基础的新型资本主义形态，数字资本成为当代资本主义社会的支配性力量，而生活在数字资本主义社会中的每一个成员都被数字平台所重塑。因此，哈特和奈格里预言数字化共产主义将要到来显然是过于乐观了，在数字资本主义主导的社会中，劳动工人不是实现了对固定资本的掌控，而是在更深层次上被数字资本所控制。

（二）绝对民主是乌托邦

关于未来政治制度的设计，哈特和奈格里综合了众多的理论资源和时代特色。沿着西方古典理论路线，哈特和奈格里充分地吸收了斯宾诺莎理论中夹杂着的多样性和差异性理念，"斯宾诺莎提倡的民主可以称之为绝对民主，而绝对民主就是没有限制、无法度量，社会契约和政治实体等都被完全抛在一边"①。同时哈特和奈格里不断地将意大利自治主义的理论装入绝对民主这个新瓶里。在西方民主制度走向死胡同以及在全球化的时代背景之下，哈特和奈格里尝试重构一套绝对民主的政治制度。但问题的关键在于，即使为绝对民主寻找到再多的理论支撑，它也不具备任何实践的可能。那么这种充满幻象的绝对民主制度又有何意义？

哈特和奈格里从两个基本点出发对绝对民主进行了制度设计。第一个基本点，绝对民主是没有主权的存在，它不再局限于任何单一的民族国家，而是一个全球化的民主形式。绝对民主之所以被称为全球民主，主要

---

① Antonio Negri, *Reflections on Empire*, Cambridge：Polity Press，2008，p. 88.

是由于帝国已经取代了帝国主义，"国家框架内民主概念的适用性已经达到了它的极限了，我们必须创造新的全球民主的概念取代它。我们必须用全球的观点来思考民主，不能只把国家下面的民主概念延伸，我们必须想象新的民主，一种可以和现代全球状况相适应的民主。这是一个积极的任务，因为以往反全球化的运动都集中于负向的思考，它们主要在于去认识全球体系中民主、自由、平等的缺乏。我所想做的，是去想象另一种全球化。这个全球化中，没有一个世界必须回到地区主义，这个全球化的准则，是自由、平等和民主。对我来说，这是全球化的议题里面，最大的挑战"①。同时绝对民主也不单单是政治领域的民主，还是涉及经济、社会等领域的混合民主。第二个基本点，绝对民主的实现方式只能是自下而上而不可能是自上而下，只能借助暴力革命。在哈特和奈格里看来，任何企图通过自上而下的改良方式设计民主，最终都只能是徒劳。只能通过暴力革命的方式创造一个绝对民主的新世界。

为了设计这样一整套绝对民主制度，哈特和奈格里做了理论和实践上的准备。他们主要从三个方面来论证绝对民主制度实现的可能性。第一个方面是"经济上的可能性"。在当今全球化时代劳动工人从事非物质劳动生产主要借助语言、智力和情感等工具，而这些工具都是可以共享的。劳动工人在生产过程中可以自主地做出决定，"正如同生产共有之物一样，劳动者也可以自主地做出政治决定。事实上，在一定程度上，经济生产和政治生产之间的界限已经消解，劳动者共同生产自身，生产出社会的政治组织"②。第二个方面是"政治上的可能性"。这种"政治上的可能性"主要是基于这样一个基本判断：民主越来越成为时代的潮流，民主的力量也逐步汇集起来，绝对民主的出现只是时间的问题。同时革命组织方式也越来越民主化，"网络组织，以它的构成部分和信息网络多元性为基础，不

---

① 汪民安主编《生产》第 1 辑，广西师范大学出版社，2004，第 225 页。
② Michael Hardt and Antonio Negri, *Multitude*: *War and Democracy in the Age of Empire*, London: The Penguin Press, 2004, p. 339.

再可能出现中央集权化的统治结构。在网络组织形式当中，没有任何中心，只有不可化约的多元节点互相联系。"① 第三个方面是"诸众本身的可能性"。在哈特和奈格里看来，具备多元性和差异性的诸众本身就是反抗权力的存在，本身具有身体反抗的潜能。帝国主权面对的正是诸众的身体、无法被规训的诸众身体。事实上，哈特和奈格里关于绝对民主的制度设计只是一种理想状态下的可能性方案，而绝对不可能成为一种可以目睹的现实政治制度。最终哈特和奈格里只能选择将绝对民主与持续革命画上等号。

（三）资本逻辑是资本主义危机的根源

资本主义民主政治并不是实质性民主，而是形式性民主。之所以得出这样一个结论，主要是基于两个方面的考虑。一方面，资产阶级诞生之初之所以提倡民主政治，主要目的就是要摆脱传统封建专制制度的束缚。资本主义不断发展推动着社会历史进程，为资产阶级迅速执掌国家大权提供了契机，也使得资本主义民主政治成为不可阻挡的历史发展趋势。另一方面，资本主义民主深受资本逻辑的制约，当资本主义民主政治有利于资本实现增殖的目的时，资本就会大力弘扬和发展相关理念；一旦资本主义民主政治阻碍了资本增殖，其就必然改变策略，资本主义民主就将走向彻头彻尾的专政与暴政。通过选举产生的政府与议会往往沦为大资本的政治代言人，不同资本通过各自的政治代理人以政治斗争的形式进行博弈、厮杀与合谋。

资本主义的自由民主并不是真正意义上的"多数人的统治"，而是代表了资本逻辑控制下生成的多元竞争机制。从资本权力的视角来看，在西方民主政治制度中，不论是代议制还是议会制，严格意义上都不是真正的民主制度。事实上，马克思在考察资本主义政治制度时就已经意识到了这

---

① Michael Hardt and Antonio Negri, *Multitude*: *War and Democracy in the Age of Empire*, London: The Penguin Press, 2004, pp. 81-82.

一问题："政治国家是一个同市民社会分离开来的存在。一方面，如果全体人员都是立法者，那么市民社会就会扬弃自身。另一方面，与市民社会相对立的政治国家只有具备符合政治国家尺度的形式，才能容忍市民社会。换句话说，市民社会通过议员参与政治国家，这正是它们分离的表现，而且正是它们的纯粹二元性统一的表现。或者恰好相反，市民社会就是现实的政治社会。如果这样，提出那种仅仅从政治国家是同市民社会分离开来的存在这一观念中产生的要求，提出那种只是从关于政治国家的神学观念中产生的要求，这是荒诞无稽的。"[1] 在这个层面之上，"代议制民主"取代了"参与民主"或"直接民主"，其本质意义就是将人民权力与国家权力分离开来。资本主义意义上的自由与平等并不是真正意义上的自由与平等，而是受限于资本主义生产关系的内在逻辑。

资本逻辑要求一个自由、平等的资本主义市场交换环境。资本主义商品交换需要一个等价交换的市场环境，"每一个主体都是交换者，也就是说，每一个主体和另一个主体发生的社会关系就是后者和前者发生的社会关系。因此，作为交换的主体，他们的关系是平等的关系。在他们之间看不出任何差别，更看不出对立，甚至连丝毫的差异也没有"[2]。正是在商品交换的过程中，交换主体之间生成了一种平等自由的关系，而这一关系正是现代资本主义民主政治制度的经济基础。本质上来说，不论是自由平等的观念还是政治制度，都是以商品的等价交换为基础的，"平等和自由不仅在以交换价值为基础的交换中受到尊重，而且交换价值的交换是一切平等和自由的生产的、现实的基础。作为纯粹观念，平等和自由仅仅是交换价值的交换的一种理想化的表现；作为在法律的、政治的、社会的关系上发展了的东西，平等和自由不过是另一次方上的这种基础而已"[3]。形式上的自由与形式上的平等正是资本逻辑生成和发展的必要条件之一，正是自

---

[1] 《马克思恩格斯全集》第 3 卷，人民出版社，2002，第 148 页。
[2] 《马克思恩格斯全集》第 30 卷，人民出版社，1995，第 195 页。
[3] 《马克思恩格斯全集》第 30 卷，人民出版社，1995，第 199 页。

由平等的简单交换关系为一种更高级的资本主义生产关系的生成奠定了前提基础。

自由平等的交换关系内在地依附于资本逻辑。随着资本逻辑的发展与蔓延，纵使形式上的自由与平等是资本逻辑的内在要求，资本逻辑也一定不会只停留在交换关系的层面，而是会进一步发展出更高级的生产关系。马克思在批判蒲鲁东这一类社会主义者时已经亮出自己的观点，"交换价值，或者更确切地说，货币制度，事实上是平等和自由的制度，而在这个制度更进一步的发展中对平等和自由起干扰作用的，是这个制度所固有的干扰，这正好是平等和自由的实现，这种平等和自由证明本身就是不平等和不自由。认为交换价值不会发展成为资本，或者说，生产交换价值的劳动不会发展成为雇佣劳动，这是一种虔诚而愚蠢的愿望。这些先生不同于资产阶级辩护论者的地方就是：一方面他们觉察到这种制度所包含的矛盾，另一方面抱有空想主义，不理解资产阶级社会的现实的形态和观念的形态之间必然存在的差别，因而愿意做那种徒劳无益的事情，希望重新实现观念的表现本身，而观念的表现实际上只是这种现实的映象"①。由此，可以清晰地看到马克思对资本主义交换关系制造出的表面上自由与平等的质疑。

马克思极为深刻地揭示了资本主义自由平等生产关系的内生性悖论：一方面在劳动产品交换的表象层面呈现一种形式自由平等关系；另一方面在劳动产品交换的背后隐藏着人与人之间的权力支配关系。这种形式和实质的背离构成当代资本主义社会的全景，也正是这一对悖论性关系折射出资本追求剩余价值的内在本质。因此资本主义意义上的自由是一种不全面的、带有历史局限性的自由，"这种个人自由同时也是最彻底地取消任何个人自由，而使个性完全屈从于这样的社会条件，这些社会条件采取物的权力的形式，而且是极其强大的物，离开彼此发生关系的个人本身而独立

---

① 《马克思恩格斯全集》第30卷，人民出版社，1995，第204页。

的物"①。

传统自由主义所建构的自由平等的社会契约是建立在简单的市场交换关系之上，并没有考虑到现实的市场关系最终是由资本权力所决定。也就是说，按照理念设计的资本主义制度被资本逻辑所控制，所以在现实层面上其不可能真正兑现自由平等的承诺。在现实资本主义制度中资本逻辑有力地宣扬了自由、平等、民主等现代政治理念。但这些现代的政治理念始终未能摆脱资本逻辑的控制。一方面自由平等政治理念是为资本增殖目的服务，其对资本逻辑表现出深层次的依附，民主政治理念只能作为工具性价值而存在，而不能作为终极性价值而存在。另一方面伴随资本逻辑自我实现的矛盾运动，自由平等民主的政治理念终归会陷入内在冲突与自我消失的境地。按照马克思的解读，资本主义自由平等的政治理念不能真正践行的根本原因在于，它深陷现实的资本主义生产关系之中。

马克思将资产阶级构建的民主政治制度看作"纯政治的"部分解放，而要实现人类社会的彻底解放就必须深入资本主义社会的存在基础，变革资本主义生产关系。在《〈政治经济学批判〉序言》中马克思得出了这样一个结论："法的关系正像国家的形式一样，既不能从它们本身来理解，也不能从所谓人类精神的一般发展来理解，相反，它们根源于物质的生活关系，这种物质的生活关系的总和，黑格尔按照18世纪的英国人和法国人的先例，概括为'市民社会'，而对市民社会的解剖应该到政治经济学中去寻求"②。因此，马克思对资本主义社会的政治经济学批判绝不可归为单纯意义上的实证主义经济学，他通过对资本主义社会存在论基础的批判为无产阶级革命提供理论和实践基础。

在《资本论》中，马克思是在政治经济学批判基础之上以革命范畴突出政治活动的作用。资本主义民主政治是一种解放政治，但是资本主义的这种解放绝不是马克思意义上的主体解放。在掀开资产阶级抽象的人本主

---

① 《马克思恩格斯全集》第46卷下册，人民出版社，1980，第161页。
② 《马克思恩格斯文集》第2卷，人民出版社，2009，第591页。

义面纱之后，马克思将实现人的自由全面发展作为人类社会发展最高的目标。资本主义民主政治是以防范政治对社会和私人生活的入侵为内核，从根本上讲这种民主政治理念就是为了保障资产阶级统治地位的合法性。尽管马克思肯定了资产阶级对人类政治解放做出的历史贡献，但他坚持认为由于受经济基础的制约，资本主义民主政治只是局部的政治解放而不是彻底的主体解放。在马克思的理论视域中，真正实现主体解放，这一任务只能由无产阶级来承担，如果无产阶级没能得到真正解放，就完全谈不上整个人类解放。革命就是要打破统治关系存在的理论前提，被统治阶级获得解放不是说要生成一种新的统治阶级而是要全面地消除统治关系本身。

第六章　当代西方左翼破解主体重塑局限的内部省思

哈特和奈格里属于当代西方左翼，站在左翼立场反思主体重塑的破解方案，部分当代西方左翼学者将视线转向当代中国，尤其关注群众路线理论和人类命运共同体理念。在一些当代西方左翼学者看来，在国家治理层面上群众路线能够将一个一个断裂的点聚合成一个共同体的"表面"，而在全球治理层面上人类命运共同体又能为化解全球性治理危机提供中国方案。

一　群众路线理论是国家层面的破解方案

主体从来都不是一个纯粹自然性概念，构建主体是一项重要的政治任务。伴随着资本主义社会公共领域的日益碎片化，民众是否真实存在受到严重质疑。为诊断并解决当代资本主义民主政治危机，当代西方左翼内部尝试引入毛泽东的群众路线理论。当代西方左翼认为，群众路线具备解决当代资本主义民主政治危机的规范化力量。

（一）群众路线的政治学理论审视

在当代西方民主政治制度遭遇一系列困境的情况之下，当代西方左翼纷纷将理论关注点聚焦到毛泽东的群众路线理论上。其尝试通过对毛泽东群众路线理论的重新梳理，为破解当代西方资本主义的国家治理困境提供一种新的理论资源和建构思路。在此需要特别做出说明的是，新的时代语境之下再提群众路线必然不再是重复过去而必须重构群众路线的当代意蕴。之所以要重构群众路线理论，当代西方左翼拉克劳对群众路线有过详细的阐释，他将毛泽东的群众路线理论视为化解当代资本主义人民主权危机的重要理论资源，"从诸多对抗性情境的多元性中，尝试建构出一个历史性行动者的'人民'"①。在毛泽东的理论语境中，"人民"与"群众"这两个概念并没有严格的区分，甚至在大多数情况之下他直接使用"人民群众"这一概念。需要特别说明的是，拉克劳语境中的毛泽东的人民概念绝不是当代西方民主政治理论语境中的人民概念。在拉克劳看来，毛泽东的人民概念是一个多元具体建构的概念，是在多元断裂点上由零碎的个体构建而成的一个共同体。巴迪欧赞同拉克劳对毛泽东人民概念的解读。基于此，巴迪欧将毛泽东关于正确处理人民内部矛盾这一命题解读为在一个国家内部将各种对抗矛盾"凝聚成为一个共同体"的过程。②

　　在当代西方左翼的理论视域中人民并不是一个自然存在的概念，构建人民主体是一个政治任务。当代西方左翼尝试从毛泽东的群众路线理论中找到构建人民主体的思路。从毛泽东关于群众路线理论的经典论述中，当代西方左翼尝试建构出人民主体的理论框架。毛泽东指出，群众路线就是"将群众的意见（分散的无系统的意见）集中起来（经过研究，化为集中的系统的意见），又到群众中去作宣传解释，化为群众的意见，使群众坚持下去，见之于行动，并在群众行动中考验这些意见是否正确。然后再从群众中集中起来，再到群众中坚持下去。如此无限循环，一次比一次地更正确、更生动、更丰富"③。这一经典论述中先后出现了两次"群众的意

---

① Ernesto Laclau, *On Populist Reason*, London：Verso, 2005, p. 122.

② Alain Badiou, *Being and Event*, London：Continuum, 2015, p. 12.

③ 《毛泽东选集》第 3 卷，人民出版社，1991，第 899 页。

见"，第一次出现的"群众的意见"指的是分散无系统的意见汇总，第二次出现的"群众的意见"指的是达成共识之后形成的意见。前后两次"群众的意见"的出场展示了毛泽东对"人民主体"的生成的理解。从分散的群众的意见到达成共识性的群众的意见，这一过程被当代西方左翼视为重塑政治主体的过程。

群众路线涉及政治哲学的一些基本问题。"作为领导方法和工作方法，群众路线是以群众观点为指导思想的。要贯彻群众路线，必须树立群众观点。没有明确的群众观点，就不会有真正的群众路线。"① 这就决定了群众路线是政治原则与领导方法的统一、政策制定与政策实施的统一，其中作为政治原则的群众观点居于更为根本的位置。群众观点是群众路线的理论前提和关键条件。群众观点隐含的内在结构性逻辑前提是先锋队与人民群众的二分法。二分法基于对人类社会发展一般规律的认识，部分掌握人类社会发展规律的先进分子通过发动人民群众以革命的方式进行斗争。换句话说，尽管劳动工人天然地作为先进生产力的代表而存在，但是劳动工人并不能自发地产生反抗资产阶级的意识。这就需要先锋队向广大人民群众灌输马克思主义理论，动员其参与反抗资产阶级的无产阶级革命斗争。

基于构建革命主体的政治任务，毛泽东专门对先锋队与人民群众进行了区分，这就存在两个假设前提。第一个假设前提是先锋队必须能够承担起历史任务。事实上，马克思专门阐释过无产阶级先锋队的作用："共产党人同其他无产阶级政党不同的地方只是：一方面，在无产者不同的民族的斗争中，共产党人强调和坚持整个无产阶级共同的不分民族的利益；另一方面，在无产阶级和资产阶级的斗争所经历的各个发展阶段上，共产党人始终代表整个运动的利益。因此，在实践方面，共产党人是各国工人政党中最坚决的、始终起推动作用的部分；在理论方面，他们胜过其余无产阶级群众的地方在于他们了解无产阶级运动的条件、进程和一般结果"②。

---

① 杜李编著《论群众路线》，辽宁人民出版社，1984，第101页。
② 《马克思恩格斯文集》第2卷，人民出版社，2009，第44页。

马克思的这一思想置换至中国语境中就被毛泽东表述为："我们的党是无产阶级政党，是无产阶级的先进部队，是用马克思列宁主义武装起来的战斗部队"①。第二个假设前提是先锋队必须具备认识长远利益的能力。同时，中国共产党创始人之一董必武也做过精彩的阐释："有些同志以为实行群众路线不需要党来领导，这也不对。没有党的领导，群众利益是不能实现的。党领导群众就是为群众出主意，和群众一道去争取群众的利益。如土地问题，照一般农民的想法是用金钱去买，才可以得到土地。没收地主阶级的土地来分，这是我们共产党告诉农民的。政权问题就更明显，无产阶级夺取政权的概念，开始时在无产阶级群众中是模糊的，后来在共产党领导下，才有明确的意识，并在某些国度内建立起自己的政权了。象群众长远的利益或最高的利益，群众自身往往是看不见的，必须有党领导，群众才不致走错路。"② 通过梳理群众路线的两个假设前提可以推导出先锋队与人民群众之间的内在关系，二者之间关系的主动权始终在先锋队而不是在人民群众手中。

考察先锋队与人民群众之间的辩证关系，可以从两个方面入手，即考察先锋队和人民群众各自的性质与作用。第一，作为先锋队的共产党在性质和作用方面具备示范意义。在先锋队的性质界定方面，作为无产阶级先锋队，共产党存在的目的和意义就是带领和组织人民群众。"有的同志说，过去走了'干部路线'，现在要走群众路线，只提倡群众当家，反对干部当家。哪里会有不要干部的群众路线？那只能变成群众要怎样办就怎样办。群众怎样当家？总要选派代表吧，不能几百万人一齐当家吧，干部还不就是他们的代表。许多同志认不清这一点，把群众当家和干部当家对立起来，是错误的。"③ 作为先锋队，共产党的作用是毋庸置疑的。"工人阶级的政党不是把人民群众当作自己的工具，而是自觉地认定自己是人民群

---

① 《毛泽东文集》第8卷，人民出版社，1999，第307页。
② 《董必武选集》，人民出版社，1985，第174页。
③ 《刘少奇选集》上卷，人民出版社，1981，第405页。

众在特定的历史时期为完成特定的历史任务的一种工具"①。由此，"党必须密切联系群众和依靠群众，而不能脱离群众，不能站在群众之上；每一个党员必须养成为人民服务、向群众负责、遇事同群众商量和同群众共甘苦的工作作风"②。共产党作为先锋队，其性质和作用两方面决定了它与人民群众之间的血肉联系："党是工人阶级的先锋队，又是人民群众的一部分；党是人民群众的政治领袖，又是人民群众在特定的历史时期为完成特定的历史任务的革命工具；党需要人民群众的全力支持，人民群众需要党的正确领导。党是一时一刻也不能脱离人民群众的。那么，党怎样才能和人民群众保持最密切的联系，并不断扩大与增强这种联系，而永远不脱离群众呢？那就必须贯彻群众路线，从而，党才能坚持正确的领导，而取得人民群众的信任和拥护。同时，也只有在党的正确领导下，人民群众才能获得解放，获得幸福"③。

第二，作为群众路线主体的人民群众具备无穷的创造力。在无产阶级先锋队与人民群众之间，人民群众是需要被唤醒的潜在对象，"我们不但要研究在什么问题上去联系群众，而且要研究着重联系群众的什么部分"④，"要把联系群众提高到政治原则上来，不是随波逐流，不加选择，没有目标，没有方向地去联系群众"⑤。在无产阶级先锋队的带领之下，人民群众也要相信自己有能力解放自己，"毛泽东同志经常说：人民群众是真正伟大的，群众的创造力是无穷无尽的，我们只有依靠了人民群众，才是不可战胜的，只有人民群众，才是历史的真正创造者，真正的历史是人民群众的历史。马克思早就说过：劳动者是自己解放自己。国际歌上说：不是皇帝，不是神仙，也不是英雄豪杰，全靠自己救自己。这就是说，人民群众自己的解放，只有人民群众自己起来斗争，自己起来争取，才能获

---

① 《邓小平文选》第 1 卷，人民出版社，1994，第 218 页。
② 《邓小平文选》第 1 卷，人民出版社，1994，第 217 页。
③ 杜李编著《论群众路线》，辽宁人民出版社，1984，第 103 页。
④ 《胡乔木文集》第 2 卷，人民出版社，2012，第 352 页。
⑤ 《胡乔木文集》第 2 卷，人民出版社，2012，第 353 页。

得，才能保持与巩固；而不是任何群众之外的人所能恩赐、所能给予的，也不是任何群众之外的人能够代替群众去争取的。所以恩赐的观点，代替群众斗争的观点，是错误的"①。

依据群众路线，治国者具备高度自主性，在整个政治运行过程中存在着一些特点与优势。大致来说，可以从以下两个方面进行论述。第一个方面，群众路线决定了群众立场。群众路线的典型特质就决定了要"注意每一个工作环节上的每一个同志，不要让他脱离群众。教育每一个同志热爱人民群众，细心地倾听群众的呼声；每到一地，就和那里的群众打成一片，不是高踞于群众之上，而是深入于群众之中；根据群众的觉悟程度，去启发和提高群众的觉悟"②。群众路线这一工作思路决定了领导干部必须学会适时转变角色。在这一点上毛泽东要求领导干部要经常下基层，并且在下基层时要与人民群众同吃、同住、同劳动，通过这种工作方式保持与人民群众的血肉联系，领导干部才能够转变角色。

第二个方面，群众路线决定代表内容。毛泽东在《关心群众生活，注意工作方法》中就此有专门的阐述："一切这些群众生活上的问题，都应该把它提到自己的议事日程上。应该讨论，应该决定，应该实行，应该检查。要使广大群众认识我们是代表他们的利益的，是和他们呼吸相通的"③，"就得和群众在一起，就得去发动群众的积极性，就得关心群众的痛痒，就得真心实意地为群众谋利益，解决群众的生产和生活的问题，盐的问题，米的问题，房子的问题，衣的问题，生小孩子的问题，解决群众的一切问题"④。当然，群众的客观需求也是不断发生变化的。在经济发展水平较低的情况之下，吃饭穿衣是最基本的生活需求，但是随着生产力发展水平的提高，满足这类基本生存需求的重要性就降低了，更为重要的是要满足一些更高层次的客观需求。在这个意义上，群众路线就要求领导干

① 《刘少奇选集》上卷，人民出版社，1981，第350~351页。
② 《毛泽东选集》第3卷，人民出版社，1991，第1095页。
③ 《毛泽东选集》第1卷，人民出版社，1991，第138页。
④ 《毛泽东选集》第1卷，人民出版社，1991，第138~139页。

部在了解社会各个阶层的基本需求之后，同步考察和调研人民群众基本需求的动态变化。

（二）群众路线的政治学实践探索

从政治学层面考察，群众路线可以被视为当代中国的政治运行机制。在中国共产党早期领导人那里就已经有了对群众路线和群众观点的一个基本区分，刘少奇在中共七大上作关于修改党章的报告时，专门对群众观点和群众路线进行了具体区分。群众路线"是我们党的根本的政治路线，也是我们党的根本的组织路线。这就是说，我们党的一切组织与一切工作必须密切地与群众相结合"①；群众观点则是"一切为了人民群众的观点，一切向人民群众负责的观点，相信群众自己解放自己的观点，向人民群众学习的观点，这一切，就是我们的群众观点，就是人民群众的先进部队对人民群众的观点。我们同志有了这些观点，有了坚固的明确的这些群众观点，才能有明确的工作中的群众路线，才能实行正确的领导"②。简单地说，群众观点属于政治理论层面，群众路线则属于政治理论的实践层面。

在美国学者哈丁看来，群众路线与当代西方民主政治在决策环节上没有区别，大致包括信息收集、议程设定、政策确定、政策实施、政策评估等环节。不过在决策过程中，哈丁认为群众路线还是具备两个特性：一是群众路线的决策过程并不是单向循环模式，整个决策过程被看作一个周而复始、不断逼近的过程，这个过程只有起点没有终点；二是在群众路线的决策过程中最终的拍板者不是决策者而是人民群众，决策结果需要在人民群众的实践活动中不断地接受检验和修正。③ 从政治运行机制来看可以将政治体系与外部环境之间的互动划分为三个阶段：输入、转换和输出。输入和输出表征着政治体系同外部环境之间的转换，而转换发生在政治体系

---

① 《刘少奇选集》上卷，人民出版社，1981，第 342 页。
② 《刘少奇选集》上卷，人民出版社，1981，第 354 页。
③ Harry Harding, *China's Second Revolution*, Washington DC, 1987, p. 85.

运行的过程当中。就中国政治体系而言，美国学者汤森和沃马克在《中国政治》一书中，将转换环节与输出环节进行了合并，把整个政治体系运行过程简化为两大阶段，即输入和输出。"我们可以把每个政治制度的核心过程描述为：将代表社会内部的个人和团体的利益、目标和愿望的那些要求转变成政治决策，然后通过政府机构来贯彻和检验这些政策。这一过程包括两个阶段：第一个阶段是将要求传入政府结构的输入阶段；第二个阶段是输出阶段，它包括做出和贯彻决定的内容。"①

作为中国共产党执政的根本政治路线，群众路线是当代中国政治运行机制的具体表达。群众路线源于中国共产党对革命实践经验的理论总结，而到了社会主义建设时期它又被凝练为执政理念。群众路线对在当代中国政治实践过程中的利益表达机制、政策制定机制与政策效果反馈机制等都有明确规定。作为一个完整的政治运行体系，群众路线不仅在整体上保持高度的连贯性和系统性，而且在每一个环节都保持系统内部的高度统一性。

第一个阶段，政治输入阶段，也即利益表达阶段，采取的是"从群众中来"的方式。"从群众中来"是政治运行体系中的基础性环节。中国共产党的一切实践活动必须是以人民群众的根本利益作为出发点，群众路线是保障人民群众利益的具体措施。在这方面有很多实践经验可以证明，"许多人并非在主观上没有为人民服务的愿望，但是他们仍然把工作做坏了，使群众受到重大的损失。这是因为他们自以为是先进分子，是领导者，比群众懂得多，因而遇事不向群众学习，不同群众商量，因而他们出的主意，经常在群众中行不通；但是，他们又不从错误和失败中取得教训，以为错误和失败，只是由于群众落后和其他临时因素的影响，因而滥用党的威信，继续一意孤行，这就使他们的错误和失败愈来愈严重。在我们党的历史上，这种主观主义者给我们党的损失，给中国革命和中国人民

---

① 〔美〕汤森、〔美〕沃马克：《中国政治》，顾速等译，江苏人民出版社，2003，第168页。

的损失，是不可胜数的。主观主义者不懂得，只有首先善于做群众的学生的人，才有可能做群众的先生，并且只有继续做学生，才能继续做先生。一个党和它的党员，只有认真地总结群众的经验，集中群众的智慧，才能指出正确的方向，领导群众前进。我们不是尾巴主义者，当然懂得，群众的意见一定不会都是正确的和成熟的。我们所谓总结和集中，并不是群众意见的简单堆积，这里必须要有整理、分析、批判和概括；但是，离开群众经验和群众意见的调查研究，那末，任何天才的领导者也不可能进行正确的领导。整理、分析、批判和概括也是会犯错误的，但是不断地同群众商量，不断地研究群众的实践，这就使党有可能少犯错误，并且及时地发现和纠正错误，而不致使得错误发展到严重的地步"①。中国共产党与人民群众在根本利益上的一致性，确保了中国共产党能够最大限度地反映和代表最广大人民群众的利益诉求，从而为政策制定提供准确全面的信息。

第二个阶段，政治转换阶段，也即政策的制定环节，采取的是民主集中制原则。民主集中制对于中国共产党来说是一种决策机制，它本身就是群众路线的一部分。在抗日战争时期接受英国记者贝特兰的采访时，毛泽东就对作为决策机制的民主集中制进行过详细的阐述："民主和集中之间，并没有不可越过的深沟，对于中国，二者都是必需的。一方面，我们所要求的政府，必须是能够真正代表民意的政府；这个政府一定要有全中国广大人民群众的支持和拥护，人民也一定要能够自由地去支持政府，和有一切机会去影响政府的政策。这就是民主制的意义。另一方面，行政权力的集中化是必要的；当人民要求的政策一经通过民意机关而交付与自己选举的政府的时候，即由政府去执行，只要执行时不违背曾经民意通过的方针，其执行必能顺利无阻。这就是集中制的意义"②。在这里民主集中制可以被看作一个从感性认识上升到理性认识的过程。"要完全地反映整个的事物，反映事物的本质，反映事物的内部规律性，就必须经过思考作用，

---

① 《邓小平文选》第 1 卷，人民出版社，1994，第 218~219 页。
② 《毛泽东选集》第 2 卷，人民出版社，1991，第 383 页。

将丰富的感觉材料加以去粗取精、去伪存真、由此及彼、由表及里的改造制作工夫，造成概念和理论的系统，就必须从感性认识跃进到理性认识。这种改造过的认识，不是更空虚了更不可靠了的认识，相反，只要是在认识过程中根据于实践基础而科学地改造过的东西，正如列宁所说乃是更深刻、更正确、更完全地反映客观事物的东西"①。作为群众路线的一部分，民主集中制体现了群众路线的精髓，即从感性认识上升到理性认识。

第三个阶段，政治输出阶段，也即政策的反馈环节，采用的是一般与个别相结合的工作方法。具体来说就是"到群众中去"，把中国共产党制定的政策、路线、方针等放到人民群众当中进行宣传，转化为人民群众的自觉行动，并在群众行动之中检验这些政策、路线等是否准确合理。中国共产党将方针政策传达给人民群众，"有两个方法是必须采用的，一是一般和个别相结合，二是领导和群众相结合"②，而"从群众中集中起来又到群众中坚持下去，以形成正确的领导意见，这是基本的领导方法。在集中和坚持过程中，必须采取一般号召和个别指导相结合的方法，这是前一个方法的组成部分"③。一般号召的主体是中国共产党，中国共产党一方面向人民群众宣传政策方针，另一方面告诉人民群众具体如何开展工作。从某种程度上来说，一般号召的过程就是一个提高群众觉悟和认知水平的过程。这是因为大多数时候，"群众在客观上虽然有了某种改革的需要，但在他们的主观上还没有这种觉悟，群众还没有决心，还不愿实行改革，我们就要耐心地等待；直到经过我们的工作，群众的多数有了觉悟，有了决心，自愿实行改革，才去实行这种改革，否则就会脱离群众。凡是需要群众参加的工作，如果没有群众的自觉和自愿，就会流于徒有形式而失败"④。所谓的个别指导，就是领导干部直接下到一个或几个单位，深入到人民群众当中去，通过选择和剖析一到两个典型案例，亲自去指导和帮助

① 《毛泽东选集》第1卷，人民出版社，1991，第291页。
② 《毛泽东选集》第3卷，人民出版社，1991，第897页。
③ 《毛泽东选集》第3卷，人民出版社，1991，第900页。
④ 《毛泽东选集》第3卷，人民出版社，1991，第1012页。

人民群众开展日常工作。之所以说个别指导是政治输出的一个必经环节，是因为"如果只限于一般号召，而领导人员没有具体地直接地从若干组织将所号召的工作深入实施，突破一点，取得经验，然后利用这种经验去指导其他单位，就无法考验自己提出的一般号召是否正确，也无法充实一般号召的内容，就有使一般号召归于落空的危险"①。

至于如何处理一般号召与个别指导之间的辩证关系，在《关于领导方法的若干问题》中，毛泽东进行了专门的阐释："从许多个别指导中形成一般意见（一般号召），又拿这一般意见到许多个别单位中去考验（不但自己这样做，而且告诉别人也这样做），然后集中新的经验（总结经验），做成新的指示去普遍地指导群众"②。由此可见，一般号召与个别指导相结合既是中国共产党长期实践总结出来的一套基本的领导方法，同时也是政策执行和反馈的一套长期有效的政治运行机制。

（三）当代西方左翼转向对群众路线理论的考察

当代西方民主政治遭遇的最严重的危机正是代议制民主制度的危机。在代议制民主制度之下存在着两类人民，一类是掌握主权的抽象人民，一类是内部充满差异的现实人民。当代西方政治理论家曾尝试提供一套提高公民政治参与度的方案。比如巴伯提出的"强民主"政治方案。巴伯指认当代资本主义代议制民主政治是一种"弱民主"，"弱民主"过多地关注个人的自由而不是保障社会公平正义，在此基础之上他提出了扩大公民直接参与的"强民主"改革方案。③ 还有就是哈贝马斯提出的"协商民主"模式。④ "协商民主"也是尝试通过扩大参与范围、强调自由平等、完善民主程序等弥补代议制民主政治的缺陷和不足。尽管当代西方政治理论家提出

---

① 《毛泽东选集》第 3 卷，人民出版社，1991，第 897 页。
② 《毛泽东选集》第 3 卷，人民出版社，1991，第 900 页。
③ 〔美〕本杰明·巴伯：《强势民主》，彭斌等译，吉林人民出版社，2006，第 5 页。
④ 〔德〕尤尔根·哈贝马斯：《法的商谈理论与民主法治国的关键词》，周爱民译，《伦理学术》2020 年第 1 期。

各种各样的具体方案，当今世界主要资本主义国家实行的仍然是以选举竞争为内核的代议制民主制度。当代西方政治理论家提出的美好设想只能停留于纸面之上，不论是扩大公民参与还是实行直接参与式民主都无法解决效率低下、民粹横行、多数人暴政等一系列严重问题。

在全球化与市场化的今天，除了作为一种工作方法，群众路线在实现主体解放和指向未来社会秩序建构方面也有着重要意义。重提群众路线与其说是向历史的回归，不如说是为未来社会秩序寻找一套替代性方案。群众路线具备化解当代资本主义民主政治危机的规范性力量：不必再被动地等待人民参与政治活动，而是以制度化方式要求治国者走向人民群众。在当代西方代议制民主政治中公民将愿望表达出来，汇总后向政府进行反映，希望借此影响政府政策的制定。但在当代西方民主政治体制语境之中，能够影响政府政策制定的只能是上层社会主观层面的诉求，下层社会的基本需求是不可能真正显现出来的。而在群众路线的实践过程中，中国共产党与人民群众的关系逐渐转化为整体与部分的关系，中国共产党成为人民群众当中的一部分。通过与人民群众的直接互动，群众路线将人民群众直接拉入到政治运行过程当中，借助这种反复多次的实践活动，治国者与人民群众达成一致的利益取向。

当代资本主义民主政治陷入正当性危机，哈贝马斯曾列举出两种反抗当代资本主义的姿态："态度积极的是：大学生运动、中学生和学徒工的暴动、和平主义者、妇女解放；持逃避态度的有：嬉皮士、耶稣教教徒、麻醉性的亚文化群学校内的低级意向"[①]。当代资本主义并非不存在抗争运动，这些运动大都以经济的、生态的和文化的方式进行。这些抗争运动虽然具备一定的革命潜能，但是未必能够生成新的政治秩序，主要是因为它们仍然被强大的资本逻辑牢牢地控制。

面对当代西方代议制民主政治危机，西方学者尝试做出相关回应。为

---

① 〔德〕尤尔根·哈贝马斯：《重建历史唯物主义》，郭官义译，社会科学文献出版社，2000，第242页。

应对当代资本主义民主政治中人民参与政治活动不积极的状况，当代西方学者主张回到共和主义的政治体系当中。当代西方左翼认为，代议制民主政治过于关注个人发展而忽视了共同体所有成员的公平正义，这样只能造成少数精英阶层的积极投入和大多数人民的政治冷漠。但从实际情况来看，包括参与民主、协商民主等在内的旨在扩大公民参与的西方民主政治形式并没有撼动代议制民主政治的主导性地位。在具体的政治实践过程中，仅仅通过强调民众参与权很难实现民众积极参与政治活动的目标，唯有引入群众路线这一"逆向参与模式"才具备现实可能性。当代西方学者强调的参与式民主政治本质上仍然是将落脚点放在个人权利之上，而群众路线理论的落脚点不再仅仅是个人权利，更重要的是使政府官员履行职责。这正是群众路线与西方民主政治的重要区别。

在设计群众路线时，毛泽东就将群众路线同资本主义民主政治区分开来。在群众路线调查方法中，人民群众不是被动的参与者而是政治运行过程的重要组成部分。群众路线与当代资本主义民主政治之所以存在根本性区别，原因就在于它们对人民在共同体当中的定位不同。毛泽东在阐释人民群众的地位和作用时指出，"人民，只有人民，才是创造世界历史的动力"[1]。正是基于这一历史判断，毛泽东进一步告诫各级领导干部，"群众是真正的英雄，而我们自己则往往是幼稚可笑的，不了解这一点，就不能得到起码的知识"[2]。为此在群众路线的设定上，毛泽东要求各级领导干部重视人民群众的集体智慧，"'三个臭皮匠，合成一个诸葛亮'，这就是说，群众有伟大的创造力。中国人民中间，实在有成千成万的'诸葛亮'，每个乡村，每个市镇，都有那里的'诸葛亮'。我们应该走到群众中间去，向群众学习，把他们的经验综合起来，成为更好的有条理的道理和办法，然后再告诉群众（宣传），并号召群众实行起来，解决群众的问题，使群

---

① 《毛泽东选集》第 3 卷，人民出版社，1991，第 1031 页。
② 《毛泽东选集》第 3 卷，人民出版社，1991，第 790 页。

众得到解放和幸福"①。其实对于广大领导干部而言，认识到人民群众的重要性并不困难，真正困难的是在实践活动中如何切实执行群众路线的基本理念。毛泽东提醒广大领导干部在调查研究过程中，"没有满腔的热忱，没有眼睛向下的决心，没有求知的渴望，没有放下臭架子、甘当小学生的精神，是一定不能做，也一定做不好的"②。总的来说，群众路线的决策模式要求执政者主动且持续地深入到人民群众当中，而当代西方理论家设计的参与式民主政治制度只是强调民众的参与权。二者在理论设计上存在一定的差异，前者从制度化层面要求领导干部主动深入到人民群众当中，后者则停留在鼓励人民参与到政治运行过程中这一层面。现实的政治实践已经昭示，纵使人民主动参与政治的热情有了极大提高，但是人民最终能否对政府政策制定产生影响，很大程度上仍然取决于其在共同体中所处的位置。群众路线规定领导干部的职责使命是深入到人民群众的日常生活当中，通过反复逼近的方式执行调查、研究、综合和反馈的工作任务。

当代西方学者日渐将理论关注点转移到中国共产党总结出来的群众路线理论上来。美国著名政治学家哈里森认为可将毛泽东提出的群众路线分解为三个环节：收集人民群众的多元性建议与设想；从多元个体性与共同体整体的双重视角出发拟定人民群众的长远利益；通过具体的政策调整而不是空洞的宣传口号将人民群众的想法集中处理之后再反馈给他们。哈里森认为，在群众路线理论的三个环节当中第二个环节是关键，而在第二个环节当中作为治国者的领导干部又是核心中的核心。在哈里森看来，治国者肩负的使命不仅有收集多元利益诉求，同时需要将多元性意见进行汇总、分析，最终将处理后的意见提交至决策层。③ 正如邓小平在《关于修改党的章程的报告》中指出的："群众的意见一定不会都是正确的和成熟的。我们所谓总结和集中，并不是群众意见的简单堆积，这里必须要有整

---

① 《毛泽东选集》第 3 卷，人民出版社，1991，第 933 页。

② 《毛泽东选集》第 3 卷，人民出版社，1991，第 790 页。

③ Scott Harrison, *The Mass Line and the American Revolutionary Movement*, unprinted manuscript.

理、分析、批判和概括；但是，离开群众经验和群众意见的调查研究，那末，任何天才的领导者也不可能进行正确的领导。整理、分析、批判和概括也是会犯错误的，但是不断地同群众商量，不断地研究群众的实践，这就使党有可能少犯错误，并且及时地发现和纠正错误，而不致使得错误发展到严重的地步。"①

在群众路线政治实践活动中，治国者肩负着将多元个体意见凝聚成一个共同"表面"的政治任务。当代资本主义民主政治体系选举出来的大多数是政客，这些政客仅仅代表其背后选民的特殊利益。而唯有治国者才能够真正超越资本主义民主政治的框架，致力于增进整个共同体内所有人民的福祉。群众路线实践活动正是致力于将领导干部从个人升级为治国者。群众路线必须落实为制度化的政治实践活动，群众路线的实践活动成为各级政府官员日常工作的核心内容。群众路线要求治国者必须具备将多元个体凝聚为一个共同利益群体的能力，这种能力的具体体现正是毛泽东所倡导的"为人民服务"。当代西方左翼学者巴迪欧进一步挖掘了群众路线理论资源。在巴迪欧的解读之下，群众路线的政治运行过程除了哈里森指认的三个环节之外，还有一个极其重要的组成部分，那就是治国者甘愿成为人民群众的公仆。②

关于群众路线，有一点需要特别交代：治国者是人民群众的一部分，同时治国者肩负着"为人民服务"的政治任务。正是在这个意义上，对"从群众中来，到群众中去"可以进行一次全新的解读。在政治哲学层面上前后两个群众分别表征不同的含义：前一个指称的是人口学意义上的群众，后一个指称的则是政治学意义上的群众。在人口学意义上的"从群众中来"阶段，只存在多元化的个体利益，只有在治国者带领下"到群众中去"才能够逐步生成一个具备共同利益、共同福祉的共同体。在此意义上可以看出，群众路线视域中治国者与人民群众并不是处于二元结构之中，

---

① 《邓小平文选》第1卷，人民出版社，1994，第219页。
② 〔法〕巴迪欧：《第二哲学宣言》，蓝江译，南京大学出版社，2014，第118页。

前者本身是后者当中的一部分而已。并且治国者与人民群众之间的关系可以从两个维度重新定义：一是治国者是人民群众的先锋队；二是治国者是人民群众的公仆。内嵌式融入人民群众的治国者完美解决了当代西方左翼提出的"大写的人民"与"小写的人民"之间的割裂性难题。不难看出，当代西方左翼之所以如此关注群众路线理论，正是因为其看到了群众路线理论具备化解当代资本主义社会内部割裂性难题的理论前提和实践可能。

二　人类命运共同体理念是全球治理层面的破解方案

在全球化的今天，"支配一切的资本逻辑"造成了双重分裂，一重是人与人之间的分裂，另一重是以民族国家为主体的共同体之间的分裂。按照马克思的观点，扬弃资本逻辑是人类共同体的理论前提。当代西方左翼纷纷将关注的焦点转向当代中国，他们认为有助于破解全球治理危机的人类命运共同体理念具备理论与现实的可能性。

（一）扬弃资本逻辑是形成"自由人联合体"的逻辑前提

在马克思看来，资本主义的基本特征决定了其不可能局限于一国之内，它一定要走向世界市场。由于资本主义生产方式的全球拓展，资本主义不仅取得了物质领域的统治地位，而且在精神领域也占据了领导位置。资本主义在精神领域占据领导位置就意味着，在现实世界秩序中资本主义建立起一种支配与被支配的关系。资本主义生产方式的全球化使得整个世界陷入一种断裂性状态当中，国家与国家之间的关系成为一种征服与被征服的支配性关系。这样导致的结果必然是此起彼伏的战争与冲突，以及严重的人道主义灾难和难民危机，其发展到一定程度必然威胁整个人类共同体的安全。马克思较早系统地阐明了资本主义生产方式造成的全球性危机，并且精准地指出危机的根源在于资本积累的不平衡逻辑。

人类社会进入资本主义现代社会之后，资本逻辑成为资本主义生产关系中唯一的决定性因素。资本主义社会的所有物质生产关系和政治权力关系都是基于资本逻辑的运行过程。就此马克思评价过资产阶级："你们的利己观念使你们把自己的生产关系和所有制关系从历史的、在生产过程中是暂时的关系变成永恒的自然规律和理性规律，这种利己观念是你们和一切灭亡了的统治阶级所共有的"[①]。"支配一切的资本逻辑"在资本主义社会中造成了双重分裂，一重是个体与个体之间的分裂，另一重是共同体与共同体之间的分裂。资产阶级惯用的手段是将经济领域与政治领域隔离开来，这样做最大的一个便利是，资产阶级可以合理合法地将其特殊利益说成人类社会的普遍利益。在共同体内部个人与个人之间因利益不同而存在着分裂状况，扩大到全球范围民族国家与民族国家之间因利益不同同样存在分裂情况。"资本逻辑"具备永无止境扩张的本性，这一本性决定了资本不可能只是局限于单个民族国家之内，为了持续不断地为资本寻求增殖空间，资本必须超越民族国家界限而向其他政治共同体扩张。也就是说，资本的全球扩张是资本逻辑运动的必然结果。资本超越民族国家界限必然产生两种竞争性关系。一种是资本的扩张本性必然要求资本家把资本输入到其他新兴市场之中，"过剩资本"输入到落后国家当中。正如列宁指出的："只要资本主义还是资本主义，过剩的资本就不会用来提高本国民众的生活水平（因为这样会降低资本家的利润），而会输出国外，以提高利润。在这些落后国家里，利润通常都是很高的，因为那里资本少，地价比较贱，工资低，原料也便宜。其所以有输出资本的可能，是因为许多落后的国家已经卷入世界资本主义的流转，主要的铁路线已经建成或已经开始兴建，发展工业的起码条件已有保证等等。其所以有输出资本的必要，是因为在少数国家中资本主义'已经过度成熟'，'有利可图的'投资场所已经不够了（在农业不发达和群众贫困的条件下）。"[②] 另一种是资本输出国

---

① 《马克思恩格斯文集》第 2 卷，人民出版社，2009，第 48 页。
② 《列宁选集》第 2 卷，人民出版社，1995，第 627 页。

之间也会因为争夺世界市场而陷入一种激烈的斗争当中，由此不免产生一系列的冲突和矛盾。"支配一切的资本逻辑"按照资本逻辑本性发展必然导致同前现代社会一样的双重分裂状态，民族国家内部及民族国家之间不可避免地陷入一种对抗与分裂当中，整个现代世界陷入一种急剧割裂的不稳定状态。

马克思的"自由人联合体"思想具备扬弃资本逻辑的可能性和现实性。"自由人联合体"能够实现对资本主义市场和现代国家的双重超越。在马克思看来，包括资本主义社会在内的人类历史上的共同体都不是真正意义上的共同体。这些共同体有一个共同的特征，即将特殊视为普遍，"由于这种共同体是一个阶级反对另一个阶级的联合，因此对于被统治的阶级来说，它不仅是完全虚幻的共同体，而且是新的桎梏"①。而真正的共同体必须具备这样一种现实基础，"它推翻一切旧的生产关系和交往关系的基础，并且第一次自觉地把一切自发形成的前提看做是前人的创造，消除这些前提的自发性，使这些前提受联合起来的个人的支配。因此，建立共产主义实质上具有经济的性质，这就是为这种联合创造各种物质条件，把现存的条件变成联合的条件。共产主义所造成的存在状况，正是这样一种现实基础，它使一切不依赖于个人而存在的状况不可能发生，因为这种存在状况只不过是各个人之间迄今为止的交往的产物"②。因此，马克思并没有对真正的共同体做出具体规定，将其建立在现实的资本主义生产关系的基础之上是其唯一的内在规定。

在马克思看来，使个人与共同体真正融为一体，需要的是参与、实践与建构，这就直接涉及"个人的自主活动"。"个人的自主活动"本质上仍然是一种物质实践活动，每一次物质实践的目标都直接取决于已经发达的需求，而"个人的自主活动"的条件在已经发达的需求出现之前"是与他们的个性相适合的条件，对于他们来说不是什么外部的东西；在这些条件

---

① 《马克思恩格斯文集》第1卷，人民出版社，2009，第571页。
② 《马克思恩格斯文集》第1卷，人民出版社，2009，第574页。

下，生存于一定关系中的一定的个人独力生产自己的物质生活以及与这种物质生活有关的东西，因而这些条件是个人的自主活动的条件，并且是由这种自主活动产生出来的"①。外部共同体对个体而言非但不构成控制和压迫，反而成为个体自主活动的前提性条件。"自由人联合体"一方面是从民族国家之中孕育产生，另一方面有效地克服了民族国家的内部矛盾。之所以"自由人联合体"能够克服民族国家的内部矛盾，是因为通过社会财富的公共占有，"自由人联合体"扬弃了资本逻辑，真正克服了资本逻辑所导致的个人与共同体、特殊利益与普遍利益之间的对立。

马克思关于"自由人联合体"的构想，根植于他对"资本—权力"这一现代主权国家根基的深刻掌握。"自由人联合体"要实现对资本的克服，就必须超越资本对现代国家和现代市场的双重控制。"自由人联合体"一方面扬弃了斯密妄图立足于自由市场机制实现整个民族利益均衡与社会和谐的目标；另一方面抛弃了黑格尔试图通过国家理性整合市民社会内部分裂的想法。在马克思看来，只有"自由人联合体"才能够彻底实现对资本统治的扬弃，只有通过个体之间的联合才能够真正克服由个体之间的分散造成的异化。在"自由人联合体"当中个体与共同体之间的矛盾实现高度和解。个体与共同体之间之所以存在着矛盾，"正是由于特殊利益和共同利益之间的这种矛盾，共同利益才采取国家这种与实际的单个利益和全体利益相脱离的独立形式，同时采取虚幻的共同体的形式，而这始终是在每一个家庭集团或部落集团中现有的骨肉联系、语言联系、较大规模的分工联系以及其他利益的联系的现实基础上，特别是在我们以后将要阐明的已经由分工决定的阶级的基础上产生的，这些阶级是通过每一个这样的人群分离开来的，其中一个阶级统治着其他一切阶级"②。个体只能借助虚幻的共同体来掩盖其特殊利益，而"自由人联合体"则扬弃了虚幻的共同体而成为"真正的共同体"。

---

① 《马克思恩格斯文集》第 1 卷，人民出版社，2009，第 575 页。
② 《马克思恩格斯文集》第 1 卷，人民出版社，2009，第 536 页。

因此，任何意义上的所谓"消灭""推翻"都只不过是一种外在的颠覆和解构，而要想在真正意义上使得个体与共同体融合在一起，就必须重视个体的自主实践活动。在马克思看来，若要构建真正意义上的共同体，必须推翻一切旧的生产和交往关系的基础。正是在新的生产和交往关系的基础之上，共产主义共同体才能保障个体的自由全面发展。构建这一真正意义上的共同体必须具备两个基本条件：第一个条件是"建立共产主义实质上具有经济的性质"①，只有在确定物质生产资料的共产主义性质的基础之上才有可能建立共产主义社会；第二个条件是共产主义必须基于这样一个现实基础，"它使一切不依赖于个人而存在的状况不可能发生"②，现实个体是共产主义社会生成的主体力量。

20 世纪后半叶历史是否终结这一问题引起了国内外学术界的激烈讨论，后来形成了两种对立的观点。一种观点指认历史即将走向终结，资本主义会一直持续下去；另一种观点认为历史不会走向终结，一个与资本主义彻底决裂的新型文明形态正在形成当中。从表面上看这两种观点存在着尖锐的对立，但是在本质上它们共享着同一个理论前提：人类社会发展是单一的、同质的。相比较而言，马克思的观点代表了另外一种剖析未来社会秩序的观点，一方面宣告了资本主义不是唯一的发展模式，另一方面预见了共产主义社会必然诞生。在马克思的理论视域之下，人类社会秩序包含着物质形式和社会形式两方面的内容，物质形式指征的是现代社会普遍的物质生产力发展水平，社会形式指的是以多种多样的生产关系为核心的社会制度。

按照马克思的观点，扬弃资本逻辑是马克思主体解放的理论前提。共产主义社会的基础并不是一系列空洞的玄想，而是直接针对资本主义生产关系的结构性裂变，通过扬弃共同体与个体之间的分裂和对抗，实现二者的历史性整合。面对资本统治之下共同体与个体之间的分裂与对抗，马克

---

① 《马克思恩格斯文集》第 1 卷，人民出版社，2009，第 574 页。
② 《马克思恩格斯文集》第 1 卷，人民出版社，2009，第 574 页。

思提出的解决方案并不是支持共同体或个体中的任何一方，而是试图从"虚幻的共同体"与"抽象的个体"转向"真正的共同体"与"具体的个体"。为了应对资本逻辑造成的诸种分裂，共产主义社会必须从根基上保障个体与共同体、个人发展与社会发展的统一。在真正的共同体中，自由不是建立在个体与个体相互分裂的基础之上，而是建立在个体与个体相互结合的基础之上。在共产主义生产方式之下，个体自由与共同体自由将实现内在统一。一方面代替资本主义社会的将是一个"自由人联合体"，每一人的自由发展将是所有人自由发展的前提条件。另一方面只有在"自由人联合体"当中每一个人才能得到充分全面的发展。在探讨共产主义社会形态时马克思拒斥一切实体主义的思维方式，他既反对把抽象的个体实体化，又反对把虚幻的共同体实体化，而主张在现实的交往关系之上理解真实共同体生成的可能性。

"真正的共同体"是现实的个人之间相互交往而形成的。在"真正的共同体"中"每一个人都承认另一个人的自由并且都是为了提高另一个人的自由而行动的"①。在"真正的共同体"中个人与个人之间是一种积极自由的关系。正是在这种积极自由的关系中，每一个人都可以得到全面的发展，个人与共同体之间不再是一种工具性关系。人是社会关系中的个人，每一个人的生活状态都受到其所处社会关系的影响，不同性质的社会关系规定其所在社会生活中的不同生存状态。因此真正意义上的个人自由全面发展必须是建立在真正的共同体的基础之上，而若想形成真正的共同体就必须破除资本主义生产关系，唯有如此实现主体的彻底解放才具备理论上和实践上的可能性。

（二）当代西方左翼对物种思维的批判性审视

人的自然欲望是当代西方左翼批判物种思维的理论出发点。人的自然

①　〔美〕古尔德：《马克思的社会本体论：马克思社会实在理论中的个性和共同体》，王虎学译，北京师范大学出版社，2009，第143页。

欲望是福柯阐释资产阶级生命权力的逻辑起点，自然欲望能够产生额外的集体利益。从霍布斯社会契约论的角度来看，保障生命和财产安全是构建主权国家的最初缘由。但是，在福柯看来，即便不是出于外在的生命财产的考虑，仅仅通过内在的自然欲望同样能够达到社会治理的目标，"它将从整体上生产出人口的全体利益。欲望是寻求对于个人的利益。个人完全可能在其欲望问题上犯错误而损失其利益，但是有一点是不会犯错的，就是自发的活动，或者说，至少是欲望的既是自发又受到调节的活动，实际上将使有利于全体人口的生产变成可能。集体利益的生产通过欲望的运作来完成：正是在这里，它标明了人口的自然性和人们用来对它进行人为治理的可能的方法"①。人的自然欲望再次回到资产阶级政治权力的内部，新自由主义正是建立在人的自然欲望之上。福柯指认，基于人的自然欲望的假设，现代"经济人"实质上处于一种不自主地为公共利益做事情的状态，"通过产出自己的利益而给其他人带来利益对它来说同样也是一种未明确，一种无法总计的不明确。因此，它处于双重的不自主、双重的未明确、双重的无法总计中。然后，这些未明确、不自主、无法控制、无法总计并不因此使利益无效，使那些为了最好地达到利益而做的考量失效。相反，这些未明确在某种程度上奠基了个体的自身考量，赋予其稳定性，使其产生效果，将其纳入现实之中，使其以尽可能最好的方式与世界的其余部分联系在一起"②。看起来独立自主的"经济人"，实质上被福柯勾勒成被资本主义自由市场支配的提线木偶。资本主义生成一套全新的生命权力类型。福柯内在地勾连出人的自然欲望与资产阶级生命权力之间的隐秘线索。要步入现代政治仅仅依靠生命权力是不够的，这也就意味着直接把现代政治与生命权力画等号是不合时宜的，自由主义的治理技术就此登场。生命权力与治理技术是福柯生命政治学批判的一体两翼，将生命权力从生命政治中区分出来是福柯生命政治学的特色之一。

---

① 〔法〕福柯：《安全、领土与人口》，钱翰等译，上海人民出版社，2010，第59页。

② 〔法〕福柯：《生命政治的诞生》，莫伟民等译，上海人民出版社，2011，第246页。

生命权力正是以人的自然欲望的自由释放而布展开来。自然欲望本身是生物物种的共同属性，却被资产阶级拿来进行社会统治，由此人类再次回到生物圈层。就此，福柯指认，基于人的自然欲望的统治权力正是整个资产阶级功利主义哲学的建构基础。用福柯自己的话来说，"'功利主义哲学'对于人口治理的作用如同意识形态对于规训的作用"①。功利主义哲学正是建立在实际功效的基础之上，基于人的自然欲望的释放进行统治，采用最集约且最有效的社会管理方式。当然，我们看到的是，人不再是作为有差别的类进入生物圈层，而是作为无差别的物种再一次走进国家统治的视野之中。在福柯的理论语境之下，重农主义再次让人类回归到自然状态的物种生物圈之中。

与福柯一样，阿甘本同样关注到人类重返生物圈。阿甘本指出，在1679 年英国通过的《人身保护法》中，"自由人"的概念被"身体"这一概念所代替，这一变化表明现代政治治理的对象不再是公民，而不过是拖着肉身的动物而已。② 基于此，阿甘本指出，普遍的权利总是有例外的可能，一些并不是那么神圣的人，随时可能被排除在政治共同体之外，完全不受现代主权国家所谓"人权承诺"的保护。当今世界上一些"已经失效"的国家"制造"出的大量难民，就是人权的主体降格为"赤裸生命"的表现。不过，阿甘本提出，通过引爆一个没有目的的弥赛亚事件，可以使既有的世俗法律秩序进入闲置状态。对阿甘本而言，生活在当下的每一个人都是潜在意义上的弥赛亚，不过这样一群潜在意义上的弥赛亚似乎没有任何斗争的力量。

生命权力将人口作为一种自然对象来看待。人口存在着自身的变迁和转变规律，社会根据自发性原则调节着人口的整体。但是，福柯强调，通过自发性原则调节人口因素绝非意味着放任不管，而是要求生命权力的运

---

① 〔法〕福柯：《安全、领土与人口》，钱翰等译，上海人民出版社，2010，第 59 页。

② Giorgio Agamben, *Homo Sacer*：*Sovereign Power and Bare Life*，Redwood City：Stanford University Press，1998，p. 124.

行必须遵循人口的自然模式。这是因为，一旦将自由提升至权力层级，仅仅执行意识形态功能的自由就会被彻底地放弃，自由成为隐藏在现实经济层面之下的控制机制。正如福柯所言，资产阶级设定的人口自发性调节机制并非放任自然欲望，而是通过这种自发性原则实行隐性控制，同时资产阶级以人口安全的名义制造出一系列"与安全配置的建立相关联的东西。安全配置，至少是我跟你们所说的安全配置，能够正常运行的必要条件就是，人们给予18世纪所理解的现代意义上的自由：不是赋予某个人的特权和特别优惠，而是人和东西的行动、迁移、流通的自由。这个流通的自由，在广义上，应该理解为流通的能力。我想，通过自由这个词，应该把流通自由理解为安全配置建立的一个侧面、一个方面、一个维度"①，譬如针对存在缺陷之人设立的救济机制。在福柯看来，这些安置存在缺陷之人的灵活机制主要是借助合法手段隔离出"例外之人"，从而在根本上保障国家安全运转。

生命权力的最终目标是保障人口安全。福柯将生命权力定性为一种新的权力类型，并强调这种权力是生命政治的产物。生命权力不再是君主政治通过死亡威胁进行统治，而是通过保障人口安全得到体现。生命权力通过生命管理让人们生活得更加美好，甚至不惜以人口大规模死亡为代价。事实上，一些人口大规模死亡事件正是以保护大多数生命安全的生命政治逻辑发生的。对此类生命权力逻辑，福柯从两个维度上进行阐述。第一个维度是民族国家之间。一个始终处在他国威胁之下的国家，为了能够生存下去必须率先消灭其他国家，最典型的表现就是核武器的研发。一些国家之所以争先研发核武器，与其说是为了在与其他国家作战时使用，倒不如说是出于保障本国人民安全的考虑。第二个维度是民族国家之内。在一个国家之内，自认为血统高贵的一方时刻感觉另一方正在对他们的纯正性进行侵蚀，为了保证自身种族的纯正性，高贵一方往往主张对另一方采取隔

---

① 〔法〕福柯：《安全、领土与人口》，钱翰等译，上海人民出版社，2010，第38页。

离措施。纳粹种族主义正是这一层面生命逻辑的极端体现。为此，福柯全面勾勒出纳粹种族主义背后运行的生命权力逻辑。纳粹种族主义主张在一国之内区分出优等种族和劣等种族，并将劣等种族的存在看成对优等种族的侵蚀。为了保证国家种族的纯正与健康，就应该尽可能地消灭劣等种族。"种族主义正好以一种全新的可以与生命权力的运作相容的方式使这个战争关系发挥作用——'如果你要生存，其他人就必须死掉'。另一方面，种族主义实际上将导致在我自己的生命和他人的死亡之间建立一种联系，这种联系不是军事和战争冲突的联系，而是生物学类型的联系：'低等生命越趋向消失，不正常的个人越被清除，相对于人类退化者越少，我（不是作为个人而是作为类）就生活得越好，我将更强壮，我将精力充沛，我将能够繁衍。'他人的死亡，不仅仅是我在个人安全意义上的生命；他人的死亡，劣等种族、低等种族（或退化、变态种族）的死亡，将使整体生命更加健康。"① 由此可见，纳粹种族主义以想象"生物性同质"为基础，区分出所谓的优等种族和劣等种族，然后站在所谓保障整体人口健康的角度，宣称劣等种族所占比重越低，整体人口越健康、越优质。总体来说，生命权力以人口安全的名义将核竞赛和种族主义重新置于现代政治舞台的中心。

由此生命政治延伸出另外一条线索：尽管一个人在法律上没有任何过错，但是如果他的身体被认为是不洁净的、低贱的、退化的，那么政治权力完全可以合法地将他消灭掉。这正是现代种族主义的逻辑起点：以保护某一种族生命安全为理由。福柯没有继续从法律层面阐释这种种族屠杀的合法性，但种族屠杀却成为阿甘本生命政治理论构建的起点。阿甘本拾起了福柯所丢弃的主权维度，试图从主权的源起地带对生命的控制和杀戮作出阐释：这种现代种族大屠杀行为并非偶然，而是现代主权秩序建构的必然结果。在阿甘本看来，政治共同体结构是主权秩序加上法律秩序，但法

---

① 〔法〕福柯：《必须保卫社会》，钱翰译，上海人民出版社，1999，第240页。

律在例外状态下无法实施，此时处置的权力完全交给主权秩序；例外状态的存在导致法律秩序被悬置，最终生命只能退化成生物学意义上的肉身。在福柯的理论构建中被丢掉的主权秩序再次以种族安全名义回到阿甘本的理论视域当中。

通过与"物种思维"进行对比，可以发现"类思维"是人类共同体的理论性前提。一方面，与"物种思维"强调的"自在自发"的思维方式不同，"类思维"显现的是人的"自由自觉"思维，在具体的实践活动中人类展现的是自由自觉的创造性活动。正如马克思对动物与人所做的区分：动物的思维无法区分出自己与他者的差异性，"人则使自己的生命活动本身变成自己意志的和自己意识的对象。他具有有意识的生命活动。这不是人与之直接融为一体的那种规定性。有意识的生命活动把人同动物的生命活动直接区别开来。正是由于这一点，人才是类存在物。或者说，正因为人是类存在物，他才是有意识的存在物，就是说，他自己的生活对他来说是对象。仅仅由于这一点，他的活动才是自由的活动。异化劳动把这种关系颠倒过来，以致人正因为是有意识的存在物，才把自己的生命活动，自己的本质变成仅仅维持自己生存的手段"①。正是"类思维"所表征的自由自觉的存在方式，使得人与万物在实践活动中可以生成一种内在统一性关系。另一方面，与"物种思维"单独地强调"个性"不同，"类思维"是一种把人的"个性"与"社会性"内在统一起来的思维方式。人与人之间的内在关系以个人的独立性为前提并以个性的充分发展为前提条件，因而这种内在统一性是包含着个性、差异性和多样性的"具体的普遍性"。对于物种而言，被物种共同性所规定的个性并不是真正意义上的个性，个性只是抽象的普遍性和单一的同一性而已。

"类思维"代表了一种完全不同于"物种思维"的理论原则，它超越了"物种思维"所表征的封闭性和孤立性，把人真正理解为与他人处于内

---

① 《马克思恩格斯全集》第3卷，人民出版社，2002，第273页。

在统一性关系之中的人。这种新的思维方式充分显现了人类相互依存、命运与共的内在关联性，只有具备这种新的思维方式，才能够规避人与人之间相互割裂、相互斗争的观念和倾向。马克思指认，"建立在个人全面发展和他们共同的社会生产能力成为他们的社会财富这一基础上的自由个性"①，以"类思维"方式建立起来的人类共同体，已经克服了封建社会和资本主义社会共同体的内在局限。"类思维"为人类命运共同体这种新世界秩序提供了理论前提。不论是"支配一切的经济权力"还是"支配一切的资本逻辑"都造成了个人与个人、共同体与共同体的分裂，这两种社会形态本质上都是"物种思维"的具体体现。只有超越"物种思维"模式，以"类思维"模式重构个人与个人、共同体与共同体之间的关系，人类共同体才具备理论和现实的可能性。

（三）人类命运共同体是优化全球治理的中国方案

在资本主义全球化的过程中，资本积累的不平衡性导致地区与国家之间在地理空间上发展不平衡，进而导致资本主义世界对非资本主义世界的支配和统治。资本主义现代性将民族国家内部在发展结构上的差异复制到民族国家之间，并且扩展到全球范围内，使国与国之间的关系最终演变成征服与被征服的支配性关系。如同资本积累的死劳动对活劳动的支配一样，现代世界秩序意味着以资本为中轴的权力支配和统治关系。在现代思想史上黑格尔较早地看到了资本主义现代性的内在本质。在黑格尔看来，现行的国际法或国家权力体系本质上都是起源于独立的主权国家，由于没有任何权力对主权国家做出裁决，所以主权国家之间的关系只能停留在"应然"的层面。正是在这个意义上，一旦各个国家之间不能达成一致的协议，国际争端只能通过战争来解决，各个国家的整体利益仍然是主权国家的最高原则。

---

① 《马克思恩格斯全集》第 46 卷上册，人民出版社，1979，第 104 页。

由此可见，黑格尔的深刻之处就在于精准地揭示出，现代国际社会正如市民社会一样，本质上都是以"一切人反对一切人的战争"为理论前提，只不过现在交战的主体换成了独立的主权国家。但是，黑格尔在准确地指出资本主义现代性范围之内战争不可避免的同时，却又无法突破资本主义的历史局限性，因而其理论被马克思称为"无批判的实证主义"。相较于黑格尔，马克思更加精准地揭示出资本主义现代性的弊病，认为资本积累是资本主义无法逾越的障碍。在此，马克思提出以"自由人联合体"超越民族国家的方案，并以此解决民族国家内部及其之间的内在矛盾。

按照马克思的观点，"自由人联合体"的实现必须具备生产力和生产关系两个方面的前提，即生产力高度发达和生产资料共同占有。只有真正超越资本主义生产关系，"自由人联合体"才有可能成为新型世界秩序的真正方案。中国现代化发展的事实已经抵达一个根本的转折点，在这个转折点，中国实质性地参与到现代世界发展的进程当中。一旦具备了现实的客观性，这也就意味着中国方案在理论上和实践上均具备了超越资本主义现代性的可能性，更为重要的是这一现实道路绝不是在资本主义现代性解体状态中探索出来的，其代表一种新文明类型。

全球治理的中国方案之所以能够成立，正是由于这一新文明类型具有独特魅力。唯有从这一新文明类型出发才能够真正地构建出区别于资本主义现代性的中国方案，也才有可能充分地把握中国方案的基本性质。正如美国学者白鲁恂所言，绝不能仅仅把中国归结为一个民族国家，除了是一个民族国家，中国更重要的一个特质是文明国家，中国是世界历史长河当中文明唯一没有中断的国家。① 由此，中华民族的复兴就不再仅仅是民族的复兴，更重要的是一种文明类型的复兴。经过四十多年的现代化过程，中国正在从一个区域性国家向一个全球性国家转变，作为一种新的文明类

---

① Lucian Pye, "China: Erratic, Frustrated Society", *Foreign Affairs*, Vol. 69, No. 4, 1990.

型的中国日益走近世界舞台中央。这种新文明类型具备两个基本特征，第一个是中国政治制度始终坚持社会主义方向，第二个是中国坚持走和平发展道路。这两个基本特征决定了中国方案必然不同于现代资本主义道路。

中国是被动地加入资本主义开启的现代化进程中的，如同其他后进入现代化进程中的国家一样，中国的现代化进程也经历了一场全面的社会变革。但是与其他踏上现代化征程的国家不同的是，中国最终选择了社会主义这样一个基本方向。这样的选择是基于中国的现实情况做出的，不论是在理论层面还是在现实层面，中国都不可能走西方资本主义国家的现代化道路。正如马克思所言："犹太精神随着市民社会的完成而达到自己的顶点；但是市民社会只有在基督教世界才能完成。基督教把一切民族的、自然的、伦理的、理论的关系变成对人来说是外在的东西，因此只有在基督教的统治下，市民社会才能完全从国家生活分离出来，扯断人的一切类联系，代之以利己主义和自私自利的需要，使人的世界分解为原子式的相互敌对的个人的世界"①。就现实条件而言，当代中国并不具备通过宗教塑造抽象个体的前提条件，由此走建立在个体之上的西方资本主义国家的现代化道路就变得不太可能。对于当代中国而言，或许正如美国学者詹姆逊所言："如果中国的社会主义能够成功地建立一个不同于西方资本主义的选择，这毫无疑问对全球的任何一个地方都是重要的，将有深远的意义"②。中国在社会主义制度下进行的现代化建设对于现代化文明的多样性来说也是一种证明和突破。

在当代中国特有的时代背景之下，马克思主义与中国传统哲学进行过极其深入的对话与交融，它们之间的碰撞为当代中国探索出一条极具中国特色的现代化道路贡献了重要的思想资源。中国特色社会主义道路本质上就是寻求一种根植于中国具体的历史和现实、不照搬西方经验的现代性建

① 《马克思恩格斯全集》第 3 卷，人民出版社，2002，第 196 页。
② 〔美〕詹姆逊：《詹姆逊文集》第 1 卷，王逢振主编，中国人民大学出版社，2004，第 356~357 页。

构之路。中国传统哲学与马克思主义体现出某种相通的思维方式与价值理念。融合中国传统哲学与马克思主义的中国现代化道路，具备了真正超越资本主义现代性内在矛盾的可能性。这一点正是理解当代中国发展理念的根基，自然而然也成了解读全球治理之中国方案的基石。

　　基于这样一个理论视域，当代中国所提出的"人类命运共同体"理念就具备了与众不同的规定和深远的历史意义。也正是从这一视角出发，我们可以清晰地看出"人类命运共同体"理念与当代资本主义世界秩序的本质区别。就本质层面而言，当代资本主义国家确立的世界秩序仍然遵循着弱肉强食的丛林法则，"威斯特伐利亚体系"即是经典的例证。在基辛格看来，"威斯特伐利亚体系"可以被看作当代世界秩序的唯一基础，这一体系可以被视为当代世界秩序运行的基本规则。在《世界秩序》一书中，基辛格认为，缔造"威斯特伐利亚体系"的谈判者完全没有意识到，他们事实上正在为一个全球适用的体系做奠基工作，"威斯特伐利亚会议建立的和平反映了各方对现实的妥协，而不是一种独特的道德洞察力"①。但是，一旦深入到"威斯特伐利亚体系"内部就可以发现，这一体系本质上仍然是在资本主义现代性框架之内。作为全球治理之中国方案的"人类命运共同体"则不同，它以超越资本主义现代性为目标。这就从根本上决定了，当代中国选择的发展道路是与资本主义发展模式完全不同的道路。"人类命运共同体"在发展理念、交往规则、成果分享等方面都对以往国际关系理论进行了重大调整和修正。

　　简而言之，构建人类命运共同体的基本落脚点在于维护共同体而不是某一特殊国家、特殊群体的利益：通过构建共同体平衡各方的利益分歧。"人类命运共同体"理念主张把全球人民都纳入这个共同体当中给予公平考虑，从整体上谋划整个人类发展的长远利益和根本利益，从而推动国际治理体系朝着公平、公正、合理的方向发展。

---

　　① 〔美〕基辛格：《世界秩序》，胡利平等译，中信出版集团，2015，第 x 页。

结　语

　　站在新旧交替的大变局时代，探索主体重塑实质上就是要为人类构建一个有希望的未来世界秩序。当代西方左翼学者共同指出，当代资本主义社会陷入一种结构性的割裂之中，一方面人民作为一个抽象的整体存在，另一方面个体性的具体存在又被排斥在抽象人民之外，这也就构成了抽象的"大写人民"对具体的"小写人民"的吞噬和吸纳。资本主义意义上的自由与平等并不是真正意义上的自由与平等，而是受制于资本主义生产关系的内在逻辑的自由与平等。资本主义要求一个自由、平等的市场交换环境，但是自由、平等的交换关系却内在地依附于资本逻辑，这就决定了资本主义社会事实上的不自由与不平等。因此，在一个被打碎的共同体框架内需要凝聚一个"共同面"，这成为全球性的时代课题。

　　重释马克思主体解放理论是以哈特和奈格里为代表的当代西方左翼讨论的核心议题。不过整体来说，当代西方左翼对马克思主体解放理论的阐释，要么落入盲目乐观的乌托邦世界，要么掉入资本主义的意识形态陷阱之中。相比较而言，哈特和奈格里的阐释路径似乎更加贴近马克思，但也只是形似而已，本质上他们只是为破除资本主义秩序提供了一种理论上的可能性方案。实际上，一旦回到马克思的理论视域中，主体解放的内在逻辑就非常清晰，在《资本论》中马克思已经明确指出，只有立足于资本逻辑的层级之上探讨主体解放才具有现实的可能性。

　　处在百年未有之大变局的今天，当代资本主义社会陷入多重危机之中，究其根源就在于资本主义制度与资本逻辑之间的内生性关联，单个资本主义民族国家的内部危机已经蔓延成全球性的危机。当代西方左翼学者深知自身理论的内在局限，他们纷纷尝试从当代中国寻求理论资源的支持。当检索当代中国理论资源时，当代西方左翼将关注的焦点放在了群众路线理论和人类命运共同体理念上。当代西方左翼将群众路线定位为一个"反复逼近的方案"，群众路线理论在国家治理层面具备破解当代资本主义民族国家危机的理论可能和现实依据。在全球治理层面，当代西方左翼将人类命运共同体理念视为克服全球治理危机的中国方案。人类命运共同体理念之所以具备克服全球治理危机的可能性，正是由于它的落脚点放在维护共同体的利益之上而不是某些特殊国家和某些特殊群体的利益之上。

参考文献

一　经典著作

《马克思恩格斯文集》第 1 卷，人民出版社，2009。

《马克思恩格斯文集》第 2 卷，人民出版社，2009。

《马克思恩格斯文集》第 3 卷，人民出版社，2009。

《马克思恩格斯文集》第 4 卷，人民出版社，2009。

《马克思恩格斯文集》第 5 卷，人民出版社，2009。

《马克思恩格斯文集》第 6 卷，人民出版社，2009。

《马克思恩格斯文集》第 7 卷，人民出版社，2009。

《马克思恩格斯文集》第 8 卷，人民出版社，2009。

《马克思恩格斯全集》第 1 卷，人民出版社，1995。

《马克思恩格斯全集》第 3 卷，人民出版社，2002。

《马克思恩格斯全集》第 10 卷，人民出版社，1998。

《马克思恩格斯全集》第 21 卷，人民出版社，2003。

《马克思恩格斯全集》第 25 卷，人民出版社，2001。

《马克思恩格斯全集》第 28 卷，人民出版社，2018。

《马克思恩格斯全集》第 30 卷，人民出版社，1995。

《马克思恩格斯全集》第 31 卷，人民出版社，1998。

《马克思恩格斯全集》第 32 卷，人民出版社，1998。

《马克思恩格斯全集》第 44 卷，人民出版社，2001。

《马克思恩格斯全集》第 45 卷，人民出版社，2003。

《马克思恩格斯全集》第 46 卷，人民出版社，2003。

《列宁选集》第 1 卷，人民出版社，2012。

《列宁选集》第 2 卷，人民出版社，2012。

《列宁选集》第 3 卷，人民出版社，2012。

《列宁选集》第 4 卷，人民出版社，2012。

《毛泽东选集》第 1 卷，人民出版社，1991。

《毛泽东选集》第 2 卷，人民出版社，1991。

《毛泽东选集》第 3 卷，人民出版社，1991。

《毛泽东文集》第 8 卷，人民出版社，1999。

《邓小平文选》第 1 卷，人民出版社，1994。

《邓小平文选》第 2 卷，人民出版社，1994。

《邓小平文选》第 3 卷，人民出版社，1993。

《刘少奇选集》上卷，人民出版社，1981。

《董必武选集》，人民出版社，1985。

《胡乔木文集》第 2 卷，人民出版社 1993。

《习近平谈治国理政》第 1 卷，外文出版社，2018。

《习近平谈治国理政》第 2 卷，外文出版社，2017。

《习近平谈治国理政》第 3 卷，外文出版社，2020。

《习近平谈治国理政》第 4 卷，外文出版社，2022。

《习近平著作选读》第 1 卷，人民出版社，2023。

《习近平著作选读》第 2 卷，人民出版社，2023。

二 中文译著

〔德〕康德：《历史理性批判文集》，何兆武译，商务印书馆，1990。

〔德〕康德：《逻辑学讲义》，许景行译，商务印书馆，2010。

〔德〕康德：《实践理性批判》，邓晓芒译，人民出版社，2016。

〔德〕康德：《纯粹理性批判》，邓晓芒译，人民出版社，2017。

〔德〕黑格尔：《逻辑学》下卷，杨一之译，商务印书馆，1976。

〔德〕黑格尔：《逻辑学》上卷，杨一之译，商务印书馆，1996。

〔德〕黑格尔：《法哲学原理》，范扬、张企泰译，商务印书馆，1982。

〔德〕黑格尔：《精神现象学》上下卷，贺麟、王玖兴译，上海人民出版，2013。

〔法〕阿尔都塞：《哲学与政治》，陈越译，吉林人民出版社，2004。

〔法〕阿尔都塞：《黑格尔的幽灵》，唐正东、吴静译，南京大学出版社，2005。

〔法〕阿尔都塞、〔法〕巴里巴尔：《读〈资本论〉》，李其庆、冯文光译，中央编译出版社，2008。

〔法〕阿尔都塞：《保卫马克思》，顾良译，商务出版社，2010。

〔法〕巴迪欧：《哲学宣言》，蓝江译，南京大学出版社，2014。

〔法〕巴迪欧：《德勒兹》，杨凯麟译，南京大学出版社，2018。

〔法〕巴迪欧：《主体理论》，王欢译，华中科技大学出版社，2023。

〔法〕德勒兹：《差异与重复》，安靖、张子岳译，华东师范大学出版社，2019。

〔法〕德勒兹：《福柯》，于奇智译，上海人民出版社，2021。

〔法〕德勒兹、〔法〕加塔利：《资本主义与精神分裂（卷2）：千高原》，姜宇辉译，上海人民出版社，2023。

〔法〕利奥塔：《后现代状态：关于知识的报告》，车槿山译，生活·读书·新知三联书店，1997。

〔法〕福柯：《权力的眼睛：福柯访谈录》，严锋译，上海人民出版社，1997。

〔法〕福柯：《性经验史》，佘碧平译，上海人民出版社，2000。

〔法〕福柯：《规训与惩罚》，刘北成、杨远婴译，生活·读书·新知三联书店，1999。

〔法〕福柯：《古典时代疯狂史》，林志明译，生活·读书·新知三联书店，2005。

〔法〕福柯：《安全、领土与人口》，钱翰、陈晓径译，上海人民出版社，2010。

〔法〕福柯：《必须保卫社会》，钱翰译，上海人民出版社，1999。

〔法〕福柯：《生命政治的诞生》，莫伟民、赵伟译，上海人民出版社，2011。

〔法〕福柯：《自我技术》，汪民安译，北京大学出版社，2015。

〔法〕福柯：《主体性与真相》，张亘译，上海人民出版社，2018。

〔法〕德勒兹：《哲学与权力的谈判》，刘汉全译，商务印书馆，2000。

〔法〕朗西埃：《歧义：政治与哲学》，刘纪蕙、林淑芬、陈克伦、薛熙平译，西北大学出版社，2015。

〔法〕米勒：《雅克·拉康研讨班七：精神分析的伦理学》，卢毅译，商务印书馆，2021。

〔法〕拉康：《拉康选集》，褚孝泉译，华东师范大学出版社，2019。

〔法〕莱姆克等：《马克思与福柯》，陈元等译，华东师范大学出版社，2007。

〔美〕哈特、〔意〕奈格里：《帝国：全球化的政治秩序》，杨建国、范一亭译，江苏人民出版社，2008。

〔美〕哈特、〔意〕奈格里：《大同世界》，王行坤译，中国人民大学出版社，2015。

〔美〕哈特、〔意〕奈格里：《狄俄尼索斯的劳动：对国家—形式的批判》，王行坤译，西北大学出版社，2022。

〔美〕哈维：《资本社会的 17 个矛盾》，许瑞宋译，中信出版社，2016。

〔美〕哈维：《资本的限度》，张寅译，中信出版社，2017。

〔美〕罗尔斯：《政治哲学史讲义》，杨通进、李丽丽、林航译，中国社会科学出版社，2011。

〔美〕基辛格：《世界秩序》，胡利平、林华、曹爱菊译，中信出版集团，2015。

〔斯洛文尼亚〕齐泽克：《视差之见》，季广茂译，浙江大学出版社，2014。

〔斯洛文尼亚〕齐泽克：《延迟的否定》，夏莹译，南京大学出版社，2016。

〔斯洛文尼亚〕齐泽克：《意识形态的崇高客体》，季广茂译，中央编译出版社，2017。

〔斯洛文尼亚〕齐泽克：《连线大脑里的黑格尔》，朱羽译，西北大学出版社，2023。

〔匈〕卢卡奇：《历史与阶级意识》，杜章智、任立、燕宏远译，商务印书馆，2009。

〔意〕马基雅维利：《论李维》，冯克利译，上海人民出版社，2005。

〔意〕马基雅维利：《君主论》，潘汉典译，商务印书馆，2009。

〔意〕奈格里：《〈大纲〉：超越马克思的马克思》，张梧、孟丹、王巍译，北京师范大学出版社，2011。

〔意〕奈格里：《超越帝国》，李琨、陆汉臻译，北京大学出版社，2016。

〔意〕奈格里：《艺术与诸众：论艺术的九封信》，尉光吉译，重庆大学出版社，2016。

〔意〕奈格里：《野蛮的反常：巴鲁赫·斯宾诺莎那里的权力与力量》，赵文译，西北大学出版社，2021。

〔英〕亚当·斯密：《国民财富的性质和原因的研究（上卷）》，郭大力、王亚南译，商务印书馆，1972。

〔英〕亚当·斯密：《国民财富的性质和原因的研究（下卷）》，郭大力、王亚南译．商务印书馆，1974。

〔英〕佩里·安德森：《西方马克思主义的探讨》，高铦、文贯中、魏章玲译，人民出版社，1981。

〔英〕霍布斯：《利维坦》，黎思复译，商务印书馆，1985。

三　中文专著

白刚：《瓦解资本的逻辑》，中国社会科学出版社，2009。

白刚：《回到〈资本论〉：21世纪的"政治经济学批判"》，人民出版社，2018。

陈培永：《福柯的生命政治学图绘》，中国社会科学出版社，2017。

陈培永：《诸众的语法：国外自治主义的政治主题建构学》，广东人民出版社，2017。

董亚炜：《群众路线：建构党的领导》，江苏人民出版社，2016。

韩秋红：《西方哲学中国化史论》，人民出版社，2022。

贺来：《"主体性"的当代哲学视域》，北京师范大学出版社，2013。

金瑶梅：《阿尔都塞及其学派研究》，重庆出版社，2010。

景跃进、张小劲、余逊达：《理解中国政治：关键词的方法》，中国社会科学出版社，2012。

孔明安：《精神分析视野下的意识形态》，河南大学出版社，2012。

刘黎：《生命权力、生命形式与共同体——阿甘本的生命政治学研究》，北京师范大学出版社，2021。

李德顺：《走向民主法治：当代中国政治文明的价值体系初探》，法律出版社，2011。

李嘉弘：《马克思经济理论与主体生产》，中国社会科学出版社，2023。

李胤：《奈格里的自治主体思想研究》，人民出版社，2022。

刘同舫：《马克思人类解放思想史》，人民出版社，2019。

刘森林：《物与无：物化逻辑与虚无主义》，人民出版社，2022。

罗骞：《现代性的存在论批判——论马克思的现代社批判及其当代意义》，人民出版社，2019。

马乔恩：《〈资本论〉视域中的生命政治批判研究》，中国社会科学出版社，2023。

莫伟民：《莫伟民讲福柯》，北京大学出版社，2005。

莫伟民：《从"解剖政治"到"生命政治"：福柯政治哲学研究》，上海人民出版社，2017。

聂锦芳：《批判与建构——〈德意志意识形态〉文本学研究》，人民出版社，2012。

宋晓杰：《政治主体性：绝对内在性和革命政治学》，人民出版社，2014。

孙乐强：《马克思再生产理论及其哲学效应研究》，江苏人民出版社，2016。

孙亮：《重审马克思的"阶级"概念》，江苏人民出版社，2016。

唐正东：《当代资本主义新变化的批判性解读》，经济科学出版社，2016。

汪民安、陈永国、马海良主编《福柯的面孔》，文化艺术出版社，2001。

汪民安：《福柯的界限》，河南大学出版社，2018。

王凤才：《多重视角中的马克思：21世纪世界马克思主义发展趋向（全二卷）》，中国社会科学出版社，2021。

王虎学：《马克思分工思想研究》，中央编译出版社，2012。

王绍光：《民主四讲》，生活·读书·新知三联书店，2018。

吴冠军：《第十一论纲：介入日常生活的学术》，商务印书馆，2015。

吴冠军：《陷入奇点：人类世政治哲学研究》，商务印书馆，2021。

吴琼：《雅克·拉康：阅读你的症状》，上海文艺出版社，2024。

吴晓明：《马克思早期思想的逻辑发展》，上海人民出版社，2022。

郗戈：《超越资本主义现代性》，中国人民大学出版社，2014。

夏莹：《从批判到抗争：西方马克思主义的嬗变及其当代形态》，清华大学出版社，2019。

许纪霖主编《帝国、都市与现代性》，江苏人民出版社，2006。

许纪霖主编《世俗时代与超越精神》，江苏人民出版社，2008。

仰海峰：《〈资本论〉的哲学》，北京师范大学出版社，2017。

仰海峰：《形而上学批判——马克思哲学理论前提的当代阐释》，中国人民大学出版社，2022。

于奇智：《福柯的政治哲学》，商务印书馆，2022。

俞吾金：《意识形态论》，人民出版社，2009。

俞吾金：《被遮蔽的马克思》，人民出版社，2012。

张汝伦：《我们需要什么样的文明》，商务印书馆，2017。

张一兵：《回到福柯：暴力性构序与生命治安的话语构境》，上海人民出版社，2016。

张一兵：《照亮世界的马克思：张一兵与齐泽克、哈维、奈格里等学者的对话》，上海人民出版社，2018。

张一兵：《遭遇阿甘本》，南京大学出版社，2019。

张一兵：《回到马克思——经济学语境中的哲学话语》，江苏人民出版社，1999。

邹诗鹏：《激进政治的兴起——马克思早期政治与法哲学批判手稿的当代解读》，复旦大学出版社，2012。

四　期刊论文

白刚：《从劳动"辩证法"到"劳动"辩证法——马克思对黑格尔劳动观的"颠倒"》，《理论探讨》2022年第6期。

陈培永：《关于劳动问题的政治哲学透视——重读马克思〈哥达纲领

批判〉》，《马克思主义理论学科研究》2020 年第 2 期。

陈培永、豆颖康：《人民范畴及其相关命题再思考》，《山东社会科学》2023 年第 4 期。

董树彬：《全过程人民民主对中国民主形象的塑造与提升》，《马克思主义研究》2022 年第 12 期。

关山彤、王金林：《"多样性能不被统一而展开政治行动吗?"——与 M. 哈特教授对谈》，《世界哲学》2021 年第 5 期。

巩永丹：《数字资本主义时代无产阶级的形塑——当代西方左翼主体理论的样式、困境及矫正》，《马克思主义与现实》2022 年第 4 期。

韩秋红：《当代西方左翼学者资本主义现代性批判的三重维度》，《马克思主义研究》2022 年第 3 期。

贺翠香：《福柯：不加引号的马克思》，《黑龙江社会科学》2016 年第 6 期。

贺来：《从生命政治学回到"工业病理学"——对资本主义"生物现代性"问题的历史唯物主义分析》，《社会科学研究》2023 年第 2 期。

胡大平：《福柯的生命政治论与政治经济学批判的当代性》，《贵州师范大学学报》（社会科学版）2020 年第 4 期。

户晓坤：《超越资本逻辑全球化与构建人类命运共同体——以"帝国主义"为分析视角》，《教学与研究》2021 年第 9 期。

姜淑娟：《数字时代的劳动、技术与资本——基于"机器论片段"在当代左翼的两种解释路径》，《世界哲学》2021 年第 3 期。

景跃进：《民主理论的发展：超越与重构》，《政治学研究》2022 年第 1 期。

孔明安：《从"异化劳动"到"拜物教"批判的内在逻辑——兼及马克思异化理论的重新审视》，《厦门大学学报》（哲学社会科学版）2023 年第 3 期。

蓝江：《一般智力的生命政治生产——奈格里的生命政治思想谱系学

蠡探》，《福建师范大学学报》（哲学社会科学版）2020 年第 5 期。

蓝江：《什么是生命政治》，《武汉大学学报》（哲学社会科学版）2022 年第 1 期。

蓝江：《数字劳动、数字生产方式与流众无产阶级——对当代西方数字资本主义的政治经济学蠡探》，《理论与改革》2022 年第 2 期。

兰洋：《世界秩序的政治哲学筹划：青年马克思对黑格尔的批判》，《中国高校社会科学》2023 年第 2 期。

李景源：《构建人类命运共同体何以可能?》，《湖北大学学报》（哲学社会科学版）2017 年第 6 期。

廉洁：《无产者联合何以可能—从马克思到当代激进左翼》，《山东社会科学》2022 年第 5 期。

林青：《哈特、奈格里生命政治学的历史唯物主义意蕴》，《华中科技大学学报》（社会科学版）2018 年第 4 期。

刘洋：《人类命运共同体：世界现代性问题的中国智慧与方案》，《马克思主义研究》2017 年第 11 期。

罗骞、滕藤：《技术政治、承认政治与生命政治——现代主体性解放的三条进路及相应的政治概念》，《武汉大学学报》（哲学社会科学版）2020 年第 1 期。

马拥军：《超越对“资本逻辑”的模糊理解》，《福建论坛》2016 年第 8 期。

莫雷：《分隔性结构的发现与克服——当代西方激进左翼元政治学的关键议题》，《山东社会科学》2023 年第 3 期。

莫伟民：《奈格里的生命政治生产及其与福柯思想的歧异》，《学术月刊》2017 年第 8 期。

聂锦芳：《究竟什么是〈资本论〉的“叙述方法”? ——基于创作史、传播史的考察》，《世界哲学》2021 年第 6 期。

尚杰：《物质化了的哲学空间与哲学剧场——福柯眼里的马克思》，

《江苏行政学院学报》2014 年第 3 期。

孙乐强：《自治主义的诸众哲学与伦理主义的主体政治学——对奈格里关于马克思"机器片段"当代阐释的批判性反思》，《南京大学学报》（哲学·人文科学·社会科学）2013 年第 3 期。

孙乐强：《马克思"一般智力"范畴的当代重构及其效应评估》，《探索与争鸣》2021 年第 1 期。

孙乐强：《马克思的"机器论片断"：命名由来、历史定位及其理论评析》，《江海学刊》2024 年第 2 期。

孙亮：《社会批判理论在何种意义上低于解放学说——以福柯与马尔库塞的"文本互读"为例》，《福建论坛》2022 年第 4 期。

孙正聿：《当代中国哲学的主体性与原创性》，《中国社会科学》2022 年第 3 期。

孙妍豪：《马克思"机器论片段"的两种当代解读路径》，《江苏社会科学》2020 年第 1 期。

孙琳：《规训社会、生命政治与帝国主权——〈帝国〉与全球化政治秩序的范式转换》，《世界哲学》2020 年第 6 期。

宋晓杰：《青年马克思道德思想中的人的本质、存在和解放问题》，《伦理学研究》2022 年第 6 期。

唐正东：《政治经济学批判的唯物史观基础》，《哲学研究》2019 年第 7 期。

唐正东：《历史规律的辩证性质——马克思文本的呈现方式》，《中国社会科学》2021 年第 10 期。

涂良川：《马克思"机器论片断"的机器技术哲学叙事》，《哲学研究》2022 年第 9 期。

汪民安：《从国家理性到生命政治：福柯论治理术》，《文化研究》2014 年第 1 期。

汪行福：《"前庭"与"后院"——如何讲述一个完整的资本主义故

事》，《马克思主义与现实》2023 年第 2 期。

王峰明、周晓：《生产性劳动的转化及其理论效应辩难——从马克思〈资本论〉看奈格里和哈特的非物质劳动理论》，《中国高校社会科学》2022 年第 1 期。

王虎学：《真正的分工"的历史生成及其内在意蕴——基于〈德意志意识形态〉的文本考察》，《哲学研究》2016 年第 11 期。

王欢：《资本与生命政治关系初探——从哈特、奈格里相关概念的解析说起》，《晋阳学刊》2019 年第 6 期。

王平：《哈特和内格里后马克思主义正义思想的逻辑路径》，《马克思主义与现实》2015 年第 4 期。

吴冠军：《重新激活"群众路线"的两个关键问题：为什么与如何》，《政治学研究》2016 年第 6 期。

吴冠军：《生命、真理与虚无主义政治——黑格尔"日蚀"下的欧陆思想脉络新解》，《南京社会科学》2017 年第 7 期。

吴冠军：《后人类政治哲学的地平线——对当代欧陆激进思想的一个重新审视》，《哲学研究》2022 年第 8 期。

吴猛：《马克思政治经济学批判中的认识论变革——兼论阿尔都塞对〈资本论〉的认识论建构》，《哲学研究》2021 年第 2 期。

吴晓明：《世界历史与中国道路的百年探索》，《中国社会科学》2021 年第 6 期。

夏莹、黄竞欧：《资本逻辑中无例外的"例外"与非劳动的劳动——对当代西方左翼思潮的一种批判性反思》，《国外理论动态》2020 年第 4 期。

夏莹：《论马克思哲学嬗变中关于阶级问题的研究路径——兼论〈资本论〉第三卷"阶级"残篇的理论意义》，《理论探讨》2022 年第 2 期。

郗戈：《重释"劳动价值论"与"劳动所有权论"的关系问题——基于马克思政治经济学批判的视野》，《马克思主义理论学科研究》2022 年第 5 期。

仰海峰：《超越人本主义与结构主义——资本逻辑与马克思主义哲学构架的新探索》，《马克思主义与现实》2022 年第 4 期。

仰海峰：《〈资本论〉与〈政治经济学批判大纲〉的逻辑差异》，《哲学研究》2016 年第 8 期。

仰海峰：《马克思资本逻辑场域中的主体问题》，《中国社会科学》2016 年第 3 期。

张亮：《回归经典再出发的 21 世纪国外马克思主义》，《山西大学学报》（哲学社会科学版）2022 年第 2 期。

张汝伦：《西方现代性与哲学的危机》，《中国社会科学》2018 年第 5 期。

张双利：《再论〈共产党宣言〉的当代意义——纪念中文版发表 100 周年》，《探索与争鸣》2020 年第 8 期。

张梧：《人类命运共同体的哲学意蕴及其对威斯特伐利亚体系的三重超越》，《贵州社会科学》2021 年第 8 期。

张秀琴、梅文韬：《劳动价值理论：马克思的接受与发展——基于马克思 19 世纪 40 年代经典文本的考察》，《江汉论坛》2022 年第 8 期。

张一兵：《非物质劳动与创造性剩余价值——奈格里和哈特的〈帝国〉解读》，《国外理论动态》2017 年第 7 期。

张一兵：《资本帝国的生命政治存在论——奈格里、哈特的〈帝国〉解读》，《河北学刊》2019 年第 2 期。

张一兵：《对以资本为基础的生产方式的科学认识——马克思〈1857—1858 年经济学手稿〉的再研究》，《中州学刊》2022 年第 3 期。

章永乐：《"帝国式主权"降临了吗？——特朗普主义的挑战与主权理论的未来》，《开放时代》2022 年第 2 期。

周嘉昕：《"新自由主义"与西方新左派》，《山东社会科学》2017 年第 11 期。

〔美〕哈特：《概念的革命与革命的概念》，秦兰珺译，《马克思主义与现实》2012 年第 1 期。

五 英文专著

Alian Badiou, *Being and Event*, London: Continuum International Publishing Group, 2006.

Alian Badiou, *The Communist Hypothesis*, London: Verso, 2010.

Antonio Negri, *Reflections on Empire*, Cambridge: Polity Press, 2008.

Antonio Negri, *Marx and Foucault*, Cambridge: Polity Press, 2017.

Antonio Negri, *Spinoza*, Cambridge: Polity Press, 2019.

Antonio Negri, *Marx in Movement*, Cambridge: Polity Press, 2021.

Antonio Negri, *The Common*, Cambridge: Polity Press, 2023.

Antonio Negri, *Story of a Communist*, London: Eris Press, 2024.

Ernesto Laclau and Chantal Mouffe, *Hegemony and Socialist Strategy*, London: Verso, 1985.

Ernesto Laclau, *On Populist Reason*, London: Verso, 2005.

Giorgio Agamben, *Homo Sacer: Sovereign Power and Bare Life*, Redwood City: Stanford University Press, 1998.

Giorgio Agamben, *The Kingdom and the Glory*, Redwood City: Stanford University Press, 2011.

Michael Foucault, *The Foucault Reader: An Introduction to Foucault's Thought*, New York: Pantheon Books, 1984.

Michael Hardt and Antonio Negri, *Multitude: War and Democracy in the Age of Empire*, London: The Penguin Press, 2004.

Michael Hardt and Antonio Negri, *Commonwealth*, Massachusetts: Belknap of Harvard University Press, 2009.

Michael Hardt and Antonio Negri, *Declaration*, New York: Argo-Navis,

2012.

Michael Hardt and Antonio Negri, *Assembly*, Oxford: Oxford University Press, 2017.

Slavoj Žižek and Costas Douzinas ed. , *The Idea of Communism*, London: Verso, 2010.

Slavoj Žižek, *The Sublime Object of Ideology*, London: Verso, 2009.

Slavoj Žižek, *Less Than Nothing: Hegel and the Shadow of Dialectical Materialism*, London: Verso, 2012.

后　记

本书是根据我的博士论文修改而成的。工作几年后的今天，能够顺利把博士论文修订完善成专著，需要感谢郑州大学马克思主义学院提供的经费支持和学术平台。同时，要特别感谢社会科学文献出版社的王小艳老师，正是因为有了王老师的耐心督促和辛劳付出，本书才能够及时地呈现在大家面前。

付梓之际，特别要感谢我的老师们和同学们，他们是我在学术研究道路上的引路人和同行者。

首先我对恩师高福进教授的感激之情无以言表。我的求学之路，并非一帆风顺，硕士毕业当年随即尝试申请读博，但是未能成功，最后选择在一所高校从事行政服务工作。在两年的行政工作中，我曾无数次叩问自己，是继续从事行政工作，还是返回学术研究道路。最终一封来自沪上的回复邮件，让我重新燃起继续申请读博的激情，这封邮件正是来自恩师。进入交大学习之后，作为恩师的第一名博士生，我更是能够长时间独享恩师的学业指导特别是解惑答疑，每当学业遇到困惑和取得一点点进步后我总能第一时间向恩师倾诉、与恩师分享，在师门里这是属于我的独一份。在博士论文撰写的过程中更是如此，与恩师漫步在交大偌大的校园中推心置腹地交谈，论文写作的堵点也慢慢疏通，写作的思绪也渐渐清晰起来。那段难挨的时光正是在恩师莫大的支持和全力的帮助下度过的。博士毕业工作之后，恩师也总是不断地关注和督促我的成长。每逢年初岁末，当我问候完恩师后，恩师总是反复叮咛我，趁年轻加油干！然而惭愧的是，做学生的我却无以回报，就权且将这本小书作为对恩师的一份报答吧！

同时还要感谢在交大攻读博士学位期间其他授业老师：陈锡喜教授、王岩教授、黄伟力教授、胡涵锦教授、安维复教授、李建强教授、张玉瑜教授、王平教授、鲍金教授。各位教授严谨审慎的治学态度、客观理性的研究思维，指引着后辈从事学术研究。在走上工作岗位后我沿着诸位业师的方法继续从事学术研究工作，受益更多。诸位业师的谆谆教诲助力学术后辈们成人成才，在此向各位大先生表示诚挚的感谢！感谢诸位业师教会我走好学术第一步！

还要特别感谢我的工作单位郑州大学马克思主义学院！从交大博士毕业之后，我选择了回到家乡工作，不同于硕士毕业在异乡工作的那两个年头，回到家乡工作之后一切都是那么熟悉、那么亲切。进入郑州大学马克思主义学院之后，不论是学术成长还是工作生活，学校和学院都给予了很大的支持和帮助。正是得益于学校和学院经费的支持，本人这本小书才能够如此顺利地出版。感谢学校和学院对青年人的扶持和帮助！

当然本书的最终完成也离不开诸位挚友和可爱同学们的帮助。无论是在交大读书的三年光阴，还是工作之后的这段岁月，与诸位好友、同学分享学术旨趣、讨论学术问题的日子总是愉悦享受的。正是因为有了他们的同行和陪伴，我在学术研究的道路上才不至于太孤单。在此，向他们的日常陪伴表示最诚挚的谢意！

周治健

2024 年 8 月

图书在版编目（CIP）数据

主体重塑何以可能：从马克思到哈特和奈格里／周
治健著. -- 北京：社会科学文献出版社，2024.10.
ISBN 978-7-5228-4258-5

Ⅰ. B017

中国国家版本馆 CIP 数据核字第 202443B3L8 号

主体重塑何以可能：从马克思到哈特和奈格里

著　　者／周治健

出 版 人／冀祥德
责任编辑／王小艳
责任印制／王京美

出　　版／社会科学文献出版社·马克思主义分社（010）59367126
　　　　　地址：北京市北三环中路甲 29 号院华龙大厦　邮编：100029
　　　　　网址：www.ssap.com.cn
发　　行／社会科学文献出版社（010）59367028
印　　装／三河市龙林印务有限公司

规　　格／开　本：787mm×1092mm　1/16
　　　　　印　张：14.25　字　数：203 千字
版　　次／2024 年 10 月第 1 版　2024 年 10 月第 1 次印刷
书　　号／ISBN 978-7-5228-4258-5
定　　价／89.00 元

读者服务电话：4008918866